Lectures for Wise Parents

智慧父母讲堂

孙平 著

开明出版社

图书在版编目（CIP）数据

智慧父母讲堂/孙平著. --北京：开明出版社，2024.3

ISBN 978-7-5131-8089-4

Ⅰ.①智… Ⅱ.①孙… Ⅲ.①家庭教育 Ⅳ.①G78

中国国家版本馆 CIP 数据核字（2023）第 215428 号

出 版 人：陈滨滨

责任编辑：卓　玥　张慧明

智慧父母讲堂

ZHIHUIFUMUJIANGTANG

出　　版：开明出版社

　　　　　（北京海淀区西三环北路 25 号　邮编 100089）

印　　刷：天津市新科印刷有限公司

开　　本：710mm×1000mm　1/16

印　　张：17.5

字　　数：235 千字

版　　次：2024 年 3 月第 1 版

印　　次：2024 年 3 月第 1 次印刷

定　　价：49.80 元

印刷、装订质量问题，出版社负责调换。联系电话：（010）88817647

序

家长，应履行好"为国育才"的责任

朱永新

家庭是社会的细胞，家庭教育不仅关系到孩子的健康成长，更事关国家和民族的未来。习近平总书记指出："家庭是人生的第一所学校，家长是孩子的第一任老师，要给孩子讲好'人生第一课'，帮助扣好人生第一粒扣子。"2022 年 1 月 1 日实施的《家庭教育促进法》，从法律层面规定了家长的责任与义务："父母或者其他监护人应当树立家庭是第一个课堂、家长是第一任老师的责任意识，承担对未成年人实施家庭教育的主体责任，用正确思想、方法和行为教育未成年人养成良好的思想、品行和习惯。"

爱孩子是父母的天性。家庭教育不能没有爱，这是所有人都明白的道理。但是，究竟什么是真正的爱，不同的人却有着不同的理解。

有些父母对孩子宠爱有加，满足孩子的所有要求，包办孩子的所有事情，认为世界上所有的事情都不如孩子重要。其实，这不是爱孩子，而是在害孩子。家长真正爱孩子，就要切实承担起家庭教育的主体责任，把孩子培养教育好，使其成为社会的有用之才。

有些父母不尊重孩子身心发展的规律，或急功近利，跟风抢跑，盲目攀比，揠苗助长；或对孩子的教育疏于引导，信奉"不打不成才"，对未成年的孩子实施家庭暴力。这是不利于孩子健康成长的。家长真正爱孩子，就要以正确的家教理念为指导，用科学的方法教育引导孩子，合理安排好孩子的学习、休息、娱乐和体育锻炼的时间，让教育回归"立德树人"的本位。

　　还有一些父母，不考虑孩子的实际，而是按照自己的设计，一厢情愿地规划孩子的人生，让孩子帮自己实现未曾实现的梦想。表面上看，他们是在爱孩子，其实是在爱自己。每个孩子都有属于自己的星座，都有属于自己的天空。家长不能强迫孩子走，也不能代替孩子走。**让孩子成为最好的自己，才是最好的教育，才是最好的爱**。父母真正爱孩子，就不要让孩子按照我们规划的路径前行，而是帮孩子找到属于他们自己的路；不要让孩子按照我们选定的"模式"来塑造自己，而是帮孩子自己把握自己的命运。父母要做的，是适时给孩子提供建议和指导，帮孩子看清方向，认识自己，但不能越俎代庖，更不能代替孩子做决定。哪怕孩子最后走的路不是父母所喜欢的，也要尊重孩子的选择。

　　这是我读完孙平先生的这部书的体会。

　　孙平是教育学科班出身，又长期从事教育及中小学生报刊的编辑与管理工作，对当下教育的现状和问题非常熟悉。他既是一位非常敬业的编辑，也是一位非常智慧的父亲。他的夫人在河南省政协担任过副秘书长，与我常有联系。他们很注意用自己好学上进的行动感染孩子、影响孩子。这本书可以说是他们家庭教育的经验总结，他们用行动践行着与孩子一起成长的理念。

　　家庭教育同学校教育一样，承担着"为党育人、为国育才"的重任。家长要完成"为国育才"的任务，仅仅有爱是不够的，还需要有教育智慧。作者的书稿中有一个十分有趣的比喻：就像一位医生，仅仅对病人有爱是不够的。假如病人躺在手术台上准备接受手术，而主刀医生却非常诚恳地说："我真的没有受过多少手术训练，但是我爱我的病人。"毫无疑问，病人遇见这样的医生肯定会惊得目瞪口呆，甚至吓得尿裤子。再看看我们现在许多结了婚的年轻人，没有经过任何专业培训，便糊里糊涂地做了父母，这怎么能教育培养好孩子呢？所以，父母要获得教育智慧，掌握教育孩子的技能和方法，就需要不断学习。

每个家长都希望自己的孩子能够成才，此乃人之常情。那么，家长如何助力孩子成为更好的自己，成为社会需要的有用之才呢？孙平进行了有益的探索，那就是当好孩子的"生活之师""人生之师""成才之师"，从了解孩子做起，尊重孩子、理解孩子、相信孩子，遵循孩子成长和家庭教育的规律，根据孩子不同阶段的特点，采取科学有效的方法，有针对性地进行教育引导。尤其要重视孩子的品德修养、身心健康、兴趣爱好、行为习惯和自信心、自制力、抗挫折能力等核心素养的培养。

孙平先生的这本书，既不是简单的个案介绍，也不是纯理论研究，它把书卷气与烟火气紧密地结合起来，针对"双减"条件下家庭教育需要注意的相关问题，以通俗流畅的语言，展现出了作者的见解，为家长教育好孩子、培养孩子成为社会需要的有用之才，提供了理念与方法上的借鉴。这便是我乐于向大家推荐这本书的原因。

是为序。

2023 年 7 月 30 日

前 言

家庭是孩子成才的天然学校。对于广大家长朋友来说，没有比培养好孩子、让孩子成才更大的事情。谁都希望自己的孩子能够成为行业翘楚、人中"龙凤"。

教育孩子的"秘诀"何在？孩子成才的"奥妙"何在？多年来，我和许多家长朋友一样，一直在学习中思考，在实践中探索。

前些年，我在微信上看到一个家长的观点："我们真的不缺少教育理论，我们缺少优秀的教育操作者。写教育理论的专家，能大胆提自己的孩子，那就是真专家，龙应台就是其中的一个。"

我不敢说自己就是家教专家，只能说自己是一个家庭教育领域多年的关注者、思考者，同时也是一个探索者、实践者。我用自己的理念与教育方式，教育引导女儿，收到了一定的成效。

我中年得女，且是独生女。女儿虽天赋平常，然成长还比较顺利。幼儿园时是老师的"小助手"，小学、中学时"德智体美劳"全面发展，获得过国家、省、市和校级的几十个奖项，学习成绩时常保持在班级第一方阵，高考时以优异成绩考入"985"名校。大学时，女儿是同年级学生中首批发展的中共党员，当过学生党支部副书记、学生会干部和班长，后保送国内"世界双一流"建设高校读研，提交的学士和硕士论文均获评校级优秀论文，后来又申请攻读英国爱丁堡大学硕士研究生。女儿如期取得国内外名校"双硕士"学位，并在京找到了一份自己心仪的工作。虽然女儿的职业生涯才刚刚起步，还有很多挑战在等着她，但我相信，她一定能靠自己的努力去创造属于自己的幸福未来！

有人曾问我"是怎样培养女儿的"？细想起来，主要有以下几点感悟：

一是重视父母对孩子的影响。我们夫妻都是工薪阶层，家境还算可以，但我们一直教育引导女儿不要跟同学比吃穿和物质享受。读初中时，班上只有两三个学生没有换过自行车，我女儿就是其中的一个。一辆200多元买的自行车，女儿骑了十多年。当时我们告诉她，自行车就是个代步工具，名牌车和普通车一样骑，要把心思放在学业和有益的地方，而不要花在无谓的攀比上。

应当说在女儿成长过程中，父母的"身教"发挥了很大的作用。孩子的妈妈在省直机关工作，女儿刚上小学时，已年过40的妈妈在做好本职工作的基础上，考取了中国人民大学的MPA（公共管理硕士），经过刻苦努力，提前半年获得硕士学位，且提交的论文获评校级优秀学位论文。妈妈积极进取的精神和顽强学习的毅力，对女儿的影响是无声且深远的。还有我这些年忙里偷闲，坚持读书写作，也对女儿产生了积极的影响。

二是重视孩子的全面发展。我一直认为，幼年是人生打基础的关键时期，一定要"德智体美劳"全面发展，不能只关注孩子的学习成绩。孩子的爷爷奶奶去世较早，我岳父岳母自女儿出生就帮我们带孩子。岳母退休前是县城一所幼儿园的园长，给了孩子很多有益的教育与引导。我们也很注意教育引导女儿尊敬老人，听老师的话，遵守纪律，和同学友好相处。

读小学、中学时，女儿喜欢体育。小学时是班里有名的体育健将和种子选手，在学校运动会上获得过短跑、羽毛球、航模和"定向越野"的好名次，并代表学校参加"河南省青少年定向越野锦标赛"，获得了小学女子组第三名。初中时，她依然坚持体育锻炼，中考时获得了体育满分的成绩。

我们不刻意追求女儿的成绩和名次，重点放在孩子学习态度和习惯的培养上。从一年级开始，妈妈给女儿买了个"娃娃"闹钟，让她自己管理自己的时间，自己的事情自己做。上学前，自己做好各项准备；放学后，自己复习、做作业、活动、读书；晚上，自己听英语录音、记日记，准备第二天的功课，在睡觉之前把当天的事情干完。良好的学习态度和习惯，有效提升了女儿的学习效率。我们还注意给女儿营造一个温馨的学习环境，除了书桌，还专门给她准备了书柜，放她自己的书。女儿在课余读了不少课外书，读书促进了她写作能力的提升，在老师的精心辅导和推荐下，她有十多篇文章在报刊上发表，并成为三家报纸的小记者。

三是注重与孩子平等交流。家长不要总是高高在上，而应蹲下身子与孩子平等交流。交流最好是利用送孩子上学、晚上散步、乘车、看电影的空隙进行，这时心平气和，交流效果最佳。我当年就是利用送女儿上幼儿园、小学的机会，和女儿在自行车上交流，一起聊有趣的事，聊学习的事情，一路欢声笑语，非常愉快。我也通过聊天，了解了女儿的所思所想、喜怒哀乐。孩子心中的小疙瘩、小烦恼也在交流的过程中得以化解。

四是保护孩子的兴趣，发展孩子的特长，提升孩子的能力。女儿小时候兴趣广泛，幼儿园时开始喜欢舞蹈，后来又想学画画、英语、弹琴，我们尊重女儿的选择，但也提出只能同时选择上两个兴趣班，并且必须坚持到学期结束。学画画是女儿坚持最久的，从幼儿园中班开始，一直到小学毕业。她曾获得"中国郑州·芝加哥'和平杯'书画艺术国际联展青少年儿童书画作品评选"银奖、"第十一届全国中小学生书画比赛绘画类"二等奖，并到北京人民大会堂参加了颁奖仪式。

在女儿成长过程中，我们注重让她在实践中经受锻炼。女儿从上幼儿园起就参加力所能及的家务劳动。上学后，我们鼓励和支持她参加学校组织的各项活动，比如参加国内外的暑期游学、节假日到郑州聋儿康复中心的志愿服务、平时学校的执勤活动等，锻炼自己的实践能力。上初二时，女儿想感受一下挣钱的滋味，我们积极支持。在情人节这天，她和一个同学合伙批发了100块钱的玫瑰花在路边卖。由于没有经验也不会吆喝，半天下来连一半也没卖出去，最后都送人了。这次赔本买卖，让女儿体会到了赚钱的不易。在大学和读研期间，她经常参加学术交流、社会实践、义工服务、暑期社会调查，以及到机关企事业单位实习。丰富的实践锻炼提升了孩子的表达能力、组织管理能力、交往能力和社会适应能力。

我正式接触家庭教育知识是在40年前。当时我在华中师范大学教育系读书，有机会学习、了解一些儿童心理学、教育心理学知识和一些教育原理、教育方法方面的知识。大二时我在学校图书馆借阅参考书，偶然发现一本《早期教育和天才》，颇觉新奇，便借来读了，深受启发。

这本书系日本教育家木村久一所著。从这本书里，我感受到了家庭早期教育的神奇，认识到天才与其说是天生，莫如说是由后天环境影响和教育造就的。《早期教育和天才》问世65年之后，一个孕期的中国妈妈读到了它的中译本，并积极付诸实践，把18岁的女儿送进了哈佛大学。这个女孩就是1999年轰动全国的"哈佛女孩"刘亦婷。

除了读家教书，德育课老师讲的一个家教案例，也令我印象深刻，至今记忆犹新。

由于父母多年的溺爱、娇惯，儿子长大后形成了一系列恶习：游手好闲，好吃懒做，打架斗殴，赌博偷盗，成为远近闻名的泼皮无赖。儿子把周围的邻居家偷了个遍不说，还天天问父母要钱，稍有不从，非打即骂。一天，儿子把刀架在父亲的脖子上，要钱还赌债，说不给钱就"放血"。无奈，妈妈四处借钱，总算满足了儿子的要求。爸妈想，儿子的胃口越来越大，就像一个无底洞，随时都会出人命，于是就商定除掉这个祸害。二老趁着儿子生日，晚上把儿子灌醉拿绳子捆了，用架子车拉到长江大桥上，抛入长江。后来邻居一起作保，年迈的父母受到了法院的轻判。

当时我还是个学生，没有多少体悟。女儿出生后，我意识到家教知识的重要，便在工作之余开始学习家教方面的知识。除了看相关的家教书，我还看了一些人才学方面的书，订阅了《中华家教》《妇女生活·现代家长》《名人传记》《人才天地》《人物》等期刊，先后聆听了孙云晓、周弘、卢勤、曾仕强、李玫瑾等专家的家教讲座，收获很大。多年的学习积累，为我思考家庭教育、探索家庭教育、实践家庭教育提供了有益的滋养。

我写这本书的初衷还来自社会责任感的驱使。多年来，我在看书学习、教育引导女儿的过程中，也从媒体上看到不少正反两方面的实例。有的人文凭不高，最终成为某一方面的人才，就像在许多行业熠熠闪光的"大国工匠"；有的人上了令人羡慕的大学、研究生，却没有得到良好的发展，最后一事无成。有的家长没有多少文化，却培养出了优秀的孩子；有的家长文化水平很高，甚至是名人，孩子却"不争气"。这是何故？

我和许多家长朋友一样，也在学习与实践中探寻答案。随着学习、实践、探索的深入，一个清晰的图景逐渐浮现在我眼前。我意识到，要把孩子培养教育好，家长，尤其父母是关键。孩子能否成才，虽与家长的知识水平有一定的关联，但并非完全对应，重要的是家长的格局够不够大，视野够不够宽，教育理念是否正确，有没有教子的智慧。

现在家庭教育之所以老出问题，有一个重要原因就是很多家长理念有误，方法不对路，就像进了迷宫一样，在黑暗中摸索，在试错中前行。有的家长这条路不通，再回过头走另一条路，最终好不容易找到了"迷宫"的出口，孩子也长大了，空留许多遗憾；有的家长，直到孩子长大误入歧途，也未能走出"迷宫"。

人们都知道"父母是孩子的第一任老师"，但这个"老师"应该是个什么样子，并不是所有家长都知道的。我觉得，智慧的家长应是孩子的生活之师、人生之师和成才之师。

万事万物皆有自身的规律，教育孩子也一样，必须遵循孩子身心发展的规律，尊重家庭教育的规律。顺应了规律，教育孩子就顺风顺水；违背了规律，则会走很多弯路。

"望子成龙""望女成凤"是家长的心愿。教育孩子从哪里入手也一直是家长们十分关心的问题。现在许多家长惯常的做法是，为了让孩子"赢在起跑线上"，早早开始抓孩子的知识学习，眼睛盯着孩子的学习成绩，希望孩子能考个好高中，上个好大学，将来找个好工作。家长的这种想法和做法不能说有多大问题，只能说把家庭教育，把孩子成长、成才的问题简单化了。

　　孩子的成长、成才需要学习，但仅有书本知识是远远不够的。我以为，家长欲让孩子有巨大的发展潜力，就需要促进孩子"德智体美劳"全面发展，保护孩子的好奇心、求知欲，发展孩子的兴趣爱好，激发孩子的梦想；就需要培养孩子良好的习惯，引导孩子勤奋努力，保护孩子探索的勇气、创新的精神，培养孩子不惧怕困难与挫折的毅力，提升孩子的自省自律能力。一句话，孩子的核心素养养成了、提升了，成才就是迟早的事。

　　做家长的一方面要目光长远，着眼孩子的未来；另一方面要关注孩子各个阶段的发展，做好教育引导，以及相邻阶段的有效衔接。孩子的教育既需要正确的理念，也需要管用的方法。家长只有掌握并善于运用科学的方法，才能把孩子教育好。

　　为了便于广大家长朋友阅读和理解本书，读得懂、用得上、有效果，首先，我注意运用整体性、系统性的思维，给家长朋友一个"全景性"的展示，就像给初来陌生城市的人一张三维地图，让他得以俯瞰城市全貌，不至于茫然无措，找不到方向。

　　其次是理念与方法的统一。思想是行动的先导。家长教育孩子先要理念正确，再运用科学的方法，才能把孩子教育好。理念错了，再好的方法也没用。在行文中，我针对特定的问题，在讲清道理的基础上，给出切实可行的方法，让家长不仅知其然，也知其所以然，减少教育孩子的盲目性。

　　最后是注意实用性与可读性的统一。书里融合了我自己、身边朋友及其他人教育子女的成功实践，引用了大量实例，力求内容具体、翔实，具有可借鉴、可操作性。同时，在行文上力求语言流畅、浅显易懂。我的心愿是，通过本书能够为广大家长朋友教子成才助上一臂之力。

　　愿天下的父母都能把孩子培养成才！

目　录

1

掌握教子成才方法

做一个智慧的家长

当今的孩子，生活在一个社会转型、竞争异常激烈、不确定因素激增的时代；生活在一个经济、科技飞速发展的信息时代；生活在一个电脑手机广泛普及、网络无处不在、生活无忧无虑的时代；也生活在一个学业负担沉重、家长焦虑难耐攀比盛行的时代。在这样的时代背景下，如何让孩子健康成长、成人成才，已成为家长、家庭教育面临的重大考题！

这个难题如何破解？答案只有一个：做一个智慧的家长。

家教智慧从哪里来

美国心理学博士海姆·G.吉诺特在《孩子，把你的手给我》一书中提到这样一个情景：假如一个病人躺在手术台上，准备接受手术，而主刀医生却非常诚恳地说："我真的没有受过多少手术训练，但是我爱我的病人。"听到这里，想必这个准备手术的病人肯定会目瞪口呆，甚至吓得尿裤子。

这是一个在医院里不大可能发生的幽默，但在我们现实的家教领域，这种现象——一个见怪不怪的现象——却真真切切地大量存在着。现在许多职业，像司机、导游、律师、医生、教师等，都需要持证上岗，唯独当父母可以无证上岗。

试想，教育孩子是何等重要、何等艰难的事情，有多少父母在孩子出生前系统地学过教育孩子的知识？作为现代父母，我们不经过培训，不经过学习，能那么容易教育好孩子吗？

大教育家蔡元培先生讲过，譬如有一块美玉要琢成佩件，必要请教玉工；又如有几两黄金要炼成首饰，必要请教金工，断不是人人自做的。现在要把自家的子女造就成适当的人物，难道比琢玉炼金容易，人人可以自任的吗？蔡先生的这段话告诉我们，教育孩子是一门科学，有其独特的规律和特点，不是随随便便就能做好的，必须努力学习和不断实践，才有希望把孩子教育好。

家庭教育是一门科学，也是一门艺术，仅凭良好的愿望和强烈的动机是不成的。家长只有努力提高学习意识，提高家教素养，才可能成为合格的、智慧的家长。中国电影家协会主席陈道明是教女成功的典范，他呼吁家长重视家庭教育："先成为一个好爸爸、好妈妈，才有资格要求子女成为好孩子。"

❷ 错误的教育比不教育更可怕

做家长的，谁都希望一代更比一代强。但是，家长朋友在"望子成才"的时候，是否想过自己肩负的责任，是否检视过自己是不是一个合格的家长，你的亲子教育中是否也有以下的问题：

1. 缺乏家教知识，不知道怎样教育孩子。

全国妇联 2015 年关于家庭教育问题的大型调查显示，父母教子面临四大困难："不知道用什么方法教育孩子""辅导孩子学习力不从心""太忙没有时间""不了解孩子的想法"。正因为缺乏家教知识，所以一些家长走了许多弯路，开始过度关心、过度照顾，随意剥夺孩子成长的空间；等孩子出了问题，又奉行长辈们说的"棍棒出孝子""不打不成才"。孩子成长中的很多问题皆由此产生。

2. 凭主观愿望，错误教育孩子。

现实中，不少父母习惯溺爱孩子，承包孩子的一切，孩子在无形中被惯成了一只"大懒虫"。许多"穷人家的富二代""精致的利己主义者"都是这样培养出来的。溺爱的结果是伤害。错误的教育比不教育更可怕！

一个好家长胜过无数个好老师。孩子真正的起跑线不是早早地开始学习知识，而是父母的眼界与格局。作为父母，我们只有不断学习，才能给孩子提供更高的平台，让孩子站在我们的肩膀上，去仰望更广阔的天空，走得更远，飞得更高。

著名教育家苏霍姆林斯基指出，父母是创造未来的"雕塑家"，儿童的成才是由父母的双手奠定的。宋庆龄也说，孩子的性格和才能归根结底是受到家庭、父母，特别是母亲的影响最深。**教育孩子无小事**。孩子的成长是有关键期的，机会可能只有一次，有时不经意的一个教育举措会影响孩子的一生。机会失去了，再也无法找回。家长如果不学习，怎能抚养好孩子？又怎样做一名优秀的家长呢？

💬 你的影响无可替代

家庭教育和学校教育互相补充、相得益彰。家长和老师各有分工，只有各司其职，密切配合，才能教育好孩子。现实中，许多家长常出现这样的错误认知：一是认为孩子教育是学校的事情、老师的事情，与自己学习不学习、教育不教育关系不大。于是，把孩子的一切都交给老师。孩子出了问题，就把责任推给老师。二是认为家庭教育就是知识教育，家长的任务就是辅导孩子做作业，上各种辅导班，至于在家里应该怎么教育，应该教孩子什么，不知道，也不愿意学习。

这些家长忘记了，孩子不是老师的，是自己的。老师再好，再负责任，或许能够影响孩子三年五年，而家长的影响却是一辈子！而且，有几个决定孩子一生的素养，是教师难以给予的。

1. **良好的品行。**孩子无论成绩好坏，品行是关键。孩子的品行很大程度上与家教有关。父母的言传身教永远大于老师45分钟的课堂教育。想要让孩子有良好的品行，家庭教育是关键。

2. **身心健康。**在竞争激烈的升学压力下，家长和老师对孩子的学习成绩都比较重视，而对孩子的身体素质、心理素质却重视不够。学校虽然开设有体育课、心理辅导课，但孩子的身心健康需要家长重视，在日常生活中需要家长督促孩子坚持身体锻炼，疏解积压在孩子心头的压力与压抑。

3. **健全的人格。**蔡元培先生在《中国人的修养》一书中说到，决定孩子一生的不是学习成绩，而是健全的人格修养。一个孩子成绩的好坏是其次，没有健全的人格很难在社会上立足。孩子健全的人格需要家长从小培养。

4. **坚强的意志。**老师给孩子的，更多的是课本知识，而孩子坚强的意志，老师没有义务帮你去培养，只能由家长在日常生活中慢慢培养。如果你忽略了，那你的孩子也许成绩很好，但是意志薄弱，受不得半点儿挫折，受不了一点儿委屈，也是难以成才的。

说一千道一万，你的孩子只是老师 N 个学生中的一个，教育你的孩子也只是老师工作的一部分而已。家长则不一样，孩子是你的唯一，教育好自己的孩子，永远是你不可推卸的责任，是你最重要的事业。家长的任务之一就是加强学习，做个称职的智慧型家长，配合学校和老师，自觉承担起培养孩子品行、习惯、意志的责任，把老师无法独立完成的教育短板补上，让孩子在成才的道路上顺利前行。

🦋 孩子的人生没有彩排

乐坛天王周杰伦在做客"鲁豫有约"节目时坦言，自己学琴是被逼的。一开始学的是画画，但玩性大，水平久未长进，后来便放弃了，改学钢琴。为了防止他重蹈覆辙，每当练琴时，妈妈就拿着棍子站在身后。一站就是五六年……周杰伦说，要是没有妈妈当年的逼迫，就不会有今天的自己。

为什么会这样？因为小孩好奇心强，惯于"喜新厌旧"，一旦熟悉了一件东西，热度很快就会减弱。所以，孩子学习一项技能，除了兴趣，更重要的是坚持，而父母的"逼迫"，就在于督导孩子坚持。当然，"逼"孩子也是有学问的，一定要适合孩子的特点。有些孩子适合"逼"，有些孩子不适合"逼"，一定要对症下药，盲目照搬，往往会适得其反。

教育孩子是人类最重要也是最困难的学问。无论你面对的是什么样的孩子，你都没办法反悔或者"退货"。**培养孩子不能靠自己慢慢摸索，孩子等不起；养育孩子更不能瞎折腾，孩子误不起！**

教育孩子就是一场没有彩排的演出，孩子的命运掌握在家长手上。由于大多数家庭只有一两个孩子，一旦教育失败，连改错的机会也没有。为了孩子有一个幸福美好的人生，当家长的一定要善于学习、及时总结，掌握家庭教育的智慧。

🦋 教子成才需要学习

几乎每一个成才者的背后都站着一位智慧的父亲或母亲。

据 2019 年 10 月 24 日今日头条报道，一对双胞胎兄弟，哥哥李国平被保送到北京大学物理学院，5 年直博，专攻半导体方向；弟弟李国安则被保送到中科院物理所，5 年硕博连读，主攻量子信息与计算机专业。

看到这样的"学霸"组合，很多家长在羡慕的同时，一定会觉得他们背后肯定有一对同样的"学霸"父母。其实，兄弟俩 3 岁时，在货运公司做技术工的父亲和在皮鞋厂工作的母亲就双双下岗了。后来父亲做了一名普通的出租车司机，妈妈则成为脚架厂的一名普通工人。

他们教子的奥秘，就在于孩子的父亲爱看书、爱学习。下班回到家，他总会抽时间看书，少则 5 分钟，多则半小时，雷打不动。白天，父亲是一名出租车司机；晚上，父亲"摇身一变"，成了一名"知识渊博"的"学者"。当别人家的父母还在打麻将、玩手机、打游戏的时候，他已经拿起书，坐在椅子上一板一眼地看起来。一旦兄弟俩遇到困惑，父亲总能用书中的典故给予解答。所以在兄弟俩的心里，"知识渊博"的父亲就是他们的偶像。

"一位好父亲，胜过一百个教师"。首位两度进入美国内阁的华裔女性赵小兰在谈到她为什么能成功时说："我身后有一位成功的男人，我的父亲赵锡成。他有六个女儿，四个哈佛，一个哥伦比亚大学，还有一个玛丽女子学院。"父亲赵锡成认为自己事业的成功，只成功了一半，把自己的子女教育成功，才是真正的成功。

现在很多家长虽然知道家庭教育的重要性，但不知道如何去教育孩子，重智轻德、重知轻能，过分宠爱、过高要求现象十分普遍。诺贝尔文学奖获得者莫言说得好："成功的父母亲都是不断学习提高的结果。"教育孩子的知识和能力不是天生就有的。在教育孩子的问题上，家长需要不断学习，学得越多，懂得越多，教育越理性、越科学，孩子的教育就越省心，孩子也越容易成才。

🦁 学习做个智慧的家长

2018 年 12 月 20 日，"积极家庭教育"网站发布了一篇名为《人民日报：父母必读的一百本书》的文章，文中罗列了 100 本书。说实在的，要让每个家长都读完这 100 本书不太现实。但我觉得，要成为一个智慧的家长，至少要进行以下五个方面的学习。

1. 从人才学中寻求教子方向。

一个人能否成才，除了上学，还受到许多因素的影响，尤其受家长教育理念、教育方式的影响。家长要教育孩子成才，首先需要学习一点人才学的知识。

一是了解人才成长的内在规律。人才成长的内在规律主要有才能萌发规律、才能增长规律、扬长避短规律、聚焦成才规律、协调成才规律、创造成才规律、人才素质全面性规律等等。了解并尊重人才成长的这些规律，有助于家长引导孩子沿着成才的方向健康成长。反之，不了解，甚至违背这些规律，则会适得其反。

二是关注人才成长的内在因素。人才成长的内在因素，包括先天的遗传素质，后天形成的德、识、才、学、体等素质。这些素质随着孩子年龄增长和主客观因素相互作用而不断变化，并影响孩子的成长与成功。家长明白了这一点，就可以在培养孩子时，从整体上谋划，"德、才、学、识、体"多管齐下，既重视孩子智力素质的培养，又重视孩子的品行塑造及非智力素质的提升，为孩子成长、成才打下坚实的基础。

三是认识人才成长的途径。一个人的成才，除了学校教育，更重要的是靠"养成"。"人才自古要养成，放使干霄战风雨"。这启迪我们的家长，人才的培养并不是轻轻松松的，只有在实践中经历摸爬滚打的养成过程，孩子才能经得起时间和实践的考验。遗憾的是，现在不少家长只关注孩子的学习成绩，很少重视孩子的行为习惯、文明素养、气质人格的培养。这是不利于孩子成才的。

2. 从教育学里领悟教育真谛。

家庭教育说难也难，说简单也简单。说难也难，是需要家长掌握教育的原理和方式方法，了解孩子的所需所求，知道"对症下药"、因材施教；说简单也简单，就是需要家长具备一定的教育学知识，愿意去理解孩子的感受，善于正确解决孩子的心理问题，化解孩子的心理矛盾，这样对孩子的教育就会变得顺利且高效。

时代在发展，孩子的成长环境、生活条件、学习条件都在发生变化，家庭教育的理念、方式也要跟上变化的节奏。如果简单地按照自己的意愿，或盲目照搬过去的经验，不按教育规律或科学的方式方法教育孩子，则难以培养出身心健康、人格健全的孩子。因此，家长需要学习一些教育学的知识。科学的教育理论一旦被家长所掌握，就会化为神奇的教育力量。

3. 从心理学中寻求教子依据。

正如鲁迅先生所说："孩子的世界，与成人截然不同，倘不先行理解，一味蛮做，便大碍孩子的发达。"

儿童心理学的知识，可以帮助我们走进孩子的内心世界，知道站在孩子的角度来思考问题，了解他们的需求，倾听他们的心声，引导他们健康成长。其实，心理学并不高深，它就隐藏在生活的"鸡毛蒜皮"里。譬如说，孩子到了4岁，突然变得非常爱说话、爱唱歌，一下子变成了一个"小唠叨"，常常对着玩具自言自语，还有无穷无尽的"为什么"……这就是心理现象，是孩子语言发展进入关键期的表现。如果引导得当，就会促进孩子语言发育的飞跃进步。反之，如果嘲笑孩子在语言使用上的错误，孩子就会因为害怕说错而感到焦虑，甚至变成结巴或者干脆不肯说话。

家长懂点心理学知识，还可以有效对孩子进行行为矫正。比如说，心理学上有一个"得寸进尺效应"。家长在教育孩子的过程中，如能适时、适地地运用"得寸进尺效应"，则可收到神奇的教育效果。例如对玩手机、打游戏成瘾的孩子进行教育，如果硬性限制，效果肯定不好。如果家长利用"得寸进尺效应"，采取循序渐进的方法，逐步提出要求：第一天允许玩1小时，第二天减少到50分钟，以后依次递减，逐渐脱敏，从而改掉玩手机、打游戏的不良习惯。可见，运用心理学知识巧妙进行教育引导，既尊重了孩子的天性，又矫正了孩子的不良行为。

4. 从优秀传统文化中汲取家教营养。

作为新时代的家长，做好子女教育，完全有必要从前人那里学习家庭教育的知识，学习古代先贤的教子智慧。

一是重视对孩子的行为习惯、品德培养。当前一些家长重智轻德，致使孩子只有科学知识缺乏人文素养，这是浅薄而不利于孩子成长、成才的。古人认为良好的思想品德是做人、立世之本，培育孩子成为一个有良知、能自立、懂孝道、有责任心的堂堂正正的人，是家庭教育的首要任务，值得今天的家长朋友学习、借鉴。

二是引导孩子励志勉学。诸葛亮在《诫子书》中写道："非学无以广才，非志无以成学。"古人都要求子女要立圣贤之志，要立志以报国。历史上广为流传的"岳母刺字"的故事就是我国古代教子立志报国的一个典型例证。

三是对孩子爱而有教。我国古代家庭教育历来主张对子女教育从严，反对娇惯、溺爱孩子。这启示我们今天的家长，真的爱孩子，就要对孩子正确施爱，用正确的教育态度和严格的教育方法教育孩子。

四是重视环境教育和长辈的榜样示范。家庭教育贯穿于家庭生活的方方面面，我国自古以来的家训、家范，都注重家长以身作则，重视家长言传身教对孩子成长的作用。这些优秀的家教智慧，值得我们的家长学习和借鉴。

5. 从智慧父母身上学习教子智慧。

先看一个事例：

一个乞丐在路上乞讨，有两对父子从乞丐身边经过。一个父亲对孩子说："你要好好学习，不然以后会像他一样，没有工作只能讨饭，记住了吗？"孩子说："知道了，这里臭死了。"另一父亲对孩子说："孩子啊，你要好好学习，以后让这些人都能有工作，有家归，不用落魄至此，记住了吗？"孩子说："记住了，爸爸。"

前一个家长，只会培养孩子冷漠的心态和嫌贫爱富的心理；后一个家长，则培养了孩子对弱者的同情心和关爱社会的责任感。这就是智慧的家长与普通的家长对孩子不同的教育引导可能产生的不同效果。好的教育方式，会影响孩子的一生；不好的教育方式，也会影响孩子的一生。

香港歌手陈美玲是一个成功的妈妈，不仅自己在1994年取得了美国名校斯坦福大学的教育学博士学位，更是将自己的三个儿子都培养成为斯坦福大学的学生。她在教育和培养孩子方面，有着独特的经验和见解。比如，不要和别人家孩子比较，"比较多了，孩子就没有信心"；不要替孩子做选择，让孩子"懂得选择非常重要，从小就训练他们，让他们自己选择"；不要对孩子撒谎，"要是小孩子不相信大人的话，他们的一生都是很孤独的"；不要因为工作忽略孩子，"妈妈跟孩子在一起的2分钟、5分钟，对他们来说就是天堂，对他们的影响是很大的"；孩子发问时，永远不要让孩子"等一等"……

陈美玲的教子经验非常切合当前的家教实际，值得每一位家长学习。现在有关家教经验的图书、期刊很多，网络上更多。家长只要用心，只要肯学，就会从多姿多彩的家教经验中，找到适合自己孩子特点的有益经验和做法，助力自己教育孩子成长、成才。

当好孩子的"三师"

人们常说，家庭是孩子的第一所学校，父母是孩子的第一任老师。

这个"老师"不是一般的单科老师，而是全科教师，小到孩子的衣食住行、小病小灾，大到孩子就业成家、事业前途、子女教育，什么都要教，什么都要管；这个老师，不像学校的老师只管一段，而是终身老师，不能退休，更不能"退货"。家长的"老师"角色光荣而艰巨。

我觉得，一个智慧型的家长，应当是孩子的"三师"，即"生活之师""人生之师""成才之师"。欲做"成才之师"，先做"生活之师""人生之师"。"生活之师""人生之师"做好了，再做"成才之师"就是水到渠成的事了。

❷ 当好"生活之师"

生活既是孩子成长的沃土，也是孩子接受教育的园地。生活教育非常重要，是孩子成才的奠基教育。可是我们的许多家长都认为，生活不过是吃饭穿衣、扫地洗衣、做饭洗碗，长大就会了，根本不用学。这是对生活教育的短视与曲解，没有认识到生活教育的内在价值。

魏永康是个"神童"，2岁识千字，4岁基本学完初中阶段课程，8岁进入县属重点中学读书，13岁以高分考入湖南湘潭大学物理系，17岁又考入中科院高能物理研究所，硕博连读。然令人感到意外的是，2003年7月，魏永康连硕士学位都没拿到，就被中科院劝退了。曾引以为豪的母亲非常气愤，非常后悔。

神童魏永康为何落到这个地步？看看这位"神童"的生活轨迹就知道了。除了学习，家里任何事情母亲都不让魏永康插手，每天早晨连牙膏都要挤好，给儿子洗衣服、端饭、洗脸、洗澡。魏永康读高中的时候，妈妈害怕儿子吃饭耽误看书，就亲自给他喂饭。2000年5月，魏永康考进中国科学院高能物理所。离开母亲的照顾，魏永康的生活"全乱了套"：大冬天不知道加衣服，穿着单衣、拖鞋到处跑，甚至不知道自己要去参加考试和撰写毕业论文。后来，代劳儿子生活的魏母忏悔："是我害了他！"

回看我们今天的家庭教育，像魏母这样的家长何止一个？许多家庭生活教育缺失：家长一方面过于看重知识学习，过分呵护、包办代替，叮嘱孩子"只要把学习搞好就行了，别的什么事都不要管"；另一方面，又怪罪孩子不争气，说孩子懒、不懂事、不体谅父母。解决这些问题，只能靠生活教育。孩子借着父母的身体来到这个世界，父母有责任教孩子学会做事，教会孩子基本的生活技能，让孩子学会"生存"。

生活教育好处多多

孩子在体验中长大，体验越多，成长越好。凡是孩子能做到的事情，父母尽量不要替他做。家长退一步，孩子进一步，这就叫成长。生活教育对孩子的成长、成才意义重大。

1. 生活教育有助于增强孩子的体质。

对孩子进行生活教育，实质上是一种体育锻炼，能促进孩子大肌肉、小肌肉的发育，练出健壮的体魄。现在许多孩子之所以成为"小胖墩""豆芽菜"，与缺乏劳动、缺乏生活锻炼有着直接的关系。

2. 生活教育有助于增进孩子的智力。

对孩子进行生活教育，让孩子接受劳动锻炼，可以促进孩子智力发展。孩子在劳动的过程中，身体会动起来，大脑也会加速运转，对大脑发育有促进作用。脑科学专家顾建文曾指出："劳动能让孩子更聪明。"父母事无巨细，什么都要包办代替，反而会扼杀孩子的聪明才智，使孩子的大脑不能得到充分调动，从而错失"智力成长"的大好时机，造成孩子心智迟钝，反而不利于提高学习成绩。

3. 生活教育有助于培养孩子的独立性。

家长若能适时对孩子进行生活教育，让孩子做点力所能及的事，有利于促进孩子形成"自己的事情自己做"的独立意识，培养独立性、创造性。如果父母舍不得让孩子锻炼，那么，孩子长大后就会手脚笨拙，离开父母寸步难行。

4. 生活教育有助于培养良好的生活习惯、劳动习惯。

衣食住行和柴米油盐是人类物质生活的重要内容，孩子也只有在生活教育中通过实践锻炼才会学会生活，提高生活的能力，养成良好的生活习惯。比如，对2—3岁的孩子，家长可以指示他们把垃圾扔进垃圾箱，学会自己吃饭、刷牙，晚上睡前整理自己的玩具。孩子的生活技能、生活习惯便能这样一步步培养起来。

5. 生活教育有助于培养孩子的个性品质。

很多家长总以为不让孩子干活是爱孩子，其实是间接地害了孩子。不做家务，孩子就不懂珍惜，不懂家长挣钱的艰难，更缺乏为家庭付出的责任感。

6. 生活教育有助于提高孩子的生存能力。

孩子不可能在父母的庇护下生活一辈子，迟早要走上社会，独立生活。因此，父母在日常生活中，应通过培养孩子的生活技能，提高孩子的生存能力，这样孩子长大后才能依靠自己的努力开创幸福的未来。

7. 良好的生活教育有助于孩子成才。

中国教育科学研究院对全国 2 万个小学生家庭进行的调查表明，做家务的孩子比不做家务的孩子成绩优秀的比例高近 27 倍。认为"只要学习好，做不做家务都行"的家庭中，子女成绩优秀的比例仅为3.17%，而认为"孩子应该做些家务"的家庭中，子女成绩优秀的比例为 86.92%。我国著名教育家陶行知提出："生活即教育。"从小会做家务的孩子，比起那些从小父母包办什么都不用做的孩子，长大后更具有抗风险能力，他们的内心会更强大，也更容易成才。所以，做父母的不妨自己"懒"一点，把锻炼的机会让给孩子。

生活教育的内容和方法

生活教育的内容非常丰富，总体上包括横向和纵向两大部分。

从横向来说，生活教育就是教育孩子服务自己和服务他人。

服务自己，是指通过家长的示范引导，让孩子学会自己的事情自己做，从小学会自己刷牙洗脸、吃饭穿衣、收拾整理玩具，学会整理床铺、书包、书桌。孩子每学一样，父母都要先示范，而后在家长指导下练习，直到孩子学会为止。孩子大一点儿了，家长可教孩子学会自己洗自己的衣服、收拾自己的房间，学会使用家用电器、掌握初步的消防与急救技能。

此外，家长还应从小对孩子进行理财教育，让孩子明白赚钱、存钱、花钱、借钱、贷款，让钱增值的道理，引导孩子学会凭劳动挣钱、学会合理花钱，学会用压岁钱存款、理财。同时，还要培养孩子勤劳俭朴的品质，做到不浪费一滴水、一粒米，不和别人攀比衣着、玩具。

服务他人教育，包含两个方面的内容：

一是教孩子做家务。从上幼儿园开始，教会孩子做力所能及的家务。例如做饭时，让孩子帮大人择菜、洗菜等，开饭时让孩子帮助放凳子、摆碗筷，饭后让孩子帮着收拾餐具；打扫卫生时，让孩子和家长一起打扫房间，像扫地、擦桌椅、洗碗、洗衣、扫地等；此外，还可以让孩子帮助大人拿东西，像拿肥皂、笤帚、拖鞋、小板凳等。**对孩子的生活教育，要从小事做起，从每一天做起，持之以恒，形成习惯。**

二是公益劳动。孩子上学后，家长可以带领孩子参加社区组织的一些公益劳动，比如春天的植树，夏天的灭蚊蝇，秋天的除草，冬天的扫雪等活动；带孩子照顾孤寡老人，到特殊学校照顾残疾儿童，为有困难的邻居做一些力所能及的事，像取牛奶、清扫楼道、取快递等；孩子长大了，还可以当社会志愿者，做更多的善事，帮助更多的人。

从纵向来说，生活教育在孩子不同的年龄有不同的要求。

有些生活内容，孩子学会了就不用再学了，比如吃饭穿衣。有些则需要长期坚持，比如做饭，开始只是让孩子做一点诸如择菜、洗菜等辅助性的事情，到小学高年级以后，家长则应引导孩子学会从买菜到做饭的全部流程。放假了，孩子还要学会安排全家人的生活，真正成为操持家务的行家里手。请看网上一个 2—12 岁孩子的家务清单，很有借鉴意义。

2—5 岁	5—8 岁	8—10 岁	11—12 岁
整理桌子	扫地拖地	整理自己的房间	做饭
叠衣服	晾衣服	协助父母做饭	洗衣服
归纳玩具	倒垃圾	洗碗	刷厕所

从表中可以看出，孩子从叠衣服、晾衣服到洗衣服差不多持续 10 年，孩子从协助父母做饭到自己学会做饭，差不多持续 4 年。事实上洗衣做饭作为基本的生活技能，会伴随孩子一生。生活教育，除了培养孩子的劳动技能、生活习惯外，还能培养他们的劳动意识、劳动观念，认识劳动对生活的意义，懂得通过实实在在的劳动，创造未来的美好生活。

生活教育，不是随随便便就能收到实效的，需要讲究方式方法。

1. 兴趣引路，注重示范。

孩子小时候对一切都充满好奇，喜欢动手做事。家长可根据孩子这一特点，因势利导，以做游戏的形式，让孩子参加一些力所能及的劳动。有一点需要家长注意，就是高高兴兴地跟孩子一起做，搞好示范引导，给孩子做出榜样。千万不要当着孩子面抱怨做家务的烦琐和无聊，这会给孩子传达一个信息——做家务是一件非常痛苦的事。家长应让孩子明白，无论是做自己的事情，还是帮大人做家务、参加社会公益活动都是有意义的，美好的生活要靠劳动创造。

2. 分工明确，不急不躁。

家长在对孩子进行生活教育时，要把日常家务罗列出来，然后根据孩子的年龄大小、能力高低，把任务分派给孩子，不要轻易改变。孩子刚开始学习时，家长还应把一个任务拆分成数个步骤，如收拾房间时需要把玩具装进玩具箱里，把书放到书架上摆整齐等，这样孩子才会理解家长的要求。另外，父母应该回答孩子所有的疑问，亲自给孩子做示范，直到他能够独立完成。

家长在对孩子进行生活教育时，耐心至关重要。尤其是刚开始时，孩子动作慢，不协调，吃饭弄得满身满桌，扫地扫得乱七八糟，不要紧，多鼓励，慢慢来，即使孩子忘记了某个步骤，也不要批评他，而是高高兴兴地提醒他，直到他记住为止。孩子自理能力与生活技能的提高要经历一个由不会到会，由慢到快的过程，慢慢熟练了就好了。有的家长一看孩子动作慢，干不好，就着急，包办代替，结果不仅打击孩子参与的积极性，还把孩子自立与劳动技能的萌芽扼杀了。

3. 实践为主，言教为辅。

生活教育是养成教育，一定要让孩子在动手中有所体验，有所感悟，在润物无声中受到感染，口头说教作用不大。需要注意的是，家长在生活教育中要对孩子平等看待，有饭大家一起吃，有活大家一起干，其乐融融，和谐共处。这样有助于培养孩子的参与意识和家庭意识，让孩子自觉自愿地参加家庭事务。

4. 鼓励与奖励相结合。

家长在教育引导孩子做家务时，一定要相信孩子，让孩子放开手脚，大胆地去做，并及时进行鼓励。当孩子取得进步，有了成绩时，家长要适时表扬，并给予奖励。比如，可在孩子的日常表现专栏里贴上一朵红花，或奖励孩子一本喜爱的图书、一个喜欢的玩具，或奖励孩子看一场电影。当孩子进入小学高年级以后，就要减少物质奖励，改用精神激励，让孩子认识到劳动的价值以及劳动对人生的意义。

5. 注意安全。

在生活教育中，家长要注意保护孩子的安全。比如，在保证安全的前提下，教会孩子炊具、灶具、家用电器的使用方法与安全常识。对小学一、二年级的孩子，重在让其观看家长示范，认识了解；对小学三、四年级的孩子，家长可指导其学习使用炊具、灶具、家用电器；对小学五、六年级孩子，应鼓励其多动手、多实践，能独立熟练使用炊具、灶具、家用电器。在户外，家长要教育孩子掌握乘车安全、过马路安全、游泳安全、人身安全等常识，让孩子掌握生存的本领。

② 当好"人生之师"

著名翻译家傅雷在儿子傅聪出发去欧洲留学时，送给儿子一个临别赠言："先为人，次为艺术家，再为音乐家，终为钢琴家。"家长教育孩子不只是关注学习，更要重视育人、培养人，让孩子获得美好未来和快乐人生。

家长作为孩子人生的领路人，对孩子的人生教育目标有两个：一是培养孩子快乐生活的心态，二是帮助孩子健康成长。**成长比成功更重要**。父母不仅要要求孩子的学习成绩好，更要注意引导孩子做最好的自己。

教会孩子做人

做人乃立身之本，是孩子成才的基础。遗憾的是，现在很多家长只关心孩子"成才"，忽视子女"成人"；只关心孩子"学习"，忽视子女"做人"。孩子全部的任务就是学学学、分分分。殊不知，名和利、学历和分数决定不了孩子的未来，德行才是孩子安身立命的"护身符"。那么，家长如何教孩子学会做人呢？

1. 教孩子正"三观"。

说到"三观"，很多家长都觉得太空、太虚、没用，不如抓好学习来得直接。殊不知"三观"就在我们身边。每个孩子都在自觉不自觉地思考自己想要什么样的生活，自己为什么工作，为什么活着。

"三观"决定着一个人的人生走向。

人不怕走错路，就怕头脑里装了坏思想。路走错了，错的是一时，思想跑偏了，那错的可是一生。家长一定要经常向孩子输入正能量，教育孩子树立正确的"三观"。孩子"三观"正，即便成不了才，也会是一个合格的社会成员，不会出现大的问题；孩子"三观"不正，迟早要出大问题，不仅成不了才，还有可能误入歧途。

2. 教孩子做一个有教养的人。

做好一个人，教养最重要。孩子的教养不是天生的，是后天养成的。做家长的一定要重视提升孩子的教养。如果包庇纵容，任孩子肆意妄为，孩子很容易成为没教养的人。

对于父母而言，每天讨论穷养、富养孩子，其实都不如关注孩子的教养来得实在。一次礼貌的让座、一句贴心的问候、一身整洁的衣服、一手端正的字迹，都是孩子教养好的表现。家长一方面自己要以身作则，做好表率；另一方面，注意从细微处入手教育孩子，加强训练，时时提醒，使之形成习惯。

3. 教孩子成为有爱心的人。

做人，要有仁爱之心。一个没有爱心的人，与冷血动物何异？所以，家长要教育孩子，成为一个有爱心的人。

一是培养孩子对生命的爱心。世界上的花草树木、鸟兽虫鱼都是有生命的。家长应从孩子小学，乃至从幼儿园开始，有意识地对孩子进行生命教育，培养孩子对生命的爱心，理解生命的意义。

二是培养孩子对家人的爱心。爱是一种感受。一个孩子在被家长需要时，才能感悟到深深的爱意，才能感悟到自己的价值。俗话说，百善孝为先。现在家庭结构比较简单，培养孩子对家人的爱心，首要的是培养孩子的孝心。

三是培养孩子对社会的爱心。赠人玫瑰，手有余香。家长要培养孩子对社会的爱心。一方面是培养仁爱之心。比如，在公交汽车上，教会孩子主动给老弱病残孕等需要帮助的人让座；在过马路时，看到行动不便的人，帮助搀扶一下。另一方面是培养孩子的感恩之心。滴水之恩当涌泉相报，要让孩子记住帮过自己的人。

4. 教孩子坚守做人的底线。

家长教孩子做人，首要的是教孩子做一个坚守底线的人。让孩子明白，人可以不高尚，但不能无耻；人可以不伟大，但不能卑鄙；人可以不高雅，但不能下流；人可以不奉献，但不能贪占。

一是教孩子坚守良心的底线。良心是做人的底线，丢什么也不能丢了良心。否则，丢掉了良心这根"底线"，就会把自己送入人生"黑洞"。所以，教孩子做一个坚守良心底线的人比什么都重要。要让孩子明白，不守良心底线、不知感恩的人是不会受到尊重的。

二是教孩子坚守道德的底线。道德底线是人们应该遵循的社会公德的最低警戒线，也是一个人品行的试金石。作为家长，我们一定要教育孩子坚守道德的底线，让孩子明白：做生意，明码实价，童叟无欺；做学问，言之有据，持之有故；做官，不夺民财，不伤无辜；做人，不卖朋友，不丧天良。

三是教孩子坚守法律的底线。做家长的，一定要教育孩子守住法律的底线，让孩子明白，我们生活在一个法治的社会里，每个人都要遵纪守法，如果违法乱纪，无论是谁，都要受到法律的制裁。家长不要想着守法是大人的事，法律离孩子很远，殊不知法律就在孩子的身边。时下人们都喜欢在朋友圈转发信息，小孩也是如此。家长要提醒孩子，网络、微信等虚拟世界并不是法外之地，不该转的信息，如谣言、虚假信息、诈骗信息绝不能转，否则违反法律，悔之晚矣。

教育孩子适应社会

孩子作为社会的一员，迟早会走向社会。孩子作为家长教育的"成果"是否合格，不是家长说了算，而是社会说了算，要接受社会的检验。所以，家长希望孩子走向社会有一个幸福的人生，少吃苦头，少碰壁，就要教育孩子了解社会，适应社会。

1. 教育孩子认识社会。

人生天地间，要生存、要工作、要生活，就需要了解社会。作为家长，我们应从孩子小时候开始，教育其认识社会。让孩子明白，社会是色彩斑斓的，由山川河流、城市乡村、街道楼宇、花草树木构成；社会是复杂多变的，由政府机关、学校、医院、商场等林林总总的单位组成，而每个单位又聚集着形形色色的人群，如同一个多面体。社会上有关爱，有助人为乐、救穷济困、见义勇为，但也有尔虞我诈、坑蒙拐骗、恃强凌弱、违法犯罪。

为了让孩子沿着正确的人生方向健康成长，家长一方面从孩子上幼儿园开始，通过榜样引路，鼓励引导孩子积极向上，见贤思齐；另一方面，随时了解子女的思想和行为动态，了解其社会交往和朋友，一旦发现有不良苗头，就要及时采取措施，以适当的方式制止其发展。孩子只要能够积极向上，身正，就不会走上歧途。

2. 教育孩子遵守社会规范。

"心有尺规行不乱，意存忠厚气堪平"。现代社会，就像一个游戏场，进去的人都必须遵守共同的游戏规则——社会规范。家长要通过社会规范教育，筑牢孩子的规则意识、法纪意识、敬畏意识和底线意识。

一是教育孩子遵守家规。古今中外许多有成就的人都受到过良好家风的熏陶和严格家规的教育。好的家规很多。比如，就餐时吃有吃相，坐有坐相，不可边吃边玩，不可挑食、浪费粮食；要孝顺父母，懂得感恩，出门进门要和父母打招呼，不可顶撞父母、狡辩或无理取闹，要积极为父母做一些力所能及的事情；见到长辈、熟人要主动热情打招呼，不可视而不见或见而避之等等。孩子从小遵守家规，长大后会成为一个有教养的文明人，对一生有益。

二是教育孩子遵守社会道德规范。社会道德规范是制约人的行为的重要社会规范。违背了它，不仅对自身品德修养无益，还会受到社会舆论的谴责。

客观地说，我们的许多家长在教育孩子的过程中，拿孩子当宠物养，不讲规矩。有些家长认为，孩子小时候释放天性，率性而为，不必在意，长大了就会改变的。于是，随处可见孩子在公众场合打闹嬉戏，特别是在火车站、地铁上、公交车上，大声尖叫，更有甚者抢夺他人的物品。

其实，这些父母完全曲解了"天性"的含义。孩子的"天性""自由"，不是不受限制、随心所欲的，而是在规则的引导下，给孩子留下充分的空间，让他们更好地释放天性。

三是教育孩子遵守法纪。孩子要想有一个平安幸福的人生，就必须遵守法纪，在法纪界定的范围内学习、工作和生活，一旦违反法纪，就会受到惩罚。因此，家长从小对孩子进行法纪教育十分重要，它关乎孩子一生的幸福。

首先，要对孩子进行纪律教育。对于尚未步入社会的青年及少年儿童来讲，最重要的纪律，就是学校纪律、班队纪律及学生守则。青少年越轨，一般先从违反学校纪律开始。如果孩子的违纪行为没有得到有效遏制，最后就会越来越难管，成为"问题学生"。因此，家长要时常告诉孩子遵守纪律的重要性，让其晓以利害。孩子的纪律观念增强了，形成了良好的遵纪习惯，就不会越纪律之轨。当孩子违反学校纪律时，家长要客观认识，正确对待，也要让孩子承受不遵守规则的后果，并真心地承认错误，改正错误。

其次，对孩子进行社会法规的教育。家长要让孩子明白社会法规是国家代表社会所制定的法律、制度，每个社会成员都违背不得。谁违背了社会法规，就会受到惩治。

教会孩子与人交往

现在不少家长，都有一个错误认识：孩子成绩好，就是优秀；把孩子送入名校，就是成功。孩子的成绩的确很重要，但绝对不是唯一的。孩子终归要离开家庭走向社会，与形形色色的人打交道。卡耐基有句名言："一个人事业上的成功，只有15%是由于他的专业技术，另外的85%要依靠人际关系、处世技巧。"为什么有的人成绩优异，到社会上却步履维艰？为什么有的人成绩一般，到社会上却如鱼得水？原因正在于此。作为家长，我们要教会孩子与人交往、与人相处。

1. 教会孩子诚实守信。

诚信作为人品的重要内涵之一，是与人交往的基础。所以，家长要重视孩子诚信品质的培养。

一是教育孩子做心诚之人。心诚是什么？心诚就是与人交往，没有恶意；和人相处，带着真心。心诚的人，实实在在，不虚伪；心诚的人，重情谊，轻利益，不怕吃亏，不会为了钱财逢场作戏，不会因为利益精心算计。

家长在教育孩子诚心待人的同时，还要教会孩子识人，交朋友不要光看他说得漂亮，更要看他做得是否漂亮，做到"害人之心不可有，防人之心不可无"。

二是教育孩子守信。信用是一个人的名片。一个人如果没有信用，什么事也干不好。现在社会上有些年轻人不把信用当回事。有的借钱时，说马上就还，可事后竟忘得干干净净；有的求人帮忙时，说改天一定请吃大餐，然后就没有然后了……这些看似是小事，日积月累下来，透支的是一个人的信誉度。

常言道，君子一言，驷马难追。教育孩子信守承诺，做父母的要身体力行，不要对孩子撒谎，即便是随口的承诺，也不能随便食言。家长既然承诺了孩子就要兑现，否则会在孩子心中留下失信的心理阴影，不利于培养孩子守信的品质。

2. 教会孩子以"礼"待人。

崇尚礼仪是我国的传统美德。

周恩来之所以成为世界公认的最有风度的外交家，与他在南开中学受到的礼仪规范教育，认真践行教学楼前镜子上的 40 字"镜铭"（面必净，发必理，衣必整，纽必结，头容正，肩容平，胸容宽，背容直。气象：勿傲，勿暴，勿怠。颜色：宜和，宜静，宜庄），有着密切的关系。

现在，不少家长只关心孩子的学习成绩，不注意对孩子的礼仪教育。许多孩子，活脱脱一个"小皇帝"（"小公主"），霸道成性，不懂礼节，没有礼貌。这对孩子的成长是非常不利的。这就需要我们家长，自孩子懂事起就对其进行必要的礼仪教育。

一是教孩子懂礼貌。要做到谦虚、对人敬重友善。在家要尊敬长辈、孝敬父母；在学校，见了老师要问好，不给同学起外号，不叫同学的外号；在公交车上，要向老人及身体不便者让座。

二是教孩子知礼节。要通过教育引导，让孩子熟悉基本的礼节，有仪式感，比如鞠躬、握手、送花等。礼节是需要家长训练的，不是孩子天生就会的。自孩子懂事后，就要有意识地培养。

三是教孩子注意仪态、仪容。要教育引导孩子讲究坐立姿态、个人卫生，做到谈吐文雅，文质彬彬。让孩子明白，一个人纵有出众的姿色、漂亮的衣服，若没有与之相应的礼仪表现，就算不上完整的美。有的人长相俊秀，却举止粗俗，立马就会让人敬而远之。

3. 教会孩子与人相处的规则。

教会孩子与人相处，不仅要教会孩子有礼貌，懂礼仪，掌握交往的技巧，还要教会孩子与人相处的原则。

原则之一：尊重他人。尊重人是"待人接物"及一切礼仪规则的核心。作为家长，我们要教育孩子在人际交往中，学会尊重人，不说刻薄话，不揭别人短。让孩子明白，只有尊重别人才会得到别人的尊重。

原则之二：善于合作。当今社会是合作的社会，靠单打独斗很难成功。大凡成功的人，都善于与人合作。作为家长，一定要教会孩子与人合作。

一要培养孩子的合作精神。常言道，二人同心，其利断金。个人的力量是微不足道的，人多了，力量就大了。有些人没有多少钱，也没有显赫的出身，更没有可以帮扶自己的亲戚，却能白手起家，事业有成，其最大的秘诀就在于善于与人合作。

二是教育孩子有容人的雅量。每个人的家庭出身、人生经历、秉性脾气、性格特点，各不相同，这就需要包容。家长要让孩子明白，包容他人，就是善待自己。

三是培养孩子的忍让精神。能"忍"是一种大智慧。忍一时风平浪静，退一步海阔天空。如果受不得半点儿委屈，老师批评一下，不高兴；同学提个意见，马上反唇相讥，那是很难适应社会的。如果没有一点忍让精神，很难与人合作成功。

原则之三：言之有度。常言道，言多必失，祸从口出。家长要教育孩子多听少说，把好口风，谨言慎行。

一是教育孩子说话得体，这是一种境界。懂得什么话该说，什么话不该说。

二是教育孩子少说"废话"，这是一种美德。有的人，不看对象、不分场合，喜欢东拉西扯。话多不可怕，可怕的是废话连篇，既消耗自己的精力，又浪费别人的时间。

三是教育孩子不恶语伤人，这是一种修养。有的孩子不高兴时，见谁都是"别理我，烦着呢"，很容易伤害别人；有的孩子，得理不饶人，不分场合、不顾情面，恶言相向，结果把小摩擦变成大矛盾，得不偿失。

四是教育孩子不作无谓争辩，这是一种豁达。总有那么一些孩子，为了争一口闲气，揪住一点儿芝麻小事不放，白白浪费了大量时间和精力，还伤害了和气，实在不划算。

五是教育孩子交浅莫言深，这是一种明智。有的孩子，喜欢倾诉，什么事都往外说，诸如恋爱的烦恼啊、对老师同学的看法啊，想到什么就说什么，结果被别有用心的人利用。要让孩子明白，不是所有人都能对你感同身受，不是所有人都愿意为你保守秘密。你的心里话，只对值得信赖的人说。这是对自己负责。

六是教育孩子言不及私，这是一种口德。有的孩子喜欢打听别人的隐私，传播别人的隐私，喜欢传闲话，对别人指指点点，搬弄是非。这样的人，不会讨人喜欢，也不会有真正的朋友，一旦被人看穿，就很难与人相处了。

🄬 当好"成才之师"

教子成才，是每一个家长的心愿。所以，家长除了当好"生活之师""人生之师"，还要当好"成才之师"，用自己的教育智慧，把孩子培养成才。

树立正确的人才观

说到教子成才，很多人的头脑里立马就会显现出"望子成龙""望女成凤"。而这个"龙"和"凤"，究竟是一个什么样子，则是众说纷纭。

我认为，教子成才的"才"，即是人才学所说的"才"，是"三百六十行，行行出状元"的"状元"。这是因为，这种"才"反映了人才的真义，揭示了人才的内涵，匡正了人才的外延。按照这样的标准，也就不难理解：我国历史上，那些著名的政治家、军事家、科学家、文学家固然令人崇敬，而那些巧夺天工的能工巧匠，同样为世人所敬仰。现代社会，各行各业都涌现出本行业的"状元"和专门人才，像"特级点心师"罗坤、火箭"心脏"焊接人高凤林、"蛟龙号"上的"两丝"钳工顾秋亮、国产大飞机的首席钳工胡双钱等等。他们用匠心成就梦想，小人物成就了大辉煌。

虽然社会分工千差万别，但不管干哪一行都有用武之地。孩子只要有理想，有创新精神，有精益求精的工作态度，不管干哪一行都可以成为人才。反之，如果没目标，没上进心，不勤奋、不努力，即便上了清华、北大，照样一事无成。认清了这一点，家长就可以放宽眼界，放开手脚，让孩子发展兴趣爱好，施展才华。孩子成绩优秀，就沿着"象牙塔"的路走；孩子成绩一般，就沿着岗位成才的路走。

有的家长，对孩子的职业规划，就是当公务员，进事业单位，进外企、央企等，完全忽视了孩子的兴趣爱好和特长。从传统观念来讲，这样规划也许是对的，但从孩子成才的意义上讲，未必是对的。孩子有一个好职业，这只是养家糊口的营生，但如果孩子没兴趣，就会按部就班，得过且过，直至痛苦不堪，难以成才。所以，做家长的，在孩子职业规划、职业发展问题上，一定要根据孩子的特点，尊重孩子的兴趣爱好，千万不要盲目迎合某一风尚，不顾孩子的意愿和特长，过多进行干预，把孩子引向不利于成才的方向。

坚定孩子终会成才的信念

智慧的家长，会坚守孩子成才的梦想。即使这个梦想在别人看来是不现实的，家长也要坚信一定会实现；即使在实现目标的过程中，历尽千辛万苦，也在所不惜。

不少家长认为，孩子要成才，需要受到良好的教育，只有进名校，读硕士、读博士，才能成才。事实上，孩子受教育程度固然对成才有影响，但孩子受教育程度高，也难保一定成才；孩子受教育程度低，谁能说一定成不了才？台湾企业"塑料大王"王永庆，只有小学文凭；我国的亿万富翁张果喜，也只有小学文凭。可见，在学校受教育程度不高的人，甚至学历极低的人，也能成为旷世之才。

这说明"人人皆可以成才"，教子成才具有普遍的可能性，家长要抱定必胜的信心！

心理学上有一个有趣的皮格马利翁效应。说的是美国著名心理学家罗森塔尔和雅格布森，进行了一项有趣的研究。他们来到一所学校，随机圈定一些学生的名字，并告诉校方，这些学生有很高的天赋，只不过尚未在学习中表现出来。于是，不知情的老师信以为真，给予了特别关注。有趣的是，在期末的测试中，这些学生的学习成绩的确比其他学生高出很多。

皮格马利翁效应告诉我们，人心中怎么想、怎么相信，就可能变为怎样的现实。只要内心充满自信的期待，只要真的相信目标会实现，目标就一定会实现。作为家长，我们一定用行动助力孩子梦想成真。

一是不加任何附带条件地坚信孩子能成才。心理学上有一个深信定律：你百分之一万地深信什么，就会发生什么。家长深信孩子能考上大学，孩子就真的考上了大学；家长深信孩子会成才，孩子真的就会成才。所以，家长希望孩子成才，就要每天早上对自己说："我相信孩子一定行！"经常这样说，就会改变你对孩子的态度，使你每一天都对孩子充满自信与期望。

二是无限地相信孩子发展的潜力，不要三心二意，左右摇摆。双耳失聪女孩周婷婷，成了美国著名大学的高才生，正是其父周弘赏识教育的杰作。倘若你相信孩子的潜力，相信孩子行，那就要珍爱孩子每一次的成长机会，欣赏他们的成长。反之，好多孩子一事无成，很重要的一点，就是父母对孩子失去信心，给了孩子不良的心理暗示。

三是家长的愿望要与孩子的需求相适应。英国天文学家阿·安·普罗克特有句名言：梦想一旦被付诸行动，就会变得神圣。一方面，家长教子成才的想法，会以"心理暗示"的形式，传递给孩子，对孩子产生积极影响，一旦形成良性互动，孩子的前景会越来越顺；另一方面，家长的愿望要与孩子的想法合拍。这样就会形成强大的潜意识合力，推动孩子成才。反之，家长的愿望与孩子的想法不一致，作用就会相互抵消，甚至产生反作用。

孩子成功和成才的路有千万条，没有固定的、一成不变的模式，家长不妨把眼界放宽一些，笃信"条条大路通罗马"。有些孩子锋芒早露，有些孩子大器晚成。培养孩子成才，需要从实际出发，不可操之过急，拔苗助长。人才有很多种，孩子不能成为这方面的人才，成为那方面的人才也很好；不能成"大才"，成为"中才""小才"也不错。

引导孩子走向成熟

人的成熟分为生理成熟和心智成熟。生理成熟与年龄密切相关，心智成熟则因人而异。有的人成熟较早，比如古代甘罗，12 岁当宰相，肯定是心智成熟了，要不然怎么能当宰相呢？有的人则成熟较晚，《三字经》中有"苏老泉，二十七，始发愤，读书籍"，说明苏老泉（苏洵）27 岁方明白读书的真义，发愤读书。可见，心智成熟与年龄并无直接联系。它是一种心态，一种自觉意识到承担责任的担当。

一个人能否成才，与心智成熟密切相关。心智成熟的人，明白"我需要什么""我该做什么""我能做什么""我的位置在哪里"。"人生的道路虽然漫长，但紧要处常常只有几步"。孩子成熟得越快，觉醒得越快，成功的机遇就越多。所以，家长要当好孩子的成才之师，除了关注孩子的学习，还需关注孩子的心智发育。

1. 引导孩子从感悟中走向成熟。

成熟，是一个慢慢感悟，逐步开窍的过程，不会一蹴而就。孩子刚上小学，不明白乘法口诀的意思，等到三年级以后，自然就懂了。一些孩子心智不成熟、不开窍，是因为内心被"卡"住了。一旦他们经过感悟，打通"关卡"，就成熟了。孩子从"幼稚"到"成熟"，需要慢慢过度、慢慢内化。在孩子不太懂事的时候，需要以孩子乐于接受、易于接受的方式，慢慢启蒙，润物无声地引导。比如，通过观看影视作品、名人传记，讲故事、做游戏等形式，巧妙地引导孩子，让其逐步明白成人世界的"程序"。

在孩子初步明白道理之后，可借助举办家庭读书会、影视观摩会，进行讨论，提高孩子的认识；可通过引导孩子写读后感、观后感、日记等形式，巩固孩子的认知，升华孩子的情感与境界，引导孩子确定人生目标。一旦孩子把人生意义、社会规则、伦理道德等内化为自己的人格素养时，自然就成熟了。

还有一种成熟叫良心发现，有道是"浪子回头金不换"。有的孩子稀里糊涂干了不少坏事、错事，令家长头痛，乃至伤心。而一旦他们幡然醒悟，便像换了一个人。所以，当孩子迷惘无助时，家长要给孩子更多的爱和关心，让孩子重拾信心。孩子一旦灵魂受到触动，觉悟过来，一下子就成熟了。

2. 引导孩子从实践体验中走向成熟。

常言道，经一事，长一智。不学游泳，就不会游泳；不学开车，就不会开车。实践体验是孩子走向成熟的有效途径。

所以，家长要当好孩子的成才之师，就要创造条件，增加孩子实践体验的机会。现在，有很多大型的社会公益活动、社会调查活动、乡村支教活动都招募志愿者，家长可在保障安全的前提下，让孩子参加一些，这有助于孩子了解社会，开阔眼界，扩大见识，走向成熟。

3. 引导孩子从认识自我中走向成熟。

卡耐基在《人性的弱点》里写道："心灵的成熟过程，是持续不断地自我发现、自我探寻的过程。"一个成熟的孩子，清楚自己前进的方向。做家长的，一定要从孩子懂事起，有意识地引导孩子正确认识自己，帮孩子找到适合自己的路。

一是帮助孩子发现长处，树立自信。每一个孩子都有自己的长项，都有自己独特的魅力；每个孩子都不缺乏美，缺的是美的发现。家长要做的，就是帮孩子拂去迷雾，看清真实的自己。

二是引导孩子调整心态，稳定情绪。现在一些孩子情绪不太稳定，遇到一点不顺心的事就整天愁眉苦脸，怨天怨地。做家长的，一定要适时帮孩子调整心态，通过细心开导，减少负面情绪的影响。

三是引导孩子认识不足，提升自己。家长在引导孩子走向成熟的过程中，一方面要帮助孩子认识到自身的短板和不足，帮孩子找到努力的方向；另一方面，要激励孩子树立归零的心态，不断进取，提升自己。要让孩子明白，光学习还不够，还应通过自律，改变自己。

四是帮助孩子认准方向，确定目标。目标，对成长中的孩子来说，极为重要。青少年时期，是播撒理想种子最重要的时期。孩子有了目标，有了理想，就有了希望，就会慢慢成熟起来，浑身充满昂扬向上的力量。做家长的，一定要清楚这一点，帮助孩子树立梦想、确定目标。

五是加强激励督导，引导孩子坚持下去。小孩子之所以幼稚，就在于没常性，常立志，缺乏耐性。家长要采取激励的方式，鼓励孩子坚持下去，要让孩子明白，做任何事情都不是一蹴而就的，一定要懂得付出，目标需要一步步去实现。尤其是一些比较有难度的事情，需要坚持才能看到成效。

4. 引导孩子从磨难中走向成熟。

孩子心智成熟的过程是一个艰苦的自我蜕变的过程，也是一个内心备受熬煎的过程。磨难就像一面镜子，会让懦弱者更加懦弱，却让坚强者更加坚强。

遵循孩子成才规律

  规律，也叫"法则"，乃事物内部的必然联系和发展的必然趋势。用家教专家董进宇博士的话说，规律就是"天条"，是不能冒犯的，只能尊重它，不能违背它，更不能消灭它。尊重它，诸事皆顺；违背它，就会事与愿违，事倍功半。一些孩子成长中出现严重的问题，很大程度上是家长在教育过程中违背了客观规律的结果。

  欲教子成才，必须遵循两个方面的规律：一是孩子身心发展的规律，二是家庭教育的规律。孩子成长、成才的过程，实际上是这两大规律交互发挥作用的过程，是孩子身心发展水平、状况的内因与家庭教育的外因，在对立统一中经过不断磨合得以实现的。外因必须通过内因而起作用，两者谁也离不开谁。家长的教育诉求、教育方式方法，只有与孩子身心发展的水平或状态自然融合，和谐共进，才能促进孩子身心健康发展。

教子依据：孩子身心规律

"揠苗助长"的典故告诉我们，违背植物生长规律，就会事与愿违。同理，孩子的成长、成才，也有其内在的规律性。如果违背了，也会事与愿违。

孩子的"生理"，是由八大系统组合而成的有机整体；孩子的"心理"，是由智力因素和非智力因素组成的有机整体；孩子的"精神世界"，是由思想、品德、人性组成的有机整体。家长要培养孩子成才，首要的是遵循孩子身心的"整体性"发展规律，促进孩子全面发展。

兼顾"五大要素"

现代人才学告诉我们，人才的成长，是德、识、才、学的增长，以及身体素质的增强。就是说，孩子的成才应当具备德、识、才、学、体五大"内在因素"。

"德"，即思想品德，是孩子成才的根本保证；"识"，即见识，是孩子成才的必备条件；"才"，即才能，是孩子成才的关键；学，即知识、学问，是孩子成才的知识基础；"体"，即身体素质，是孩子健康成长、成才的物质基础。

欲把孩子培养成才，就要从德、识、才、学、体五大"内在因素"着手，多管齐下，全面提升孩子的素质。智慧的父母，都会把孩子作为一个完整的生命体来培养，而不是仅仅抓住局部的某些方面，随心所欲地进行教育。

家长要谨记，重德轻才，固然不对；重才轻德，尤为危险。如果只抓孩子智力培养，只关注孩子的学习，不太关心孩子的品德培养和身体锻炼。表面看起来，是为孩子着想，为孩子好，其实是在贻误孩子。有的孩子在"重智轻德"的教育条件下成长，虽然考上了名牌大学，但却成了精致的利己主义者，不懂得感恩，心里只有自己。有一些考入名校的"天之骄子"，僭越做人底线，我行我素，恣意妄为，不守规矩，最后出了问题，实在可惜。

司马光说得好："才者，德之资也；德者，才之帅也。"两次获得诺贝尔奖的居里夫人，称得上世界一流的科学家。爱因斯坦在《悼念玛丽·居里》一文中，却不谈她的聪颖、她的智慧，而是极力赞扬她的优秀道德品质："第一流的人物对于时代和历史的进程的意义，在其道德品质方面，也许比单纯的才智成就方面还要大。"这启示我们的家长，孩子要成才，不仅要有"才"，更要有"德"，"德才兼备，以德为先"。既要开发孩子的智力，增强孩子的学识，又要重视孩子的品行培养，重视孩子的身心健康。

"双因素"协同发展

20 年前有一句广告语："不让孩子输在人生的起跑线上。"这句广告语后来竟演变成一种家教理念，深深地扎根于国人的心中。家长们都知道孩子智力的重要，而实际上，孩子的非智力因素同样不容忽视，甚至比智力因素更重要。

一个智力水平一般的人，若非智力因素得到了很好的发展，照样可以取得事业上的成功。我国著名的数学家张广厚，在小学、中学读书时智力水平并不出众，他的成功与良好的非智力因素有关。他曾说："搞数学不需太聪明，中等天分就可以，主要是毅力和钻劲。"相反，一个智力水平较高的人，如果他的非智力因素没有得到良好的发展，往往不会有太大的成就。

现实中，有的家长以为孩子考上大学就万事大吉了，不注意引导孩子树立目标，造成孩子进了大学校门便"船到码头车到站"，整天浑浑噩噩，睡懒觉、打游戏、玩手机，或因挂科太多，被学校开除，白白荒废了学业。眼见一些天赋异禀的"神童"和有成才希望的孩子，赢在了起跑线上，却无法"笑到最后"，在人生的中途败下阵来，实在令人唏嘘。

还有一些孩子出现这样那样的心理问题，尽管具体原因各不相同，但有一点是共同的，那就是家长不注意孩子非智力因素的培养，造成孩子心理脆弱，抗压能力低下，在别人眼里不起眼的一件小事，就会引发心理问题，甚至酿成悲剧。

从孩子的心理发展来讲，智力因素与非智力因素是一个密不可分的整体。所以，在教子成才的过程中，家长应遵循孩子"心理整体性"规律，智力因素培养与非智力因素培养一同谋划，使二者相互协同，相得益彰，不可偏废，顾此失彼。

② 顺应孩子心理的"递进性"

孩子的成长是从懵懂无知到心智成熟的过程，是阶段性与连续性协调统一的过程，其心理发展也要经历从低级到高级的过程。这就要求我们的家长在教育孩子、指导孩子学习时，要遵循循序渐进、由浅入深的原则，采取由简到繁、由近到远、由具体到抽象的方式，在孩子不同的年龄阶段采取不同的方法，不可随意超越。

把握心理"成熟度"

德国心理学家格塞尔曾经做过一个著名的"爬楼梯"实验：让双胞胎练习爬楼梯。一个（代号"T"）从出生后第46周开始练习，每天练习10分钟；另一个（代号"C"）从出生后第52周开始接受同样的训练。两个孩子都练习到第54周的时候，"T"练了8周，"C"只练了2周。

家长们也许都会认为，练了8周的"T"，肯定比只练了2周的

"C"好，而实验结果却出人意料：只练两周的"C"，爬楼梯的水平比练了8周的"T"好。同样是爬到特制楼梯的最高层，"C"用时不到10秒，"T"则用了20秒。

格塞尔据此分析说，婴儿46周就开始练习爬楼梯，为时尚早，孩子没有做好"成熟"的准备，此时训练只能收到事倍功半的效果；52周开始学爬楼梯，非常恰当，此时婴儿已做好了"成熟"的训练准备，能收到事半功倍的效果。

我认识一个家长，他不跟别人攀比，而是引导孩子有序成长。

孩子上幼儿园的时候，让孩子享受快乐的童年；孩子上小学的时候，让孩子打好基础，学好各科知识；孩子读初中的时候，喜欢阅读，他便顺着孩子的兴趣，支持孩子广泛阅读。出人意料的是，孩子虽没"赢在起跑线"上，却一直保持着优异的成绩。

好的家庭教育应该顺应孩子的"成熟度"规律，循序渐进，先让孩子进行"量"的积累，然后达到"质"的飞跃。这要求我们的家长学会"放权"，在孩子成长的道路上，做好引导和保护，让孩子做自己的主人，把每个年龄段该做的事情做好。

"现在我们的问题是抢跑，幼儿园学小学的东西，小学上中学的课，到了大学，反而要补幼儿园该学的东西，比如行为习惯、人格。"一位教育专家说，"这是典型的捡了芝麻，丢了西瓜。"我看到一个两三岁的孩子，又是学画画，又是弹钢琴，又是教识字，又是学外语……结果，孩子还没上学，就已经戴上了眼镜，才上小学二年级，就开始厌学了。

孩子的人生不是短跑，而是一场马拉松，不是赢在"起跑线上"，而是赢在"终点线上"。所以，教育孩子不能急，一定要按照孩子心理发展的"时间表"，先把孩子的人生基础打牢。家长要做的，就是耐心等待，给孩子广阔的成长空间。在孩子的心智还没有发育起来的幼儿阶段，不要让孩子超前学习系统的学科知识，而应让孩子以自然的方式，在玩中学、在游戏中学，积蓄能量，以备将来飞得更高、更远。

重视心理阶段"衔接"

孩子的成长，虽然在每个阶段有不同的心理特点和不同的"时间表"，但总体上是一个完整的过程，每两个阶段之间并非互不关联，而是有一个"过渡"与"衔接"。这种"衔接"的速率因生活环境和教育条件的不同，因人而异。有的孩子会快一些，有的孩子会慢一些。比如孩子思维的发展，幼儿时期以动作思维为主，小学阶段以具体形象思维为主，中间都有一段过渡和衔接。有的孩子过渡得快一些，在 5 岁左右，就完成了；有的孩子过渡得慢一些，到了 6 岁多，还没有完成。过渡不好会给孩子后续的学习带来困难，这就是为什么一些孩子从幼儿园进入小学不适应的原因。

做家长的，要积极创造条件，适度提前引导，让孩子顺利完成过渡，引导孩子从原有水平向更高水平发展。以幼儿园与小学"衔接"为例，教育部 2012 年发布的《3—6 岁儿童学习与发展指南》，很具体地列举了各个年龄段幼儿的学习和发展目标。例如，5—6 岁的学龄前儿童，数学只要求"能通过实物操作或其他方法进行 10 以内的加减运算"；语文不要求认字，只需要"在阅读图书和生活情境中对文字符号感兴趣，知道文字表示一定的意义"。这表明，教育部已充分考虑到了幼小"衔接"，提出在保护孩子学习兴趣、满足孩子好奇心的前提下，以幼儿喜爱的游戏、活动、参观等丰富多样的形式，引导孩子学习一些数字，学会 10 以内的加减运算，激发孩子对文字符号的兴趣，为顺利进入小学做好准备。幼儿家长应以此作为教育孩子的依据。

进入小学阶段，孩子便开始了系统知识的学习，是智力开发，习惯、品德养成的关键时期。家长在这一阶段的教育方式，应以实践、引导为主，重点培养孩子的学习习惯、生活习惯，注重孩子智力开发、品德培养，加强孩子阅读能力培养，为将来顺利进入初中做好准备。

中学阶段，尤其是初中阶段，是孩子身心发展变化最为剧烈的时期，心理矛盾频发，开始出现逆反。家长在这一阶段的教育方式，主要是点化，做好心理抚慰，与老师配合，排解孩子学习、升学压力，让孩子掌握学习方法，平稳渡过不适应期，为升入高一级的学校做好准备。

高等教育阶段，孩子身体完全成熟，心智也在"社会化"的实践中，逐步走向成熟，开始认识社会、了解社会，增加阅历。家长在这一阶段的主要任务是指导孩子树立目标，进行职业规划，进行实习锻炼，为顺利进入社会，做好铺垫。

初步进入职场阶段，孩子心智基本成熟，在犹豫彷徨中步入社会，又在取舍与选择中寻找自己的发展方向，开始自己的事业发展之路。家长在这一阶段的主要任务是提醒孩子确定人生目标，考虑组建家庭，承担起事业、家庭、社会的责任，积聚力量，完成成才的冲刺，或提升成才的高度，由优秀走向卓越。

当然，家长在过渡阶段的"衔接"教育，可以适度提前，以增强孩子的适应性，但并非越超前越好，不能盲目超前。

② "关键期"不能错过

人才学告诉我们，孩子的才能发展在其早期阶段有一个"萌发期"（"关键期"）。如果在这个时期，最好是略为提前，对儿童进行良好的教育，其才能可以得到较充分的发展。如果错过这个"关键期"，随着时间的推移，其才能发展的可能性呈现递减的趋势。

每个孩子身上都蕴藏着巨大的"潜能"，只有到了"关键期"才能充分地显露出来。孩子的"潜能"遵循"递减"法则，也就是说"用则进，不用则退"。孩子的潜能开发又依附于心理发展，心理学研究表明，假设孩子刚生下来潜能值为 100 分的话，如果没有被适时加以开发，5 岁时会减到 80 分，到 10 岁时会减到 60 分，到 15 岁时就只剩下 40 分了。这就要求我们的家长，在孩子心理发展的"关键期"，有针对性地实施才能培养，以较小的付出换取最优化的教育效果。

那么，孩子的心理发展有哪些"关键期"呢？请看下表：

儿童心理发展关键期	
年龄/岁	关键期名称
2—3	口头语言
4—5	书面语言
0—4	形象视觉
4	图像视觉
5	数的概念
5—6	词汇
0—5	智能

事实上，孩子心理发展的"关键期"，远不止表中所列的几种。有人提出 21 个"关键期"，还有人提出 31 个"关键期"。孩子在心理发展的"关键期"，最容易受影响，某些行为、技能发展也最快。

如果在孩子心理发展的"关键期"，对其施以正确的教育，孩子学习起来就会既快又好，收到事半功倍的效果。比如 2—3 岁，是孩子口头语言发展的"关键期"。这时不断与孩子交流，给孩子讲故事，让孩子听故事、复述故事，则会促进孩子语言和思维的发展。再如，孩子认字的"关键期"是 5 岁。此时，家长如果充分利用孩子的阅读兴趣，给孩子一些图画说明文字卡片，让孩子把图画和看到的文字配合起来学习，既可拓展孩子的阅读面，又可扩大孩子的识字量，为上小学做好准备。

孩子学习习惯和良好情绪形成的"关键期"是小学阶段，此时家长如能积极配合老师把孩子的学习习惯养好，把孩子的情绪发展好，孩子的学习就会顺风顺水，进入中学青春期反应也会减缓许多。孩子"三观"形成的关键期是 16 岁左右，家长若能配合学校，施以科学的引导，就可以匡正孩子的"三观"。

家长的任务，就是将孩子的潜在能力充分发挥出来，在"关键期"及时对孩子进行教育培养。如果错过"关键期"再学，就需要花费几倍甚至几十倍的努力才能弥补，或者永远无法弥补。

需要特别说明的是，"关键期"是就全体孩子心理发展整体而言的，不同的孩子有不同的情况。家长在孩子心理发展"关键期"对孩子实施教育的过程中，有几点需要注意。

一是不能脱离孩子的接受性。比如，在孩子 3 岁左右语言发展的"关键期"，可以让孩子参加一个外语早教班，或听一些有趣的英语儿歌、故事，在寓教于乐中学习纯正的英语口语。只要方法对头，孩子可以像学母语一样，轻松地学会英语口语。反之，如果操之过急，早早教孩子学英语语法，孩子觉得"不好玩"，就不愿学了。

二是适应孩子兴趣，不可盲目攀比。一些家长一厢情愿，全然不顾孩子的兴趣，看别的孩子上什么班，也给自己的孩子报什么班。如果孩子没兴趣，肯定学不好，不如别让孩子学。

三是不要剥夺孩子探索世界的潜能。比如，孩子很小的时候，碰到东西喜欢往嘴里塞，家长嫌不卫生，横加干涉；两三岁的孩子拆坏手表等贵重东西的时候，家长不由分说就是一顿打；三四岁的孩子，喜欢问"为什么"，家长常常不耐烦地打断。家长的这些做法，生生地把孩子"关键期"探索世界的潜能给剥夺了。

"关键年龄"要珍惜

孩子心理发展的"关键期"，既有各种心理现象发展的"关键期"，也有孩子人生过程的"关键年龄"。家长须统筹兼顾，方可相得益彰。

1. 重视孩子的"黄金 8 年"。

孩子从出生到成才要经历一个漫长的过程。在这个过程中，不同年龄阶段的发展水平是不同的。根据国内外多数心理学家的看法，孩子从出生到 8 岁，是人生的"关键期"，可塑性大、接受教育快、发展速度快，被称为人生"黄金 8 年"。这 8 年，是培"根"的 8 年，"根"培好了，孩子才有发展后劲；这 8 年，是奠定孩子人生"基础"的 8 年，"基础"打好了，以后成长就顺利了。

我觉得，在这 8 年中，家长教育的重点是把与孩子成才密切相关的关键素质培养好，把孩子成才的基础打牢。

一是陶冶心灵，培养品行。比如，教孩子吃东西时，懂得礼让，尊敬长辈；与小朋友、小同学玩耍时，有玩具大家一起分享，与大家和睦相处；做一些力所能及的事情，培养生活自理能力和劳动观念；看电影、逛公园、去游乐场、去商店时，不疯跑吵闹，遵守社会规范；借助讲故事、看影视、认国旗、识国徽、搞活动，培养家国情怀。这些事关人生幸福和成才的基础教育，一定要尽早做，做到位、做扎实。

二是把孩子的智力发展好。在保证安全的前提下，鼓励孩子对周围的事物多看、多听、多摸、多闻，多接触大自然，认识花草鱼虫、日月星云，让孩子在玩的过程中，认识事物的属性，如颜色、形状、大小等，促进孩子感知觉发展。通过给孩子讲神话、童话或民间故事，安排一些开放性的活动，如做游戏、听音乐、涂鸦画画、猜谜语、脑筋急转弯等，丰富孩子的语言，培养孩子的想象力、思维能力、创造力；通过教孩子背诵儿歌、古诗、讲故事、复述故事、"看谁记得快"游戏等，培养孩子的记忆力；通过玩积木、魔方、手工游戏，引导孩子洗手帕、扫地，鼓励孩子多做手工等，发展孩子的操作能力和动手能力。

三是把孩子的非智力因素培养好。家长可利用孩子好奇心强、求知欲旺盛的特点，激发孩子多方面的兴趣。通过养成训练、巧妙引导，培养孩子的习惯、意志、责任感。在潜移默化的训练中，把好的行为变成习惯，把好的习惯融入孩子人格。

四是增强孩子的体质。家长可通过保健操、体育游戏、体育活动，增强孩子的体质，强健孩子的体魄。

家长需要注意的是，在辅导孩子学习时，应考虑孩子注意力不易长时间集中的特点，每次学习内容不宜多，时间不宜长，切忌用填鸭式的方法向孩子大量灌输课业知识；切忌强制性学习，强迫孩子一连几个小时伏案做作业，挫伤孩子的学习兴趣。

2. 关注孩子的"关键年龄"。

在孩子成长、成才的过程中，有五个"关键年龄"值得家长高度关注。

第一个"关键年龄"：3 岁。俗话说："三岁看大，七岁看老。"这是对一个人人生发展方向的精彩预判与概括，足见"3 岁"的重要。

3 岁为什么重要呢？

首先，3 岁的孩子身体快速发展，神经系统的发展已完成 70% 以上，具备了接受教育的条件。美国心理学家怀特博士曾经对 3 岁前的儿童发展与教育进行了 17 年追踪研究，得出的结论是：在人智力发展的过程中，最重要的时期是 8—36 个月。

其次，3 岁是孩子"关键期"比较集中的时段。像"大脑潜能关键期""色彩感觉关键期""空间知觉关键期""剪纸、贴纸、涂鸦技能关键期""好奇心关键期""动作思维关键期"等，都出现在这一时段。3 岁还是孩子语言发展的加速期、创造力的萌芽期，开始出现"第一反抗期"。同时，3 岁的孩子，心理发展处于婴儿期向幼儿期过渡的关键节点上。

家长可根据 3 岁孩子的这些"关键期"特点，借助游戏，让孩子在活动中了解丰富多彩的世界，激发求知兴趣，促进大脑发育和心理发展。比如引导孩子编故事、画彩笔图、揉泥巴、种花草、养小动物……发展孩子的创造力。孩子这一年发展得好，就为上幼儿园奠定了良好的基础。但由于孩子年龄小，学习系统知识的条件尚不具备，不宜过早让孩子进行系统知识学习。

第二个"关键年龄"：6 岁。此时孩子的大脑发育达到成人水平的90%，已为系统的文化知识学习做好了准备。6 岁也是孩子"右脑发育""视觉颜色辨别""审美""人格""数学逻辑""识字""社会意识"发展的"关键期"。家长的任务是激发孩子的学习兴趣。通过学习绘画、音乐，开发孩子的右脑，陶冶孩子的审美情趣；借助孩子阅读习惯的培养，教育孩子识字；引导孩子关注动植物，了解自然界的知识，形成对自然和科学现象的探索兴趣。

家长还有一项重要任务就是重视孩子的人格培养。6 岁是孩子人格培养的"关键期"。我国著名教育家陶行知曾经指出："6 岁以前是人格陶冶最重要的时期。这个时期培养得好，以后只需顺势培养下去，自然成为社会优良分子；倘使培养得不好，那么，习惯成了不易改，倾向定了不易移，态度坏了不易变。这些儿童进到学校里，老师需费尽九牛二虎之力纠正他们已经形成的坏习惯、坏倾向、坏态度，真是事倍功半。"所以在孩子 6 岁时，培养孩子良好的学习、生活习惯和健全的人格，非常重要。

同时，应让孩子了解小学生活，启发孩子对小学的向往，为孩子适应小学生活做好物质上、心理上的准备。

第三、四、五个"关键年龄"：12 岁、15 岁、18 岁。这三个年龄是孩子人生中三个重要的时间节点。12 岁是孩子由小学进入初中，15 岁是孩子由初中进入高中，18 岁是孩子由高中进入大学的关键时间节点，中间会经历疾风暴雨般的身体和心理变化。家长在这三个时间节点重点要做的工作是认真关注孩子的身心变化，密切配合老师，引导孩子顺利渡过学段转换时的心理"不适应期"，沿着成才的道路顺利前行。具体怎么教育，将在后文详述。

🌀 2 尊重"个性差异"

常言说，人上百，各样各色。每个孩子都是一个独一无二的生命个体，就像没有两个完全相同的树叶一样，没有两个完全一样的孩子，即便是同卵双胞胎，也存在一定的差异。有的反应快，有的反应慢；有的比较胆大，有的十分胆小；有的比较坚强，有的比较脆弱……这就是个性差异。

为什么有些智商很高的人，毫无建树，有些智力平平的人，反而成了人才？主要是非智力因素的差异。正如美国心理学家推孟所说，卓越成就并非智力本身的结果，非智力因素也起着重要作用。孩子间的差异，既表现在智力因素方面，更表现在非智力因素方面。

1. 兴趣爱好不同。

孩子从降临人间开始，父母就赋予其独特的兴趣。孩子兴趣和爱好密切相关，凡是喜爱的，一般都比较感兴趣，感兴趣的，也容易发展成爱好。孩子兴趣、爱好的差异主要表现在两个方面：

一是表现在学习及各项活动中。有的孩子喜欢语文，有的孩子喜欢数学，有的孩子喜欢画画，有的孩子喜欢音乐，有的孩子喜欢竞赛活动，有的孩子喜欢科技活动，有的孩子喜欢阅读活动，有的孩子喜欢体育活动。

二是表现在范围和稳定性上。有的孩子兴趣广泛，什么都喜欢，什么都感兴趣；有的孩子则兴趣范围狭窄，只对某一两项学习内容或活动感兴趣；有的孩子兴趣爱好很稳定，可以保持很长时间，像科学家法布尔对观察昆虫的兴趣；有的孩子兴趣爱好经常变化，今天对这感兴趣，明天又对那感兴趣。

当然，孩子的兴趣爱好与大人不同，尚处在发展变化之中。家长的任务是教育引导孩子保持正当的兴趣，拓展兴趣爱好，保持兴趣的稳定性。对于兴趣广泛的孩子，家长还应培养其中心兴趣。

2. 情商存在差异。

孩子的情商决定着孩子未来的走向。为什么一些在学校排名优秀的孩子进入社会后不是如鱼得水，而是一蹶不振呢？这很大程度上是情商开发不到位所致。孩子之间情商的差异，主要表现在情感和意志两个方面。

从情感来说，有的孩子情感的兴奋性高，取得一点成绩就欣喜若狂，看到图书或影视作品中的悲伤情节就泪流满面；有的孩子情感的兴奋性低，除非遇到非常事件，否则很难表现出喜怒哀乐的情感。有的孩子艺术感悟深，在欣赏艺术（美术、音乐、文艺等）作品时，美感体验比较深刻；有的孩子艺术情感体验比较肤浅，鉴赏水平偏低。有的孩子情感比较稳定，总是以饱满的热情投入学习与活动，对人心平气和，不骄不躁，情感不受情境左右；有的孩子情感不稳定，喜怒变化无常，一种情感很容易被另一种情感所代替。有的孩子行动受情感支配，比如在学习上，表现是积极的，精力是旺盛的，这是情感效能高的表现；有的孩子，无论干什么都缺乏激情，情感不能带来行为的改变。

就意志而言，有的孩子行动的自觉性较强，在坚信自己选择正确的同时，能够从善如流，倾听和采纳正确的建议，遇到困难不气馁；有的孩子一意孤行，不全面考虑问题或听取别人的意见，也不善于吸取经验教训；有的孩子行动的自觉性差，易受别人暗示，随意改变自己的决定。有的孩子在紧要关头，当机立断，靠机智做出判断，迅速做出决定；有的孩子优柔寡断，犹豫不决，"前怕狼，后怕虎"，迟迟做不了决定，或懒得思考，草草决定，不计后果。有的孩子一旦做出决定，便不受自己情感、心境左右，想方设法完成任务；有的孩子虽然做了决定，但面临困难，惊慌失措，畏惧不前，或不能控制自己的激情与冲动。有的孩子对自己做出的决定，再难也要坚持下去，不为暂时的挫折所动摇；有的孩子做事情，一开始精力充沛，信心十足，但一遇到困难，就垂头丧气，半途而废。

情商对成才作用很大，培养孩子情商应从小开始。做家长的，要多关注孩子，根据孩子情感、意志特点，有的放矢地进行教育培养，在肯定与表扬的正强化中，巩固和发展孩子良好的情感和意志品质；在督导与有效的实践锻炼中，纠正孩子不良的情感，补上意志品质上的短板。

❷ 气质、性格有差异

孩子之间最根本的差别是气质、性格的差别。小时候主要表现在气质方面，随着年龄的增长，尤其是进入大学之后的成人阶段，则集中表现在性格方面，因为性格差异是个性差异的综合反映。

1. 孩子气质差别大。

气质就是我们常说的脾气、禀性等。有的孩子活泼好动，反应敏捷；有的孩子性情急躁，容易激动。有的孩子性情温和，安静稳重；有的孩子沉默寡言，性情孤僻。这些不同，就是气质的差异。

气质是个体与生俱来的，与神经类型密切相关，具有稳定性，不是一朝一夕可以改变的。"江山易改，秉性难移"，就是针对气质说的。当然，气质不是静止不变的，而是随着个人认知水平的提高及社会环境的要求而发生变化，但这种变化过程是非常缓慢的。

心理学上把人的气质分为胆汁质、多血质、黏液质、抑郁质四种类型。气质本身无好坏之分，各种气质类型的孩子都有优点和缺点。例如，胆汁质的孩子热情大方、直率是优点，易发脾气是缺点；多血质的孩子活泼好动是优点，马虎、情绪变化不定是缺点；黏液质的孩子沉着冷静是优点，缺乏朝气是缺点；抑郁质的孩子做事坚定不移是优点，孤僻、猜忌是缺点。同一种气质类型的孩子，既可以成为人才，也可能变成罪犯，关键看家长如何教育引导。

家长要做的，就是有意识地强化孩子气质的优点，弥补孩子气质的缺点。如果你的孩子是胆汁质气质，就应培养其勇敢、进取心强、开朗等品质，克服其粗心、粗暴等缺点；如果你的孩子是多血质气质，就应培养其活泼、机敏、有同情心、爱交际等品质，纠正其轻浮、不踏实、虚伪等缺点；如果你的孩子是黏液质气质，就应培养其坚毅、顽强、踏实等品质，纠正其偏执、拖拉等缺点；如果你的孩子是抑郁质气质，就应培养其细心、守纪、坚定等品质，克服其胆小、孤僻、多疑等毛病。

同时，对不同气质类型的孩子，应采取不同的教育方法，对于胆汁质、多血质的孩子，可以安排较长时间的学习任务，在教育方式上，可以进行批评；黏液质、抑郁质孩子，易于疲劳，对他们不易安排长时间的学习任务，在教育方式上，以鼓励为主，批评容易使他们失去上进心。

家长需要特别注意的是，孩子的气质类型是相对的，不是绝对地完全属于某一种类型，有不少孩子会兼有两种气质的特点，有的孩子介于两种气质之间。家长在教育的过程中，要多对孩子进行观察了解，不可机械照搬。

2. 孩子性格有好坏。

孩子的性格分为外向型和内向型。外向型的孩子性情开朗，活泼好动，善于交际，适应能力强；内向型的孩子好沉思、喜内省，为人沉静稳重，不善交际，容易害羞。

性格和气质有非常形似的地方，但二者又有不同。气质无好坏之分，性格有好坏之别：有的孩子勤奋、正直、慷慨、谦虚，有的孩子懒惰、自私、吝啬、骄傲；有的孩子对人热情，有的孩子待人冷漠；有的孩子胆大、勇敢，有的孩子胆小怕事；有的孩子乐于助人，有的孩子只顾自己……

当然，孩子的性格从萌芽到定型有一个过程，定型之前一直处于动态变化之中，家长的言谈举止、榜样示范、教育引导，对孩子性格的形成至关重要。比如，家长的肯定与鼓励，会让孩子形成自信的性格品质；家长的否定与打击，会让孩子形成自卑的性格缺陷；家长的溺爱与迁就，会使孩子形成自私、任性、唯我独尊的性格缺陷。

孩子的成功不仅仅是学习成绩好、智力水平高，还需要一个良好的性格。家长一定要通过自身的榜样引领，培养孩子谦虚、自信、勤于思考、热情乐观、勇敢果断、坚毅顽强的性格品质。

❤2 男孩女孩有"不同"

女人是水做的，男人是泥做的。在《红楼梦》里，曹雪芹假借男主人公贾宝玉之口，说出了男女之别。男孩与女孩的差别，除了身体，还有智力品质。

心理学告诉我们，从智力的综合水平上来说，男孩和女孩并没有明显的差别，但在智力发展的节奏，以及智力内容的分布上，男孩和女孩是有差别的。

1. 智力发展节奏不同。

男孩与女孩智力发展速度，在学龄前不明显。从上小学开始，女孩智力发展明显快于男孩，一直持续到女孩（10—13 岁）青春期发育的高峰期。这种情况到了男孩青春发育期，开始发生变化，男孩智力快速发展，女孩智力发展速度变缓。这种此消彼长的状况一直持续到男孩

（12—15 岁）青春发育的高峰期。男孩女孩智力发展节奏的差异是由其生理发育差异造成的。

这启示我们，在教育孩子时，要动态地、积极地看待男孩与女孩智力发展的年龄变化。在小学阶段，男孩家长不要为孩子的智力发展暂时落后而气恼，要引导孩子多读书、多思考，不要过分在意学习成绩，重点是培养孩子的学习兴趣和学习习惯；女孩家长不要为孩子的智力发展暂时领先而骄傲，要借助孩子的智力发展优势，引导孩子掌握学习方法，敢于质疑问难，不死抠，不死背，注意发展思维能力，为中学学习方式转变做好准备。

在中学阶段，女孩家长不要为孩子的智力发展被男孩赶上甚至超越而气馁，要引导孩子利用自身形象思维优势，分散难点，勤于思考，在慢"爬坡"中，稳步前行，要时常给孩子减压，不要过分在意孩子的学习成绩，要教给孩子学习方法；男孩家长也不要为孩子的智力迅速发展而得意，如果孩子不增强紧迫感，还是懵懵懂懂，不知道操心，不思上进，可能会一直"落后"下去。所以，男孩家长要借助孩子智力快速发展的契机，督导孩子勤奋努力，迎头赶上。

2. 智力优势各有侧重。

男孩和女孩智力的发展，在总体上各有千秋，不分伯仲，呈现着平衡性，但在智力要素上存在着差异，有的差异还比较明显。

一是感知觉的差异。在空间视知觉方面，男孩明显优于女孩，所以男孩在辨别方位、从复杂的地域寻找路径、从投影图中认知物体，以及空间视觉化表象方面都明显优于女孩。女孩的听觉能力较强，易被声音吸引，特别是对声音的辨别和定位，以及听觉的敏感度、听高音的能力方面，优于男孩。

二是认知方式的差异。女孩的言语发展，特别是口头言语的发展比男孩早，说话的流畅度强于男孩。因此，女孩的口语能力比男孩强。从书本和老师讲课中获得的知识较男孩多。但由于女孩体力较差，活动量小，活动范围较窄，其实践和操作活动能力不及男孩，获得的课外知识不及男孩丰富。

三是记忆品质的差异。女孩的机械记忆、形象记忆和背诵能力比男孩强，在复述课文时，喜欢从头到尾，逐字逐句复述，不太注意对记忆内容进行思维加工，这种情形在小学阶段比较突出；男孩的理解记忆和抽象记忆比女孩强，尤其是进入青春期以后，男孩复述课文一般不满足逐字逐句背诵，喜欢根据课文大意，用自己的语言进行自由复述，更多的是关心和记忆课文的思想内容。

四是思维、想象模式差异。女孩的具体形象思维占优势，表现为直接印象的鲜明性、生动性，思维带有表象、想象的直观性、形象性，观察事物比男孩细致认真，模仿能力比男孩强。所以，女孩一般比较喜欢语文、外语、历史、地理、生物等学科。男孩抽象逻辑思维比较强，尤其是进入青春期之后，倾向于分析、比较与概括，倾向于表象、记忆、想象的意义性和思维的逻辑性，喜欢进行思索、探究，一般比较喜欢数理化等学科。

3. 给家长的启示。

其一，发挥孩子的智力优势，补上孩子的智力短板。对男孩来说，要通过扩大阅读、复述故事，参加一些音乐、美术活动，增强形象记忆、形象思维，增强想象的形象性，完善自身的智力品质；对女孩来说，要通过扩大活动范围，进行一些诸如登山、滑冰运动，提高活动的灵活性，促进思维的灵活性，通过参加智力游戏，故事续写、缩写、扩写，对相关问题进行分析、综合培养逻辑记忆、抽象思维，增强想象的抽象性。

其二，不要把智力差异绝对化。男孩女孩在智力要素上的差异，是相对的，不是绝对的。有的男性形象思维也很发达，像画家达·芬奇、吴道子、张大千、齐白石等，音乐家莫扎特、肖邦、李斯特、郎朗等。有的女性抽象逻辑思维也很发达，中外历史上，不乏在自然科学领域取得卓越成就的女性科学家，比如居里夫人等诺贝尔奖的女性获得者，还有我国的著名物理学家何泽慧、王承书，固体物理学家林兰英，力学家李敏华，第一个电子学女博士韦钰等。家长要从孩子的实际出发，如果男孩形象思维发达，对文学、艺术、表演等感兴趣，也可支持其向这方面发展；如果女孩抽象逻辑思维发达，喜欢自然科学，也可支持她沿着理工科的方向发展。

家教规律不可违背

家长欲教育好孩子，除了遵循孩子身心发展的规律，还要遵循家庭教育的规律，并从实际出发，因势利导，打牢孩子核心素养的基础，方可促进孩子健康成长，助力孩子成才。

❤ 正相协同　教子轻松

常听一些家长抱怨，过去两口子带几个孩子也没有那么多事，现在三四个大人，甚至五六个大人带一个孩子，还带不好，整天不是这事，就是那事。这是为什么呢？

小时候，曾看过一则寓言故事《动物拉车》，至今记忆犹新。

梭子鱼、虾和天鹅不知什么时候成了好朋友。一天，它们发现一辆车，车上有许多好吃的东西，于是，就商定把车子拉回家。它们三个使出平生力气拼命拉车。可是，无论它们怎样用力，车子仍然待在原地，一步不动。这是什么原因呢？原来，天鹅使劲往天上提，虾用力向后倒拖，梭子鱼则往池塘里拉。

究竟谁对谁错，很难说清楚。反正，大家都使劲了，只是力量没有用到一处，没有形成合力。这个寓言故事启示我们，在教育孩子的问题上，家庭教育的方向不能错，所有家庭成员的教育理念和方式必须正确；所有家庭成员对孩子教育的想法、意见必须一致，不能出现各行其是、相互矛盾的情况。

对于大多数家庭而言，都是三四个，甚至五六个大人养育一个孩子。由于经历、观念的不同，在教育孩子的问题上会出现分歧，这很正常。最有效的解决办法是，家庭成员先行沟通，形成统一的家教意见。

首先，避免正面冲突。当着孩子的面，家庭成员之间都要相互维护大人的尊严和权威。家人少一分正面冲突，就会少一分对孩子的负面影响。

其次，讲求沟通的方式方法。如果觉得家人教育孩子的方法不妥，可以在事后寻找适当的机会，心平气和地去表达意见或建议。姥姥、姥爷的沟通工作由妈妈来做，爷爷、奶奶的沟通工作由爸爸来做。要晓之以理，动之以情，让老人明白，孩子的成长需要正确教育引导，若对孙子、孙女过分娇宠放纵，将对孩子的健康成长和良好性格的形成不利。

给孩子施加积极影响

家庭和谐是孩子健康成长的基础。良好的家庭人际关系，正确的教育方式，是孩子终身受用的财富，对孩子成才有深远的影响。为了孩子健康成长，家长要不断给孩子施加积极影响。

1. 教育内容充满正能量。

家长要教给孩子正能量的东西，比如，用社会主义核心价值观及家国情怀丰富孩子的头脑，让孩子的内心充满正能量，切忌用错误的思想观念。比如，金钱至上、外国比中国好、人与人之间都是弱肉强食、体力劳动低贱等负面的东西，来教育影响孩子。这对孩子的成长极为不利。在错误教育理念下长大的孩子，在接下来的人生路途中，也只是一个精致的利己主义者，不会成为社会的有用之才。

2. 教育理念、方式要正确。

家长既要重视孩子的学习，更要重视孩子的德、智、体、美、劳全面发展；既要重视孩子智力因素的培养，更要重视孩子非智力因素的协同提升；既要重视孩子动脑，也要重视孩子动手，让孩子成为心灵手巧的人；既要重视孩子书本知识的学习，也要重视孩子自然知识、社会知识的学习。在教育方式上，既要言教，也要身教；既要关心爱护，又要严格要求；既要表扬鼓励，也要督导惩戒；既要教育引领，又要实践锻炼。

3. 家庭环境温馨和谐。

一个优秀的孩子，背后往往有一个幸福和谐的家庭。家长承担着家庭教育的主体责任，家人们彼此信任，彼此相爱，孩子才能健康成长，拥有美好未来。和谐家庭走出来的孩子，内心充满阳光，更容易成功成才。反之，家庭气氛紧张，"小吵一四七，大闹三六九"，势必会使孩子紧张、敏感、胆小、多疑，内心充满自卑和怯懦，不利于孩子的健康成长。

父母密切配合

在孩子的教育中，父母是最重要的两个角色。要教子成才，父母都必须强化自己的责任，一同教育孩子，密切合作、密切配合。

一是互相尊重。首先是父母要尊重孩子，凡涉及孩子的问题，要先征求孩子的意见；其次是夫妻双方，相互尊重，相互协商，谁的意见对，就按谁的意见办，不要一味强调谁在家说了算。

二是互相学习、取长补短。在教育孩子的问题上，夫妻两人要相互学习和探讨教育孩子的最佳方式，可针对孩子成长的身心特点和年龄特点共同制订教育方案。

三是坚持自己带孩子。千万不要将教育孩子的责任全部推给老人，自己去过清闲的日子。因为老人都是"隔辈疼"，即使博学多才的老人，也多对孙辈疼爱，而不舍得管教，因此在教育孩子时，容易溺爱和放纵。

父母与孩子的情感联系，是给孩子最好的安全感，尤其是幼儿时期孩子对妈妈的情感需求，是任何人都无法取代的。

教育专家尹建莉的女儿是个品学兼优的好学生：成绩好，曾跳级两次，后被清华大学录取；性格也好，乐于助人，自信独立。面对朋友的美慕，尹建莉却将女儿的懂事、优秀归因于"亲自带孩子"。

孩子的未来掌握在父母手中，无论孩子将来成为什么样子，父母都必须接受，不能"退货"。孩子成长的"关键期"就那么几年，错过了，很难弥补。所以，做父母的，即便工作再忙，也要把教育孩子当作一件大事来对待，当作一项事业来对待。育儿的过程，是一个不断试错和磨合的过程，父母要一起承担责任，有问题共同商量，一起努力，寻找适合孩子特点的教育方法，把孩子培养教育好。

❷ "养""教"密不可分

看到"教养"这个词，不得不佩服前人的智慧，说明前人早就揭示了"养"与"教"的内涵，厘清了"教"与"养"内在联系。《三字经》中有"养不教，父之过"之说。在家庭教育中，唯有"养"与"教"有机结合，才能培养出有"教养"的孩子。

"教"与"养"相互依存

1. 寓"教"于"养"。

孩子成长的最初几年，既是其身体发展的重要时期，也是其心灵成长、人格形成的奠基时期。家长要做的，就是在尊重孩子天性的前提下，巧妙地将对孩子的"教"融于"养"的过程之中，通过心理暗示，陶冶孩子的心灵，通过引导、训练，培养孩子的能力。

比如，在抱孩子、喂孩子、哄孩子的过程中，训练孩子说话；通过陪孩子玩游戏，让孩子懂得规则、安全，知道大小、多少的数概念；在商场，教孩子认识商品的名称；在公园、广场，教孩子认识花草树木、交通工具；在动物园，教孩子认识各种动物；通过帮孩子吃饭、穿衣、摆弄玩具，教会孩子自己吃饭、穿衣、收拾玩具；借着下班回家、吃水果，教孩子给大人送水果、拿鞋子；通过让孩子帮大人拿扫把，和大人一起择菜，培养孩子的劳动意识和劳动习惯……就这样，在日常的养育中，自然而然地加进教育的内容，让孩子在充满乐趣的游戏、参观及参加家庭事务的活动中，受到润物无声的教育。

现实中，有的家长觉得，孩子上学之前，不懂事，"养"好就行了，不需要"教"；应遵从孩子的天性，让孩子自由成长，等上学了再教育不迟，过早教育对孩子成长不利。这些家长看到了教育遵循孩子成长规律的重要性，有一定的道理，但把"养"与"教"割裂开来，对立起来就不对了，因为，在孩子成长的最初几年，既是其身体、天性发展的重要阶段，也是其品德修养、行为习惯、社会规范培养的关键时期，错过了，纠正起来相当困难，因此需要教育。

有些家长简单地把教育理解为"管束""打骂"，这是违背孩子天性的，也是违背教育规律的。教育孩子是一门艺术，需要家长在"养"的过程中，耐着性子慢慢进行，既不能听之任之，任其不良习惯和品行问题发展蔓延，也不能操之过急、简单粗暴。

2."教"离不开"养"。

如同"养"不是单纯的"养"，"养"中有"教"一样，"教"也不是单纯的"教"。

一方面，要"教"中有"养"。孩子上学之后，家长除了关心孩子的学习，还要关心孩子的生活，关心孩子的身体和心理健康，关心孩子的膳食结构和营养搭配，做到劳逸结合，不能一个劲地要求孩子学习。

另一方面，要"教"中"养心"。有一种教育叫养成教育，就是孩子在家长的教育引导下，把家长的要求内化为自己的品质。"养"，从家长的角度讲，是物质生活上的关心；从孩子的角度讲，就是"养心"。

良好的家庭教育，不是硬性的灌输，而是积极的引导，是孩子的自我修行。所以，家长一定要着眼于"养心"，从孩子的兴趣爱好出发，激发孩子的学习热情和求知欲望。通过养护，让孩子的情绪快乐起来，让孩子的意志坚强起来，让孩子的人格完善起来。

最后，要"教"中有"护"。对孩子的保护也是一种"养"。孩子因心智不成熟，缺乏生活经验和社会经验，容易受到伤害。有一些危险会不经意地来到孩子身边。比如，用眼卫生、用火用电安全、骑车安全、野外游泳安全、外出人身安全、校园暴力伤害，以及内外因素引起的自杀、离家出走、刑事犯罪等等。近年来，报刊上、网络上中小学生出现安全事故、自杀、离家出走的案例很多，触目惊心。所以，家长在"教"的同时，要加强对孩子的保护，告诉孩子尊重生命，学会紧急情况下逃避危险。必要的话，可以和孩子一起做一些救护自己的游戏，或模拟一些情境，教会孩子自我保护。

❷ 寓教育于无形

家长对孩子的教育，是一个长期的潜移默化的过程。孩子的行为、思想、性格，会不知不觉受到家庭影响而发生变化。无论是成功的家庭教育，还是失败的家庭教育，都脱离不了"潜移默化"规律的支配。

我们经常会看到这样一种现象：当一个孩子来到跟前，只要看看他的言谈举止、行事风格，就知道他是谁家的孩子，就像打了烙印一样。难怪寂静法师说："家庭就是复印机，父母是原件，孩子是复印件。"

家长要把孩子教育好，让孩子优秀，自己一定要当好"原件"。常言道，己所不欲，勿施于人。家长想让孩子成为什么样的人，自己要先成为那样的人。凡要求孩子做到的，自己首先做到。

家长对孩子施加影响时，要注意两点：

1. 谨防言行不一。

有些家长教育孩子时，光知道说教，不注意做表率，"以己昏昏，使人昭昭"。比如，自己不读书，要求孩子读书；自己看电视、玩游戏、打麻将，要求孩子努力学习；自己乱闯红灯，却教育孩子遵守交通规则；自己随地吐痰，却教育孩子别乱丢纸屑……为什么有些家长心没少操，整天唠叨，孩子依旧不听话？原因就在于此。当孩子发现家长教给他的是一套，自己行的是另一套，便不再信任家长。

2. 力戒消极影响。

家庭教育的影响如影随形。家长要尽可能地减少对孩子的负面影响。因为负面影响一旦在孩子身上发挥作用，就会内化为孩子的言谈举止、行为习惯，成为孩子人格的组成部分。比如好逸恶劳，专横跋扈，自私自利，不知感恩，不会合作，等等，纠正起来非常困难，对孩子成长、成才极为不利。

重视家教影响的无形性

孩子都是模仿天才，耳朵经常听到，眼睛经常看到，听得多了，见得多了，会在无形之中不知不觉地受到家长影响。正如韩愈所说："目濡耳染，不学以能。"

父母的品行、生活方式、待人接物方式，乃至举手投足的细小动作，都会成为孩子模仿的对象。孩子年龄越小，受影响越大。他们先是学习模仿家长的动作、语言；稍大一点儿，开始学习模仿家长的情绪、行为习惯、为人处世方式；再大一点儿，开始接受家长的"三观"，效法家长的人品。

正因为家庭教育的影响是无形的，所以，家长在教育孩子的过程中，一定要重视对孩子的熏陶与感染，注意用品德去感染孩子的品德，用情感去陶冶孩子的情感，用行为去引导孩子的行为。正如德国哲学家雅斯贝尔斯所说："教育，就是一棵树摇动另一棵树，一朵云推动另一朵云，一个灵魂唤醒另一个灵魂。"

家庭教育的无形影响大于有形说教。所以，家长在教育孩子时，要注意正面的影响，正面的引导，多给孩子积极的暗示，少给孩子生硬的说教，尤其是少一些简单粗暴的训斥与打骂。家长在给孩子施加教育影响时，要注意以下两点：

1. 不把焦虑传给孩子。

现在很多家长对孩子寄托着许多期望，内心又充满着无尽的纠结和焦虑：孩子上学之前，家长纠结孩子的习惯和性格培养；孩子上学以后，家长头疼孩子的学习成绩；孩子到了青春期，家长焦虑孩子的叛逆。

这些家长也许没有想到，自己内心的焦虑与浮躁比孩子的问题更可怕，会导致孩子内心不安，把家长的焦虑当作自己的问题，从而陷入深深的苦恼和自责。很多孩子之所以时常焦虑，是因为受了家长，尤其是父母焦虑情绪的影响。这就要求我们的家长学会情绪自控，先把自己的情绪调整好，不急、不躁。家长的情绪稳定了，孩子的情绪也就平复了。

2. 注意家庭影响的"相悖"性。

有些家庭影响表面上看是积极的，实际上是消极的。比如，有的家长以为只要爱孩子，对孩子好，孩子长大了就会孝顺，于是对孩子百般宠爱，满足孩子的一切要求，结果却事与愿违；还有一些家长，起早贪黑，任劳任怨，把孩子照顾得无微不至，什么也不让孩子干，结果孩子不仅没有学到勤劳精神和持家之道，反而越来越懒，什么也不会干，什么也不愿干。这就要求我们，对孩子要爱而有度，舍得在生活中使用孩子，锻炼孩子。

顺应家教影响的长期性

在家庭教育过程中，任何一个孩子变好、变坏都不是一天之功。孩子就像一面镜子，从孩子的身上可以照出父母的影子。孩子发展变化、成长成才是一个缓慢的渐进过程。做家长的要认识到育人的长期性、艰巨性，自觉运用潜移默化规律，把孩子培养成人、成才。

1. 循序渐进，迈小步不停步。

传说古代蒙古人有一个训练大力士的方法。他们让小孩子每天抱着刚出生的小牛犊上山吃草。小牛犊刚生下来只有十多斤重，孩子们可以轻松地完成任务。但这才只是开始，孩子们需要每天都抱着牛犊上山。就这样，随着牛犊一天天长大，孩子们的力气也越来越大。最后，牛犊长成几百斤的大牛时，这些孩子们也成了力能扛鼎的大力士。

童年时期是孩子的品德、个性形成的重要时期。这个时期的孩子接受能力、模仿能力都很强，具有极强的可塑性。孩子能否受到良好的家教影响，关系到孩子以后走什么路、做什么人、能否成才的大问题。家长教育孩子，也应学习培养蒙古大力士的方法，采取小步子战术。既不能消极地等待，放任自流，也不能焦急不安，胡乱施策，而应静下心来，不断给孩子施加积极影响，鼓励孩子不断进步。

2. 长期坚持，永不放弃。

很多孩子干事没有常性，只有三分钟的热度。对待这样的孩子，最好的办法就是家长和孩子一起做。比如，每天读几页书、每天练几个字、每天收拾一次房间等。不论什么事情，只要是每天都做，坚持不懈，久而久之就帮助孩子养成了持之以恒的好习惯。在这个过程中，孩子很可能半途而废，或者有半途而废的打算，家长不要一味批评孩子，只要自己坚持每天都做。孩子会在家长默默地坚持中，产生主动"归队"的想法。孩子主动"归队"，教育的目的就达到了。

2 教育孩子别怕反复

孩子的成长、成才，不是直线式上升、前进的，而是螺旋式上升、波浪式前进的，其行为会出现反复性。认识和掌握这条规律，对于搞好家庭教育大有裨益。

不断进行"正强化"

孩子自出生到长大成人，每一点进步都是不容易的，都是家长反复教育的结果。做家长的，无论对孩子进行智力开发、学习兴趣激发、学习辅导、情商培养，还是对孩子进行生活技能、良好行为习惯、良好思想品德、个性人格培养，都需要反复进行教育，不断进行"强化"。

1. 在"强化"中培养技能。

孩子技能的形成不是教出来的，而是需要自己慢慢摸索与实践。孩子在小时候，尤其在 3 岁之前，对周围的世界有着强烈的探索欲望，会不断模仿大人的行为，然后自己动手尝试。在这个过程中，孩子可能会损坏一些东西，把事情做得一团糟，需要父母耐心的陪伴和包容。比如，感受孩子叽里呱啦地牙牙学语，习惯孩子上下肢不协调地爬行和颤颤巍巍地学步，容忍孩子乱七八糟地乱涂乱画，体谅孩子笨拙地拿勺子吃饭，接纳孩子不断重复地东问西问……孩子只有不断尝试，失败了又重新尝试，才会形成某种生活技能。孩子稍大一点儿，不管是学骑车、学溜冰，还是学游泳、学跳绳，都要经过不断练习，循环往复才能成功。

有人说，教育孩子，陪伴孩子的成长，如同陪伴蜗牛散步。对于孩子来讲，技能的学习是在游戏中完成的，不断地重复，不断地练习，乐在其中。父母在这个过程中要有耐心，关注和陪伴孩子不断尝试，接受孩子的试误，让孩子在充满乐趣的尝试中学习、掌握相关技能。

2. 在"强化"中养成良好行为习惯。

孩子的习惯一旦养成，不用别人催促和提醒就会自然地、不假思索地去做。孩子良好习惯的培养并不深奥，不断重复、不断"强化"就会形成。

首先，从生活中最基本、最简单的习惯培养起，比如，让孩子养成按时起床的习惯，养成用过的东西放回原位的习惯等等。孩子的习惯一旦养成，就会形成一种内在"做事程序"，做起事来很自然。生活习惯养成之后，再逐步扩展到学习和社会生活习惯层面。

其次，按照反复教育的要求，不断重复强化。孩子良好习惯的形成，绝非一蹴而就，需要长期培养。比如，在生活习惯培养中，可与孩子商定每天起床、吃饭、上学、锻炼、休息的时间；在学习中，定好预习、复习、做作业及活动、运动、看电视等休息娱乐时间，没有特殊情况，不要随意改变。经过1个月左右一而再、再而三地坚持，孩子良好的习惯就形成了。

3. 在"强化"中形成良好品德。

孩子只有具备良好的品德，才能在通往成功的道路上稳步前进。做家长的，不仅要关心孩子的学习，更重要的是通过反复教育，培养孩子良好的品行。

一是强化"家庭之德"。引导孩子在家尊敬老人、孝敬父母，见到长辈主动打招呼，学会使用尊称和礼貌用语；接受长辈教导要虚心，做事要认真；和父母有意见分歧时要心平气和地说出来；父母劳累时要主动端水送茶，对长辈关心关怀；父母生病时要表示慰问，主动分担家务。

二是强化"学校之德"。引导孩子在学校学会尊敬老师，尊重老师的劳动，接受教师的教导，赞美老师的优点，感谢老师的付出；教育孩子懂得关心集体，维护集体荣誉，团结同学，虚心听取不同意见。

三是强化"社会之德"。引导孩子知道同情人、帮助人，对生活困难的人，特别是残疾人，能主动给予帮助；懂得公共场所举止文雅，谦虚礼让，待人接物落落大方，彬彬有礼；知道尊重他人，不目空一切、盛气凌人，不侮辱人、讥笑人。

家长要完成培养孩子良好品德的任务，绝非一朝一夕之功，需要反复教育，长期坚持，久久为功。

其一，明确要求，重在坚持。家长可从孩子的实际出发，提出孩子能够接受、能做得到的要求，并征得孩子认可，以协议的形式固定下来。要求一旦提出，就要坚持下去，不要轻易改变。孩子无故不做，或软磨硬泡、撒娇耍赖，不愿坚持时，家长要敢于说"不"，不可随意妥协。

其二，重在养成，积极鼓励。孩子良好品德的形成，靠说教不行，需要不断实践，逐步养成。家长要给孩子提供实践锻炼的机会。比如家长外出时，让孩子帮助提包；家长回来时，让孩子主动开门。孩子一开始可能不习惯，锻炼几次，习惯之后就内化为孩子的道德品质了。孩子做得好，家长要及时鼓励、表扬，或是以微笑、点头的方式表示赞同与认可。

其三，要求一致，忌"虎头蛇尾"。对于孩子良好品行的养成，家庭成员目标要一致，教育要一致，切忌要求不一致。有的老人心疼孩子，不让孩子干事，不让孩子锻炼，这对孩子道德品质的养成是不利的；还有的家长，开始热情很高，过几天就不坚持了，结果前功尽弃。

在反复中"纠偏"

孩子从"一张白纸"来到这个世界，从一无所知到认识这个世界，是在不断克服缺点、改正错误的过程中，逐步成长和前进的。把一个不懂事的婴儿培养成人、成才，凝聚着家长，尤其是父母大量的心血。

孩子在成长的过程中出现一些缺点、错误是难免的。孩子的问题多出在习惯和品行方面。比如，在习惯方面，有的孩子晚上不睡，早上不起；有的孩子挑食，喜欢边吃饭，边玩手机；有的孩子做作业心不在焉，拖拉磨蹭；有的孩子做事无计划，条理性差；有的孩子自制力差，管不住自己等等。在品行方面，有的孩子自私任性，爱发脾气、说谎；有的孩子虚荣心强，喜欢攀比；有的孩子不守孝道，不懂礼貌；有的孩子要求大人事事顺着他，稍不如意就大吵大闹等等。

孩子有了缺点和错误，要及早矫正，等到长成了"歪脖树"，就难以改变了。教育引导孩子纠正自身的缺点或错误，说起来容易，真正做起来却是十分困难的，需要家长一次又一次地反复教育。

有一个男孩爱发脾气，父母就想方设法帮助他：先是告诉孩子，你若"不想成为一个脾气暴躁的人，就安心下来，保持安静"。然后让孩子自己预估能多少天不发脾气，做到了给予鼓励。孩子在家长的反复教育、提醒、暗示下，情况逐步好转。开始每天发脾气，后来2—3天发一次脾气，再后来4—5天发一次脾气，最后，整整1个月没发脾气。孩子爱发脾气的毛病改掉了。

孩子的缺点、错误在没有彻底得到矫正之前，往往会顽固地多次或轻或重地表现出来，需要家长经常督促，连续不断地反复矫正，直到孩子彻底克服了缺点、改正了错误才算完成。在这个过程中家长有两点需要特别注意。

一是给孩子改错的机会。孩子是在犯错、改错中走向成熟、走向成功的。孩子的童年出现各种各样的"试错""不听话"都是正常的。蒙台梭利说过，每个儿童首先都必然处于一种精神的无序期，心理活动由混乱走向有序。孩子从来都没有"不听话"，只是心智暂时不成熟。用"不听话"来批评孩子，以强制的方式要求孩子"听话"，那是错上加错。如果家长一味地批评孩子的错误，孩子就会出现逆反心理，说不定真的有可能会"三天不打，上房揭瓦"了。

正确的教育方式是，在无关紧要的问题上搞好引导与暗示，让孩子自己纠错。孩子每一次的"试错"经历都是一次成长。比如，孩子为弄明白电动玩具、钟表的内部构造，把电动玩具、钟表拆开了，或弄坏了，家长不仅要允许孩子犯这样的"错误"，还应加以肯定，帮孩子搞清其中的奥秘。反之，家长不允许孩子犯探索的错误，要求孩子事事言听计从，只会打击孩子探索的积极性，抹杀孩子探索的兴趣。

二是不怕"反复"。教育孩子矫正缺点、错误是一个循环往复的过程，但"反复"不是"重复"。从形式上看，教育孩子改过自新是在烦琐的反复中前进的。但从本质上看，这种反复是在更高一级基础上的反复。经过每一次反复，孩子都会有新的变化和提高，而不是静止或倒退。做家长的，要以不厌其烦的态度、科学有效的方法，助力孩子改过自新，健康成长。

2 善于扬长避短

现在社会分工越来越精细，在某个细分领域特长越突出的人，越容易取得成功。在家庭教育中，与其拼命弥补孩子的能力短板，不如发挥孩子的特长，引导孩子一步步走向成功。

发现孩子的特长

家长要把孩子培养成才，很重要的一点是善于发现孩子的特长。

邻家有一个小男孩学习成绩不好，唯独痴迷计算机，在计算机方面的本事高人一筹。谁家计算机出了毛病，就请他来帮忙解决。别看他做作业时愁眉苦脸，无精打采，一听到请他看计算机，立刻两眼发光，神采飞扬。

小男孩的特长就在计算机方面。家长若能正确引导并发展孩子的这一特长，孩子说不定将来会成为计算机或信息技术方面的人才。如果家长害怕耽误学习，随意加以限制，孩子的这一特长就可能会泯灭。家长可通过以下几个途径，发现孩子特长。

1. 从观察中发现。

孩子自小就和家人生活在一起，其兴趣爱好、优势特长自然逃不过家长的眼睛。家长只要留心观察，就不难发现。

麦克斯韦小时候学画画。有一次，父亲让他对着一个插满秋菊的花瓶画静态写生。等他画完交给父亲时，父亲一看笑了。原来整张纸上涂满了几何图形，花瓶画成了梯形，菊花画成了大大小小的圆圈，还有一些奇怪的三角形，大概是用来表示叶子的。父亲通过看麦克斯韦的画，发现他在数学方面有特长。后来，麦克斯韦果然在数学方面表现出了出色的才华，成为数学、物理学家。

由此可见，家长只要留心观察，就会发现孩子的特长。

2. 从兴趣爱好中发现。

孩子的特长常常和兴趣爱好紧密联系在一起。苏联杰出的园艺学家米丘林，从小喜欢在院子里挖地、栽培、摘果和选种。在家长的支持下，慢慢由对园艺的兴趣，发展为爱好、特长。他经过60多年的连续研究，培育出了300多个果树新品种。家长通过孩子的兴趣爱好，发现并培养了孩子的特长。

3. 从活动中发现。

发现孩子特长的一个好办法，就是让孩子参加丰富多彩的活动。在活动中，孩子的特长很容易显露出来。许多优秀的家长都积极鼓励和支持孩子参加各种各样的活动，因为他们知道，这是孩子认识自我、发现自身特长的妙方。

培养孩子的特长

美国教育家杜威说过："教育的任务在于发现个人的特长，并且训练他，尽量发展他的特长。"家长发现了孩子的特长后，就可以根据特长进行有针对性地培养了。

1. 引导孩子聚焦成才。

每个人的天赋不同，特长不同。家长只有重视孩子特长发展，才能把孩子的闪光点放大、升华，引导孩子走向成功。任正非在接受《面对面》节目记者采访时，曾说过这样一段精彩的话："我这一生短的部分我不管了，我只想做好我这块长板，然后再找别人的长板拼起来，这样就是一个高桶了。"做家长的，要借助鼓励暗示，发展孩子的特长，尤其是孩子上大学之后，更要引导孩子专注自己的特长，坚持不懈，聚焦成才。

2. 注意培养关联性的特长。

孩子的最佳才能与次佳才能有着内在的相关性。相关度大的，如体育与舞蹈才能，数学与物理才能等。家长可根据孩子的特长，在培养最佳才能时，把眼界放宽一些，关注与孩子最佳才能相关度大的领域，注意培养孩子的次佳才能。要突出最佳，以次养佳，引导孩子沿着相关的方向发展，切忌一开始把范围限定得太窄，

避开孩子的短板

有人说，人放错了地方就是垃圾。众所周知，聂卫平下围棋很厉害，刘翔跑得很快，姚明是篮球名将，但如果让聂卫平去打篮球，让刘翔去下棋，让姚明去短跑，可能连一般人都不如。所以，做家长的，在培养孩子成才的道路上，一定要避开孩子的短板，尽可能帮孩子找准自己的位置。

1. 避开先天的短项。

孩子的有些短板是天生的，像身高、长相、乐感、色彩感觉等等。有些行业，比如航天员、仪仗队员、运动员等，对身体有着特殊的要求，身体不达标不行。从孩子成才的视角来看，先天的短板一定要主动避开。像身材矮小的孩子喜欢打篮球，玩玩可以，但要成为专业的篮球

运动员，是要付出常人所不能及的努力的。

2. 避开能力特长的短项。

古语云，尺有所短，寸有所长。鲁迅擅长写文章，可是如果硬要去跟人家比赛摔跤，那就没有优势了。家长要让孩子明白，在某一领域拔尖的人，一定是他在自己擅长的领域远远超过了其他人，绝不可能是在自己的弱项领域领先。所以，家长要引导孩子避开能力、特长方面的短板。

3. 避开不感兴趣的领域。

俗话说，男怕入错行。实际上，不光对男孩，对女孩也一样。要想不入错行，就要避开自己不感兴趣的领域。如果孩子不清楚自己"到底喜欢什么、想要什么"，而草率选择职业的话，那就不会有大的作为。现在一些家长指导孩子择业，不是看孩子的兴趣，而是跟风走，看到别人选择时兴的行业，就让自己的孩子去效仿。这样对孩子而言，是很难有大作为的。

走出孩子特长培养的误区

误区一：上"才艺班"，就是培养特长。

现在社会上，才艺班很多，音乐、舞蹈、英语、主持人、书法、绘画、跆拳道等等，应有尽有。有些家长看到别的孩子报才艺班，自己也报，以为上了才艺班就是发展了孩子的特长。其实，这是对发展特长的一种误解。发展特长应当建立在孩子的先天所长及爱好、兴趣上，不是由家长强迫孩子看别人学什么，就跟着学。这不是培养孩子特长，顶多只能算是让孩子学习一点儿才艺，搞不好还会适得其反。

误区二：特长只有少数人才有。

常听一些家长说，我家孩子没有什么特长。这是家长不认真观察、了解的结果。每个孩子都有特长，只是表现的强弱、早晚不同而已。像大文学家歌德，小时候就非常喜欢绘画，可是几十年过去了，他的画技仍然没有什么进步。当他去法国旅行，看到绘画大师的画后，才猛然觉悟：自己并没有绘画的天赋。于是，毅然放弃绘画，开始从事自己擅长的文学创作，最终成为著名的文学家。这说明即便"现在"没有什么特长，也不代表"以后"没有特长。对于这种情况，家长更应充分认识，认真发现。

误区三：发展特长就是"扬长补短"。

随着"木桶效应"越来越多地被提及，一些家长对"木桶效应"的理解也出现了偏差，过度地关注孩子的"短板"，忘记了发展孩子的优势，甚至为了补齐孩子的"短板"，反而埋没了孩子的"长板"。其实，孩子面对不擅长的事情，即使努力了效果也不明显，而且长时间都只面对自己的短处，孩子不免会丧失自信心。所以，对于孩子的短板，适当弥补可以，不可过度，尤其是孩子长大之后。

把握孩子成才维度

成才不仅是孩子的梦想，也是家长的希望。

孩子的成功，绝非取决于单一因素（如智力），而是取决于多种因素，只是每种因素在不同的人才身上所占的比重不同而已。

人才学把人才成长归结为五大内在因素：德、才、学、识、体。我在这里提出把握孩子成才的维度——基础维度、动力维度、保障维度，实质上就是对影响孩子成才的核心素养的系统整合。孩子要成才，离不开这"三个维度"。就像一架飞机，"基础维度"是机身，"动力维度"和"保障维度"是两翼。机身稳固，两翼宽阔坚实，飞机才能飞得高远。

要把孩子培养成才，就应多管齐下，固本培元，凝心铸魂，培养孩子的综合素养。家长的任务，就是紧紧围绕这"三个维度"，通过科学有效的教育引导，一步步把孩子培养成才。

打牢成才之基

"万丈高楼平地起"，即便美轮美奂的摩天大楼，也得从打地基开始。家庭教育亦然。家长要培养孩子成才，首要的，就是要打牢孩子成才的根基。

❷ 别忘了以德为先

《资治通鉴》有云："才者，德之资也；德者，才之帅也。"这说明"才"很重要，"德"更重要。合格人才的标准是"德才兼备"。这就要求我们的家长，重视孩子的德行养成，把孩子培养成为"有德之才"。

教会孩子讲私德

私德，形象地说就是人品。好人品是孩子成功的关键。罗曼·罗兰说得好："对于成功，99%的努力和1%的天才是不够的，还必须有200%的品德做保证。"家长教育孩子的首要任务，就是教会孩子讲私德。

1. 不断注入正能量。

孩子小时候，头脑就像一个空瓶子。家长往里面装善良、宽容、正直、真诚、感恩等优良品质，孩子的生命就会充满阳光；家长往里面装自私、虚伪、傲慢、欺骗等不良品性，那孩子的生命就会黯淡失色。所以，孩子的私德教育应从小开始。家长可通过讲故事、带孩子看影视作品，引导孩子从人品高尚的英雄人物、先进人物、道德模范身上，汲取正能量。

2. 以自身品格影响孩子。

榜样的力量是无穷的。孩子良好的品德和不良的德行，都来自父母的感染与熏陶。为什么一些家长苦口婆心教育孩子没有效果？主要是其表率没有做好。家长，尤其是父母的品行，无时无刻不在影响孩子，一定要以身作则，用自己的好人品影响孩子。

妈妈带儿子去超市里面买水果时，问儿子："你还记得爷爷、奶奶都喜欢吃什么水果吗？"儿子随口答道："爷爷最喜欢吃苹果和香蕉，奶奶最喜欢吃榴梿和杧果。"妈妈说："那我们去给他们挑水果吧。待会儿爷爷、奶奶知道水果是你亲自挑的，一定特别开心。"儿子爽快地答应了。然后母子俩开开心心地去买水果。

这位妈妈悄无痕迹地对孩子进行了教育。

3. 对孩子严格要求。

有些孩子唯我独尊、目中无人、不守规矩、我行我素，皆源于家长无原则的爱，对孩子的不良品性听之任之，不加管束。作为家长，我们一定要在孩子人品形成的过程中，高标准严要求。孩子心中有了规则、戒律，自然就会学习良好的品行，克制不良的品性。

4. 教会孩子自省。

孩子的私德作为一种内在修养，不是天生的，而是从内省到觉悟的修行过程，需要在家长的启发引导下，让孩子从实践体悟中慢慢养成。我国古代教育家都强调自省、克己、慎独。家长要教育引导孩子，见贤思齐，经常反思自己：言行是否符合社会规范，是否符合道德良心。孩子经常反思自省，有利于人品的提升。

教育孩子守公德

何为公德？公德是指存在于社会群体中的道德。国学大师钱穆说过，在中国人的人品观中，主要有君子与小人之别。君者，群也。人须在大群中做人，不专顾一己之私，并兼顾大群之公，此等人乃曰"君子"。若其人，心胸小，眼光狭，专为小己个人之私图谋，不计及大群公众利益，此等人则曰"小人"。可见，守公德，就是树立群体意识、集体意识、社会意识，自觉按照社会道德、社会规范行事。否则，学问再大、再有本事，依然为社会所不容、为世人所不齿。一些孩子随意闯红灯，在公共场合吵闹、疯跑，在公交车上不礼让、抢座位，都是不守公德的表现。

这启示我们的家长，应注意多方位培养孩子的社会公德意识和职业操守，以自身的模范行动，教育、影响孩子本本分分做人，踏踏实实做事，不出格、不越位。许多中外名人，都是认真恪守职业道德的楷模。居里夫人发现镭之后，朋友们劝她申请专利，可以得到可观的收入，但她拒绝了。她说："镭是属于全人类的！"于是，无条件地公开了镭的全部秘密，践行了一个伟大科学家的职业操守。

教育孩子明大德

大德是对国家、民族、人民的深厚情感，是"常念家国在心怀"的忧国情怀，是"国家兴亡、匹夫有责"的担当意识，是"苟利国家生死以、岂因祸福避趋之"的奉献精神。核心就是爱国。作为家长，我们要教育孩子明大德，就是培养孩子的爱国之心、家国情怀。

1. 增强孩子的爱国之识。

家长可通过与孩子一起共度春节、元宵节、端午节、中秋节、重阳节等重要传统节日，引导孩子了解中华民族的悠久历史和灿烂文化；通过故事、名人传记、影视作品，提高孩子对祖国的认知，了解祖国经历的苦难与抗争，了解祖国的发展与繁荣，了解古往今来的爱国志士与民族英雄，认识自己与祖国的密切关系。

2. 点燃孩子的爱国之情。

裴多菲在一首诗中写道："我是你的，我的祖国！都是你的，我的这心，这灵魂……"培养孩子爱国之心，很重要的一点，就是培养孩子的爱国情感。要让孩子明白，一个对祖国有真情实感的人，即便没有多大功名，也会有无悔的人生；一个对祖国没有情感的人，很容易背叛自己的祖国，不管能耐多大，地位多显赫，终将身败名裂。家长培养孩子的爱国情感，很重要的一点，就是要培养民族自尊心、自信心、自豪感，引导孩子继承爱国传统，增强家国情怀。

3. 培养孩子的爱国之志。

爱国之志就是报国之志，就是民族复兴的雄心壮志。

家长应教育孩子，与祖国同呼吸、共命运，把个人理想与国家理想结合起来。让孩子明白，在现阶段，中国梦既是国家的梦、民族的梦，也是每个中国人的梦。梦想的实现，需要付出艰苦的努力。只有立志做新时代的奋斗者、追梦人，才能助推民族复兴。

4. 坚定孩子的爱国之行。

培养孩子的爱国之心，核心是培养孩子的爱国之行。像爱国诗人屈原，气节不改的苏武，"留取丹心照汗青"的文天祥，还有抗击外来侵略的戚继光、郑成功、关天培等等，无不以爱国之行，感动国人。

20世纪80年代初，南京大学研究生李世鹤考取了加拿大蒙特利尔工学院博士研究生。1981年，李世鹤到美国参加一个学术会议，他的论文受到与会人员的高度赞扬。一家美国仪表公司愿出高薪聘请李世鹤入职。李世鹤婉言谢绝："我要回国，我的事业在中国。"他的爱国行为受到了学校的尊重。学校与他签订了长期合作的协定，并无偿给他提供一套先进的仪器。导师破格连续宴请三次，为他饯行。

作为家长，我们要用自己的言行影响孩子，让孩子明白"爱国光荣，不爱国可耻"，任何时候都不做有损祖国尊严和国格的事情。

② 培养能力　一生受益

有"能"者，有"才"。"能"和"才"联系在一起，就是"才能"。有的人读书不多，很善于解决问题；有的人上了很多学，连一些简单的问题也解决不了。这说明知识不同于能力。家长欲教子成才，就要注意培养孩子的能力。

多方位开发孩子智力

现在的家长都十分重视孩子的智力开发。孩子两三岁，便教识字，孩子五六岁，便学奥数……实际上，这只是知识学习，不是开发智力。孩子的智力开发须另辟蹊径，以孩子乐于接受的方式，潜移默化地进行。

1. 讲故事。

喜欢听故事，是孩子共有的心理特点，也是开发孩子智力的大好机会。家长可时常给孩子讲一些精彩的益智故事，让孩子的思路随着故事的情节走。为了培养孩子的创造想象能力，家长可在讲到故事高潮时停下来，让孩子续编后面的故事；为了培养孩子的记忆力和口头表达能力，家长讲故事之前可与孩子协商好，故事讲完后，让孩子把故事的内容或主要情节复述一遍，也可以让他把故事讲给别的孩子听。

孩子不识字时，家长重点讲童话故事、神话故事，发展孩子的想象力；当孩子能识字看书时，家长可以用故事指导孩子自己去看书，续写故事或扩写故事，全方位地开发孩子智力。家长要注意选择内容健康向上、充满正能量的故事，不要讲迷信、恐怖等有害的故事。

2. 在大自然中学习。

大自然是一部"大百科全书"，也是家长教育孩子最生动、最实用的教材。家长可借助带孩子旅游，去公园、植物园的机会，让孩子认识一些自然现象和社会现象，发展孩子的智力。

孩子年龄较小时，可教孩子认识一些自然景物、建筑物。孩子年龄稍大一点儿，可以教孩子了解事物之间的关系。比如，看到一朵美丽的鲜花，让孩子仔细观察花朵的颜色、形状，必要时，可用手摸一摸，用鼻子嗅一嗅，培养孩子的感知力、观察力。孩子再大一些，就可以超越时空的限制，古今中外、天上地下的种种事物和现象，都可以作为孩子认识、探究的主题，让孩子在探索中发展智力。

3. 参观动物园。

动物园是孩子最喜欢去的地方，也是开发孩子智力的有利场所。家长带孩子去动物园，可指导孩子有目的、有步骤地观察动物。比如，看猴子时，可以问孩子猴子的颜色，四肢和脸部有什么特点，再引导孩子观察猴子跑、跳、吃东西的动作和形态，以及猴子之间的不同特点。为了培养孩子的记忆力、观察力和语言表达能力，可在参观之前，和孩子协商好观察的对象，回来后讲给家庭成员或小朋友听；识字的孩子，可让孩子写观察日记或小短文；有绘画能力的孩子，还可以指导孩子当场写生，或回来根据记忆画画，如果记不清楚，可再去参观。

4. 巧用家庭物品。

家庭是孩子生活、休息的场所，也是开发孩子智力的课堂。

一是利用果品、食品、生活用品开发孩子的智力。比如，利用孩子爱吃水果的特点，家长买来各种水果，先让孩子看一看、摸一摸、嗅一嗅，然后再吃。让孩子在吃的过程中，比较各种水果的相同点和不同点，进而形成水果的概念，以及大小、多少等数量关系。除了认识水果，还可以认识粮食、蔬菜、家具、电器等，形成家庭食品、用品的概念。家长还可以根据事物的因果关系，培养孩子的推理能力。比如，可以问孩子："打开电灯开关，会怎样？""水壶在炉子上烧，水会怎样？"通过启发孩子思考，发展孩子的推理能力。

提升孩子的学习能力

说到培养孩子的学习能力，有的家长会说，那还不简单，让孩子多读书，多背诵唐诗、美文，在完成作业之后，再额外多做一些题不就行了。这样的想法有些片面，因为知识学习不等于学习能力。孩子学习能力的提高，关键是学会高效获取知识的方法。

1. 鼓励孩子主动学习。

孩子是天生的学习者。3—6岁的孩子常常表现出主动的学习欲、探究欲，如果家长能及时给予鼓励，就会形成孩子主动学习的能力；如果家长对孩子主动学习不重视，或者加以限制，孩子就会逐渐失去自信心，变得不愿接受新鲜事物，不愿主动探索学习。

2. 教会孩子"学""问"结合。

教孩子"学"。一学知识，学习课内知识与课外知识；二学方法，学习预习、听讲、复习、读书、做笔记和思考的方法；三学升华，把学到的知识，通过内化，变成学习的能力，通过感悟，提升自身的素质。

教孩子"问"。家长要教会孩子"五问"：一问自己，学过的知识掌握了多少，还有多少没掌握；二问同学，与同桌或学习小组的同学相互交流，巩固知识，扩充知识；三问老师，询问自己不懂的地方，以及自己深入思考发现的问题；四问"科学"，为什么会出现奇特现象，如"5G为什么如此神奇"，激发探索的欲望；五问权威，他们的观点是不是全部正确、绝对正确，要敢于质疑，学会求真知、求真义、求真理。

3. 教会孩子"学""思"结合。

孔子说过："学而不思则罔，思而不学则殆。"家长在指导孩子学习的过程中，应鼓励孩子勤思考，多探究，让孩子自己查词典、查资料，自己探寻答案。孩子通过思考得来的东西，才是真正属于自己的东西。比如，孩子经过思考解开一道难题，他会终生难忘。孩子学习上有了问题，家长不要急于告诉他答案，要引导他去想；实在不会时，可以提醒他、启发他、点拨他，答对了鼓励他。慢慢地，孩子就会摆脱依赖，自主学习，提高自己的学习能力。

4. 教会孩子"学""记"结合。

"好记性不如烂笔头"。家长指导孩子学习，不只是让他做作业、看书、背课文，还要鼓励孩子记笔记：记好词好句、重点难点、主旨大意，记定理、公式、典型例题、经典好题、难题、错题；记日记、读后感、学习心得等，指导孩子构建起自己的"知识树"或思维导图。

5. 教会孩子"学""说"结合。

孩子说的过程是检验学习效果的过程，也是知识应用的过程。家长在引导孩子学习的过程中，要鼓励孩子多说：把听过的故事讲述一遍，把学过的课文复述一遍，说说读了一本好书或一篇好文章的体会。家长还可以让孩子当"小老师"，把当天学习的内容讲给家长听。孩子心里有了"责任"，自然不敢怠慢，一定会在课前搞好预习、上课认真听讲，课后认真"备课"，久而久之，孩子的学习能力会伴随着学习成绩不断提升。

6. 教会孩子自学。

现在一些家长辅导孩子学习，喜欢包办，孩子的学习稍微遇到一点困难，立马帮助解决，这无形中让孩子产生了依赖思想，不利于培养孩子的自学能力。作为家长，要学会放手，让孩子从自身实际出发，制订学习计划，安排学习时间，学会读书、听课、积累资料的方法，及时总结经验。孩子自学能力提高了，无论是对现在还是将来，都大有裨益。

培养孩子的表达能力

知名媒体人杨澜说过，表达能力的培养太重要了，几乎是一个人能否成功的关键。所以她特别鼓励孩子表达自己的意见，说出自己的想法。表达能力与孩子的学习、工作、事业息息相关。这启示我们的家长，重视孩子表达能力的培养。

1. 提供自由表达的机会。

家长要经常带孩子走出家门，让孩子与伙伴交流，参加学校的活动主持、竞选、辩论、演讲，尽可能多地与不同的人交往，孩子有了足够多的锻炼机会，就会自如地与陌生人交流，变得越来越自信。

2. 鼓励孩子勇于表达。

为了保护和激发孩子自由表达的积极性，家长应允许孩子发表不同意见，甚至反驳自己。让孩子明白，从不同的视角看问题，就会得出不同的结论。只要看准了，就要勇于表达，即便错了，也没有关系。

培养孩子的口头表达能力，要教给孩子表达的技巧：急事慢慢说，大事想清楚再说，小事幽默地说；自己的事随便说，别人的事谨慎说，伤害人的事绝不说；没把握的事小声说，做不到的事不乱说，没发生的事不胡说。此外，告诫孩子说话宜缓不宜急，说话要经过认真思虑再出口，这样说出来的话才恰当，少犯错误。

3. 鼓励孩子广泛阅读。

家长希望孩子善于表达，就要从小引导孩子广泛阅读，不要把阅读仅限于应付考试，而应把阅读看成提升孩子表达能力的重要途径。人们都佩服毛泽东，不论讲话还是写文章，总是旁征博引，妙语连珠，这与他数十年博览群书，具有丰富的知识储备密不可分。

4. 鼓励孩子勤于写作。

书面表达能力强，就是有"文才"，是孩子走向成功的重要条件。"文才"一旦形成，受益终身。孩子上小学、中学时，应鼓励引导孩子写好记叙文、说明文、议论文、日记、读后感等；上大学后，鼓励孩子写计划、总结、学习随笔、发言稿、演讲稿、实习报告、调研报告、论文等；参加工作后，鼓励孩子写各种公文、工作心得、学习心得、研究报告、学术论文，有时间的话，还可以搞一些文学创作，写一些散文、诗歌、随笔、小说等。文理都是相通的，只是侧重点不同，勤写多练，必有所成。

锻炼孩子的处世能力

一撇一捺写个"人"，简简单单，大大方方；一张一弛为"人"处世，本本分分，坦坦荡荡。一个人的处世能力与一个人立身于世，成长、成才关系极大。作为家长，我们要重视孩子处世能力的培养。

1. 培养人际交往能力。

孩子都是天生的"人际交往大师"。别看有的孩子在家不言不语，但在同龄人当中，小嘴巴就不闲着，活脱脱一个"外交高手"。家长要充分利用孩子的这一特点，提升和发展孩子的人际交往能力。一方面，鼓励孩子和其他孩子一起玩，让孩子充分感受到和其他同龄小伙伴玩耍的乐趣。另一方面，引导孩子多做社交游戏。父母可以经常在家中和孩子一起做此类游戏。比如，模拟购物，家长做店主，让孩子做顾客，或模拟问路，让孩子做警察，家长做问路人。这样可以让孩子熟悉生活场景，学到一些社交礼仪。再一方面，带领孩子参与社会生活，鼓励孩子问路、买东西，从实践中锻炼孩子的交往能力。孩子上学后，鼓励孩子多与同学、老师交流，多参加班级、学校的各项活动，在活动中锻炼提高孩子的交往能力。

2. 培养合作能力。

与人合作是现代生活中必不可少的一种交往方式，家长要重视培养孩子的合作能力。

一是教孩子处理好竞争与合作的关系。竞争与合作，看似对立，其实是辩证统一的。选择合作，不是不要竞争，而是为了更好地竞争。现在一些家长教育孩子"一定要超过别人""干吗让他"……生怕孩子吃一点亏。这样教育出来的孩子，合作能力肯定不强。

二是教孩子端正合作的态度。如果孩子高高在上，看不起这个、瞧不起那个，谁愿意与之合作呢？所以，家长要教孩子以真诚的态度与人合作，让孩子明白合作的原则：在人上，不小瞧于人，以免伤害他人自尊；在人下，不谄媚于人，以免丢掉为人本色。

三是教孩子合作的方法。让孩子学会与班级小组、兴趣小组的同学合作。要让孩子明白，世上没有十全十美的人，真正的十全十美是双方的互相适应。要让孩子学会适应不同的人，学会与不同性别、不同性格、不同特点的同学合作。

培养孩子的创新能力

为什么一些受到"超常教育""优质教育"的神童，长大后没有像人们期待的那样放射出璀璨夺目的光芒？为什么像爱因斯坦、爱迪生这样被贴上"弱智""傻瓜"标签的人，却成了科技巨人？原因就在于前者缺乏创造性，后者具有超一流的创新能力。这启示我们的家长，要在关注孩子学习的同时，有意识地培养孩子的创新能力。

1. 保护"奇思妙想"。

孩子的内心充满各种"奇思妙想"，这从他们的梦想、绘画、手工作品、游戏、搭积木等各个方面表现出来。现代心理学的创造力测试表明，25—40 岁的成年人，只有 5% 合格；17 岁的人，合格率达 10% 以上；5 岁儿童中，具有创造性的高达 90%。这说明，创造力是生来就有的，只是随着年龄的增长，有的丧失了，有的以沉淀的方式潜伏下来，等待发挥作用的时机。因此，家长应保护孩子的创新能力萌芽，保护孩子奇奇怪怪的想法，说不定哪一天就会创造奇迹。

其实，孩子的创新、创造比较简单，司马光砸缸是创新，儿童团团长海娃藏匿"鸡毛信"的方法是创新，儿童绘画《月亮上荡秋千》也是创新，孩子的科技小发明更是创新，可以说创新无处不在。家长应多鼓励，多引导，切不可按照成人的标准，给出标准答案（比如指责幼儿园孩子把树叶画成红色不对），更不要压抑孩子的创造性。

2. 鼓励小制作、小发明。

现在从幼儿园到小学，都有科技制作、剪纸、手工、泥塑，中学有理化生实验，都是对孩子进行创新教育的契机，是孩子创造发明的园地。家长应鼓励孩子多参与、多思考、多动手、多实践，积极培育孩子的创新思维和创新能力的萌芽。现在有些家长，认为孩子参加手工制作耽误学习，进行限制。这是不明智的，对发展孩子的创新能力不利。

3. 鼓励创新性学习。

一是鼓励孩子提问，进行问题式学习。学前的孩子喜欢问这问那，问题不离口，这是好事。家长要多鼓励、多肯定。孩子上学后，要鼓励孩子多提问题，经常锻炼孩子的思维能力、创新能力。

二是鼓励孩子进行研究性学习。学习是为了去工作、去研究、去创造，而不是只会听课、背书。探究性学习既有利于深化孩子的课内知识学习，也有利于培养孩子思维的开阔性、深刻性，发展孩子的创新思维能力。作为家长，要积极配合学校，鼓励孩子进行研究性学习。

♋ 健康是一切的基础

对于孩子来说，健康是第一位的。身体健康和心理健康的和谐统一，是孩子搞好学习、成人成才的根基。做家长的，要想让孩子成才，就要密切关注孩子的身心健康。

增强孩子的体质

现在不少孩子出现肥胖、"豆芽菜"体型，皆与缺乏锻炼，体质不强有关。还有的孩子由于缺乏锻炼，经常低头曲背，体内得不到充足的氧气，血液循环也不畅快，身体容易疲劳。时间一长，就会使孩子头昏脑涨，精疲力竭，记忆力减退，学习效率降低，甚至会导致孩子神经衰弱，从而患上其他疾病。

有不少家长把孩子健康的希望寄托在增加营养和保健品上。虽说加强营养是孩子健康不可缺少的，但最重要的还是体育锻炼。孩子参加体育活动可以改善四肢和内脏器官的功能，加强血液循环，改善大脑供血状况，有利于消除疲劳；能使孩子四肢灵活，头脑清晰，思维敏捷，反应灵敏；能增强记忆，促进孩子智力发展，使孩子变得更加机敏和聪明，保持充沛的精力和旺盛的创造力；有助于锻炼孩子的意志，增强克服困难的信心和顽强拼搏的精神。

1. 锻炼形式多样化。

对于幼儿期的孩子，要引导其多做游戏，在游戏中锻炼身体。我国著名教育家陈鹤琴说得好："游戏可以给小孩子快乐、经验、学识、思想、健康。"孩子在游戏的时候，其知觉、智力、社会适应性也随着身体的发展而发展。孩子除了游戏，还可以练习拍球、跳绳、骑车等等。

孩子上学之后，除了体育课，还要鼓励孩子多参加一些体育项目，比如田径、体操、球类、游泳等。我女儿上小学的时候是学校的体育积极分子，田径、篮球、羽毛球、航模、跳绳等样样积极参加。参加学校运动会和省青少年定向越野比赛，多次获奖。因为喜爱体育，孩子身体健康，很少生病，也带动了其他方面的发展。孩子上了中学之后，家长要引导孩子除了练习中考的体育项目，自己喜欢的体育项目，也不要因学习紧张而放弃。

2. 养成锻炼的习惯。

身体锻炼贵在坚持。要想孩子身体健康，就要激励、督导孩子经常锻炼、坚持锻炼，形成良好的锻炼习惯，不能"三天打鱼，两天晒网"。我一个朋友的孩子，自小体弱，家长害怕孩子累着，完全由着孩子。孩子想活动就活动，不想活动算了。结果，孩子上了中学之后，经常生病，经常请假，严重影响了学习。

3. 注意预防近视。

困扰孩子身体健康的，除了锻炼少，就是近视加剧。国家卫健委数据显示，2022 年高三学生的近视率已达到 81%，初中生的近视率为 71.6%，小学生近视率也达到了 36%，问题相当严重。

家长要监督孩子，不要在光线太弱或太强的地方看书、做作业，尤其不要长时间地看电视、玩电脑、玩手机；在写作业、看书时，每隔 40 分钟要闭眼休息，或做做眼保健操，听听音乐，极目远眺，看看绿色植物。这样不仅可以放松大脑，还可以减轻眼压，达到预防或控制近视的目的。

保持孩子心理健康

孩子身心一体，相互影响。身体和心灵，无论哪一个出了问题都会对健康构成威胁。如果孩子出现了与正常表现不一致或相矛盾的情形，说明孩子的心理出现了问题。作为家长，除了关注孩子身体健康，还要密切关注孩子的心理健康，防止孩子出现心理问题。

1. 孩子心理问题的表现与后果。

孩子心理问题主要表现为：缺乏安全感，紧张、焦虑、抑郁；抗挫能力低，害怕困难，经不住失败的打击；活在幻想的世界里，对现实生活充满厌恶。这些心理问题如果得不到有效缓解，不仅影响学习，严重时还可能引发焦虑症、自闭症、狂想症、抑郁症，甚至自杀轻生。家长一定要高度重视，麻痹不得。

2. 给孩子减压。

孩子的心理问题，大多与学习有关。据"中国精神卫生调查"显示，青少年患抑郁症的原因中，"成绩原因"占 53.2%。孩子，尤其是上中学的孩子，在学校承受着巨大的学习压力、考试压力、名次压力、升学压力，如果家长再紧盯着学习成绩不放，孩子的心理压力就会加大。孩子心理压力越大，越怕考不好；越怕考不好，就越考不好。孩子越考不好，父母就越焦虑、失望，会进一步给孩子施压。压力一旦超越了孩子的心理承受极限，就会出现心理问题。

家长要明白，比学习成绩更重要的，是孩子心态的调整，抗压能力的培养，学习方法的掌握和学习习惯的养成。一位朋友的做法值得家长朋友借鉴。她从来不问孩子的成绩、排名。孩子每次考试之后，她和孩子一起分析试卷，如果是孩子粗心做错了，就告诉孩子下次细心；对于孩子不会的题，她先是鼓励孩子自己思考解决，孩子实在做不出时，才给孩子讲解。孩子考好了，提醒别骄傲；孩子考砸了，安慰别灰心。孩子压力不大，心态良好，成绩一直名列前茅。

3. 增强孩子的心理承受力。

现在不少家长对孩子的教育陷入了一个怪圈：一方面视孩子如"掌上明珠"，不让孩子受一丁点儿委屈，对孩子百依百顺，致使孩子经不起一点儿挫折；另一方面，看到孩子成绩不好、表现不好，又"恨铁不成钢"，批评、挖苦，甚至体罚。"蜜罐"里成长的孩子，哪受得了这个，于是心理问题便出现了。

为什么现在许多孩子越来越"矫情"，越来越脆弱了？主要是成长经历太顺，需要家长加强挫折教育，培养孩子的抗挫折能力，教育孩子要学会自我调适。

一是教育引导孩子正确对待失败。"不经历风雨怎么见彩虹，没有人能随随便便成功"。要让孩子明白，考试就像练兵，一次考不好兴许是好事，正好暴露自己学习的短板，以便总结经验教训，查缺补漏，关键是不灰心，不怕失败。孩子想明白了道理，心态平衡了，也就具备了抗压的心理。

二是增强孩子的责任感。家长要告诫孩子，人的生命不仅属于自己，也属于家庭，属于社会，一定要有责任感，对自己负责，对家庭负责，对社会负责。要让孩子明白，只想自己，不想责任，不为他人着想，就会患得患失，这是懦弱、不负责任的表现。只有学会自觉承担责任，才会不惧怕困难，不惧怕挫折。

三是给孩子提供适度的挫折情境，增强孩子的耐挫力。"一千句道理，不如一次锻炼"。家长要增强孩子的心理承受能力，就要让孩子在日常生活中经受锻炼，经得起挫折。比如，让孩子坚持锻炼，经得起酷暑和严寒的考验；让孩子通过生活自理和家务劳动锻炼，经得起生活的考验；让孩子参与下棋或体育比赛，经得起比赛失败的考验；让孩子通过爬山、长跑，提高战胜困难的毅力。

激发内生动力

孩子的学习进步、成功成才，需要动力。推动孩子进步的动力有两种：一是外在推力，表现为家长的激励、督导，抑或老师的表扬、要求。外在推力有时有效果，有时没效果。这正是家庭教育的难点所在。二是内生动力，包括理想、信念、兴趣、爱好、好奇心、求知欲、动机等等。这些要素协同配合，构成了促进孩子学习进步、成熟成才的重要引擎。做家长的，要重视孩子内生动力的激发，推动孩子一步步走向成功。

放飞孩子的梦想

爱因斯坦说过："在一个崇高目标的支持下，不停地工作，即使慢，也一定会获得成功。"每个孩子都有自己的梦想：有的想驾驶宇宙飞船遨游太空，有的想当科学家，有的想当建筑师，有的想当医生，有的想当律师，有的想当警察……随着科学技术的发展，可供选择的梦想将越来越多。作为家长，要从孩子小时候开始，在其心中播撒梦想的种子，让梦想的种子在心中生根、发芽，长成参天大树。

1. 鼓励孩子敢于梦想。

孩子小时候脑袋里充满了幻想，也装满了梦想。当孩子有梦想时，家长要予以肯定和保护，并经常强化孩子的梦想，不要训斥孩子的"梦话"。孩子小时候，梦想远没有定型，不管什么样的梦想，家长都应鼓励和肯定。无视孩子的"奇想"，就等于剪断了孩子梦想的翅膀。

当孩子懂事，明白道理的时候，家长可深入浅出地告诉他"理想"与"幻想"的区别：一个"理"字制约着"想"。它不是神奇幻想，更不是胡思乱想，而是"合理"地"想"。比如，想变成神话里的主人公，就不是理想，而是不切实际的幻想。慢慢地，孩子就会区分"幻想"和"理想"，树立正确的理想。

当然，理想比较抽象。在孩子上中学之前，家长可通过名人故事，启发诱导，播撒理想的种子，培养理想的幼苗；孩子上中学之后，心智开始成熟了，再教育引导孩子逐步树立人生理想。

2. 把梦想与具体目标相结合。

孩子的梦想一定要与具体目标相结合，否则梦想就永远停留在梦想阶段。比如，孩子要乘飞船遨游太空，必须在身体合格的前提下，有航天的志愿和决心，再创造条件，经过努力才能实现。否则，根本就不想当航天员，身体条件又不好，还想遨游太空，那只能是"梦话"。

法国女作家乔治·桑有一句名言："理想包含着时间和空间。"就是说，理想离不开一定的时间、空间，它是在一定的时空内要达到的目标，既是远大的，又是具体的。家长要教育孩子，要实现成才的梦想，就要脚踏实地，完成一个一个的小目标。比如说，要成为一个作家，就要大量阅读，了解社会生活和社会实际，坚持不懈地写作。在远大理想的引领下，实现一个又一个具体目标；通过一连串具体目标的实现，促进远大理想的实现，成就一番事业。"三天打鱼，两天晒网"，是不成的。

3. 把梦想与特长相结合。

梦想是事业成功的门径，决定着孩子的前途和命运。家长一定要教育引导孩子，根据自己好奇心、兴趣爱好、特长来确定梦想。现在一些家长一味跟风，只考虑要孩子从事热门行业，不考虑孩子的兴趣和特长。从短期看，有利于孩子就业，但从长远看，不利于孩子成才。

4. 保持梦想的稳定性。

家长要让孩子明白，保持梦想专一才能成才。梦想一旦确定，就要坚持下去，不可三心二意，朝三暮四。科学家南仁东坚守梦想 23 年，建成天眼（FAST）。常言道，无志之人常立志，有志之人立长志。这山望着那山高，没有一个实实在在的梦想，是难以成才的。

5. 将"三个理想"有机统一。

"三个理想"即生活理想、职业理想和道德理想。生活理想，就是希望未来能过上幸福美满的生活；职业理想，就是希望将来有一份利于充分发挥自己聪明才智的工作；道德理想，就是把自己修炼成一个品行高尚的人。"三个理想"中，道德理想居于核心地位。"三个理想"的统一，有利于把孩子培养成品德高尚、会工作、懂生活的人才。家长要有意识地培养孩子的"三个理想"，不要顾此失彼，尤其不能忽视道德理想的培养。

现在有些家长一味满足孩子的物质享受，致使孩子不顾家庭实际一味攀比，要求开好车、住好房、吃高档、穿名牌。有些家长只重视孩子的职业发展和职业理想，要求孩子好好学习，将来找个好工作就行了，不太注意孩子生活技能和道德理想的培养，造成孩子生活能力低下，不懂感恩。

6. 融个人理想于社会理想之中。

个人理想和社会理想是统一的，个人理想只有融入社会理想之中，才有价值。全国道德模范黄大发、张效房，感动中国年度人物吴孟超等，都是个人理想和社会理想结合的楷模。反之，一心只想自己成名成家，只会成为精致的利己主义者。现在不少家长认为，只要孩子用心读书，有个好成绩就行了，用不着管那么多。这是短视的表现。家长在指导孩子树立理想的时候，一定要引导孩子把个人理想统一于实现中华民族伟大复兴的中国梦之中，在为国家建设的贡献中，实现自己的个人理想、个人价值。

好奇心是动力之源

爱因斯坦曾说："我没有特别的天赋，我有强烈的好奇心。"许多科学家之所以不断有所发现，有所发明，有所创造，都是以好奇心为先导的。好奇心是孩子探寻未知世界的动力。因为有好奇心，所以孩子心中充满问题，并急于找到答案。孩子满足好奇心的过程，就是不断提出问题、解决问题的过程。

孩子对未知世界充满好奇

孩子童年时期的好奇心是广泛的、幼稚的，甚至是好笑的。比如儿童时期的爱迪生，看到母鸡用体温可以孵出小鸡来，就决定自己去试试。家长千万不要小看孩子的好奇心，它是孩子认识世界的开始，也是孩子思维活动的起点。好奇心满足一次，其智力水平就提高一步；好奇心不断满足，智力就不断提高。事实说明，大凡成就显赫的科学家，不论是少年得志，还是青年有为，其共同特点是具有强烈而经久不衰的好奇心。瓦特对烧水壶冒出的蒸汽十分好奇，改良了蒸汽机；伽利略看到吊灯摇晃，十分好奇，发现了单摆……

成人的好奇心与儿童的好奇心不同。成人的好奇心带有明显的专一性——从对多种事物好奇，转移到对某些事物好奇，但它又不是孤立的，而是童年好奇心的延续。孩子的好奇心，十分珍贵。如果不加以保护，就难以持久，因为孩子的好奇心一旦得不到满足，抑或受到人为的限制与打压，就会减弱。作为家长，我们不要坐视孩子好奇心的减弱或消失，更不要武断地限制孩子的好奇心，而要不断创造条件，保护孩子的好奇心，通过不断鼓励，不断引导，使孩子的好奇延续下去。

保护孩子的好奇心

1. 用激励保护孩子的好奇心。

孩子的好奇心分为三种：一是"追问式"好奇心，即小嘴巴问个不停。对这种好奇心，家长要多鼓励、多引导：自己会的，就告诉孩子；自己不会的，可与孩子一起找资料，寻找答案。

二是"破坏"式好奇心，即看到一个玩具或生活用品就想打开看看里面的"秘密"。孩子的这种好奇心常常带有破坏性，新买的玩具或手表、手机等物品一转眼就被孩子拆散或弄坏了。对这种好奇心，家长惯常的做法是限制、批评，甚至打骂。这是错误的，因为孩子只是好奇，并不知道物品的贵贱。

正确的做法是保护，鼓励孩子进行深入探究，而不是限制。一个朋友家的男孩把家里新买的电脑弄坏了，父亲没有批评，也没有打骂，而是要求孩子弄清楚电脑的构造。孩子爽快地答应了，经过不断学习、钻研，成了"小小电脑通"。反之，如果父亲打骂限制，那孩子可能再也不摸电脑了。

三是"模仿式"好奇心，即喜欢模仿心目中的"英雄"。对孩子这种好奇心，家长要区别情况，进行引导。对于"英雄"刻苦学习，不服输、不怕困难的精神，鼓励孩子好好学习、模仿；对于"英雄"飞檐走壁、舞刀弄枪的行为，则要对孩子讲清利害，限制孩子胡乱模仿。有一个小男孩在电视上看到"飞人"很厉害，就模仿"飞人"，披个床单从楼上跳下，摔成了残废。教训值得反思。

2. 用热情唤醒孩子的好奇心。

好奇心是和情感相联系的。心理学上把强烈、稳定、持久的情感称为热情。孩子有了热情，才能保持对周围世界的新鲜感，保持发现与探究自然与科学奥秘的好奇心。不可想象，一个心灰意冷、悲观厌世的孩子，会有什么好奇心？所以，家长要不断激发孩子对周围事物的探索热情，唤醒孩子的好奇心。

3. 用知识支撑孩子的好奇心。

好奇心可以激发人的思考，从而带来科学发现，但前提是掌握足够的科学知识。如果头脑中没有大量知识的储备，好奇心则仅仅停留在好奇阶段。大家都知道牛顿受到"苹果落地"启示，发现了"万有引力"，殊不知牛顿小时候对天上的星星、月亮不停地移动又不会相碰，一直充满好奇，坚持读书研究。像大科学家——哥白尼、开普勒的学说，他都仔细研究过。正因为牛顿从小对天体运行感到好奇，又仔细研究了许多大科学家的天文学著作，并积极思考，最后才得到"苹果落地"的启示，提出了"万有引力"。所以，家长保持孩子好奇心的有效方法之一，就是让孩子在好奇的领域，加强学习，扩大知识面，并不断进行思考，说不定孩子长大后的某一天会突然"顿悟"，有所发现、有所创造、有所成就。

4. 用"问题"延续孩子的好奇心。

古人云："学贵多疑。"爱提问题是好奇心强的表现，而能提出关键的问题，既是好奇心强的表现，又是思想深刻、善于综合分析的表现。因此，培养孩子想问题、提问题的习惯，对于孩子成才来说是十分重要的。

前些年，有国外学者提出了"成功之道七要素"。列在"七要素"之首的是"要每天花点时间动脑筋想问题"。人都有安于现状的坏习惯，常常患有一种"不敏感症"，而"每天花点时间动脑筋想问题"，是治愈"不敏感症"的好办法。因此，孩子上了中学，尤其是上了大学之后，家长要鼓励孩子在自己"好奇"的领域多动脑、勤思考，敢于想问题、提问题，不断用"问题"延续自己好奇心，沿着自己感兴趣的领域探究下去，直至取得成功。

2 孩子的兴趣需要呵护

兴趣是一种内生动力。孩子一旦有了强烈的学习兴趣，不用督促，不用劝勉，就会乐学、勤学，主动去获得知识，学习效果自然会好。反之，孩子没有学习兴趣，就会觉得学习枯燥乏味，自然不愿好好学习。

不可低估兴趣的作用

我国近代思想家梁启超，把9个子女全部培养成才，其最大的秘诀就是尊重孩子的趣味，也就是兴趣。这启示我们的家长，孩子小时候极易对某些事物产生兴趣，一旦入迷，可能会不吃饭，不睡觉，以惊人的勤奋和毅力投入到学习中。孩子的兴趣若得以顺利发展，就会成功成才。

遗憾的是，有些家长不能正确对待孩子的兴趣，把孩子课业之外的正当兴趣，如对饲养小动物的兴趣、做手工的兴趣等，看成是不务正业，耽误学习，加以严格限制，常常是孩子兴趣的幼芽刚刚出土，就把它踩掉，再出来，就再把它踩掉，致使本来天赋很高的孩子，终于"泯然众人矣"。

全方位培养孩子的兴趣

1. 善于发现并尊重孩子的兴趣。

聂耳之所以成为中国新音乐的奠基人，在音乐创作上取得巨大的成就，与他童年时期就对音乐有强烈兴趣分不开。在聂耳很小的时候，一位邻居悠扬悦耳的笛声把他引进了令人神往的音乐世界。他从10岁起便学拉二胡，弹三弦和月琴，13岁就在小学里登台演出。这对聂耳日后创作不朽乐章《义勇军进行曲》起到了很大作用。兴趣是孕育理想的"营养基"，孩子童年时代培养的兴趣可以为日后树立远大的理想奠定良好的基础。做家长的，要善于发现孩子的兴趣，尊重孩子的兴趣，因势利导加以培养。

2. 强化正当兴趣，限制不正当兴趣。

孩子的兴趣有正当与不正当之分。像读书、学习、探究、锻炼等，都属于正当兴趣；像迷恋手机游戏、赌博、看不健康读物等，都属于不正当的兴趣。家长既不能对孩子所有的兴趣都鼓励，也不能对孩子所有的兴趣都限制，而应区别对待，对正当的尊重、鼓励、培养，不正当的进行督导、限制。

3. 激发孩子的探究兴趣。

孩子一旦对周围的事物和现象产生兴趣和热爱，就会表现出惊人的勤奋和毅力。元朝画家王冕幼年时家贫，给人放牛。在湖畔，他看到雨后荷叶上滚动的水珠，就像一颗颗晶莹的珍珠，颇感神奇，由惊讶而陶醉，由陶醉而产生了描绘自然美景的欲望，于是节衣缩食买画具，废寝忘食地写生，终成大画家。做家长的，一定要支持孩子探究事物的兴趣，鼓励孩子善于在日常生活中捕捉感兴趣的事物。

4. 让孩子体验到成功的乐趣。

有人对 3—5 岁孩子的识字做过实验：在第一天取得成功的孩子，第二天又高高兴兴地来识字了；在第一天失败的孩子，第二天就不热心来学习了。经历几次失败的孩子，开始厌恶识字，不愿继续学下去了。可见，成功体验是激励孩子学习的有效方式。如果孩子克服困难而获得了成功，他以后的兴趣就会更浓，学习也会更积极。这启示我们的家长，对孩子的学习要不断激励，耐心引导，助力孩子在克服困难、获得成功的体验中，形成学习的兴趣。

5. 运用迁移规律激发新的兴趣。

朋友 4 岁的儿子爱听故事，整天缠着大人给他讲图画书里的故事。父母巧妙地利用儿子的这一特点，一边给他讲故事，一边启发说："书里边有好多好多有趣的故事，你要是认了字，就可以自己看了。"在儿子产生识字的愿望之后，父母抓紧各种时机、利用多种方式教他阅读、识字。这个孩子很快就认识了 2000 个常用汉字。作为家长，我们要善于运用迁移规律，把孩子喜爱听故事、做游戏等的兴趣，转移到知识学习上来，培养和激发孩子新的学习兴趣。

6. 处理好广泛兴趣与中心兴趣的关系。

孩子小时候兴趣广泛，这是好事，家长要多肯定、多鼓励。一方面鼓励引导孩子多观察、多动手、多接触事物，发展多方面的兴趣。只要是正当的兴趣，不要限制，更不要早早把孩子的兴趣限定在语文、数学等知识的学习上，造成孩子兴趣窄化，对成长、成才不利。另一方面，注意发现、培养孩子的中心兴趣。中心兴趣关系到孩子的职业走向。孩子进入中学之后，家长要注意发现孩子兴趣与长项的结合点，从孩子的特长出发，鼓励孩子把一般兴趣发展成中心兴趣，把中心兴趣发展成爱好，把爱好发展成特长，为将来职业选择做好铺垫。

7. 提升孩子的兴趣层次。

兴趣分为有趣、乐趣、志趣三个层次。孩子小时候，尤其是上学之前，兴趣处于有趣阶段，对什么都感到有趣，什么都好玩，什么都想尝试，但其兴趣尚没达到稳定的水平，且持续时间不长，随时会发展变化。孩子上了小学之后，对一些科目和活动产生了乐趣，持续的时间也比较长一些，但这时的兴趣仍比较肤浅，可能因喜欢某个老师，而对该老师的课产生兴趣，不一定对学习内容感兴趣。家长应注意引导孩子把兴趣转到学习内容上来，避免偏科。孩子上了中学之后，应注意引导孩子把兴趣与志向结合起来，形成志趣。志趣是孩子成才的巨大推动力。古今中外的许多名人都是在志趣的激励推动下成才的，这值得家长朋友学习借鉴。

💛 学习离不开求知欲

"学海无涯苦作舟"是自古以来人们推崇苦学、勤学的名言，但不经意间也给人传递一种错觉——学习是件苦差事。试想，如果孩子把学习当成吃苦受罪，他学习的积极性、学习的效率还会高吗？所以，近年来又有人提出"学海无涯乐作舟"。就是说，搞好学习，不光要勤奋，还要有兴趣，有旺盛的求知欲，并以此作为推动学习的动力。

求知欲是一种神奇的力量

求知欲是人们对知识学习所具有的一种内在渴望，孩子有了求知欲，就会化苦学为乐学，思维活跃，想象丰富，如痴如醉，甚至达到废寝忘食、欲罢不能的境界。就像陈景润连走路都在思考数学问题，撞了树也不知道，还连忙道歉；物理学家丁肇中，两天两夜，甚至三天三夜待在实验室里，守在仪器旁，经过长期不懈地努力，终于发现了"J粒子"，获得了诺贝尔奖。

学习需要兴奋，需要欲望。求知欲不仅能给孩子带来兴奋，还容易激发孩子的灵感，加深对知识的领悟，形成独到见解。许多少年大学生都有着相似的经历。他们在教师、家长的启发引导下，从小就有追求知识的欲望，以惊人的勤奋和顽强的毅力，在较短的时间内完成了小学、中学阶段的学习任务，15岁左右就以优异的成绩考上了大学。

求知欲不但能使人更加勤奋，而且能使人进入高能状态。日本医学家春山茂雄的研究表明，当人的态度积极、乐观，心情愉快的时候，大脑会出现 α 波。α 波是大脑处于最佳功能状态的标志。如果孩子在学习时感到快乐，就会毫不费力地掌握学习内容；如果孩子对学习感到厌烦，即便拼命想记住学习内容，也很难记住，显得自己很"笨"。这就启示我们的家长，一定要高度重视孩子求知欲的培养，充分调动孩子求知欲的神奇能量，促进其学习效率、学习成绩的提高。

注意激发孩子的求知欲

1. 保护孩子爱问的天性。

孩子，尤其是学龄前的孩子，对周围的未知世界充满好奇，总是不停地问"是什么""为什么"。孩子问的过程，就是学习求知的过程。孩子学习书本知识是学习，探寻自然、社会奥秘也是学习，而且是更重要的学习。

作为家长，我们要保持和发展孩子"爱问"的天性，千万不要打击孩子"问"的热情。孩子上学后，家长要鼓励孩子多想、多问——问家长、问同学、问老师，还可以查资料的形式问"专家"、问"大师"，把对自然现象的探寻迁移到知识学习上来。鼓励孩子多问的过程，就是激发孩子求知欲的过程。

2. 巧用故事。

几乎所有孩子都爱听故事。家长可利用这一点激发孩子的求知欲。家长讲故事时，可事先跟孩子商量好，要孩子根据听到的故事，自己编结尾，自己编故事。故事中涉及的历史知识、科学知识，可鼓励孩子自己查资料，自己找答案，激发孩子的探究欲望。经过不断熏陶与锻炼，孩子的求知欲就会逐步培养起来。

3. 给孩子成功的体验。

没有哪个孩子不渴望超越自我、实现自我、获得成功。家长要做的，就是根据孩子渴望成功的特点，多肯定，多鼓励孩子。孩子只有体验到了学习所带来的满足和快乐，才能自觉或不自觉地坚持学习，慢慢变得喜欢学习，形成良性循环。反之，如果家长一味地逼迫孩子学习，孩子就会产生抵触情绪，觉得学习是件苦差事，远没有玩手机、打游戏、听歌有意思，自然就不会主动学习了。

4. 采用"小步子"战术。

孩子的学习，最怕家长要求过高，一口吃个胖子。家长明智的做法，不是天天要求孩子，唠叨孩子，给孩子加压，而是从孩子的实际出发，采用"小步子"战术，逐步调动孩子学习的积极性。比如，孩子上次考了 61 分，这次考了 63 分，家长就应肯定孩子的进步，激励他下次争取考到 65 分。孩子压力不大，自然乐意接受。上海八中开展的"成功教育"，采用的就是"小步子"战术，目标不高，"跳一跳就够得着"，使许多厌学的学生逐步增强了求知欲，成绩不断提高。孩子时时有成功，天天有希望，还怕学不好吗？

凝聚动机合力

人们常说"思想支配行动"，这"思想"就是动机。动机是为实现一定目的而行动的内在原因，会对孩子的学习及其他行为产生推动力。家长要教子成才，就要最大限度地发挥孩子的动机功能。

发挥好动机的作用

动机是隐藏在孩子大脑内部的一种动力唤醒状态，无论是教师、家长的要求、鼓励、表扬、批评，还是自己内在的愿望、兴趣、好奇心、求知欲、责任感、成就感，乃至理想、信念，都是以动机的形式表现出来，发挥作用的。这就需要家长进行教育引导。

1. 满足孩子的正当需要。

引起孩子动机的内在条件是需要。做家长的，一定要以肯定与鼓励的方式，满足孩子正当的需要，激发孩子的进取心、上进心；以督导、限制、转移注意力的方式，杜绝孩子不正当的需要，阻断孩子退步、变坏的路径。现在不少孩子玩网络游戏、手机游戏上瘾，就是不爱学习。这与家长一味放纵、无原则地满足孩子不正当的需要关系很大。

2. 妥善处理动机冲突。

孩子行为的背后，可能蕴藏着多种不同的动机。当两个以上的动机围绕不同目标同时发挥作用的时候，就会产生动机冲突，表现出彷徨不安或踌躇不定的矛盾心态。家长要做的，就是及时引导，帮孩子化解动机冲突。比如孩子放学后，既想做作业，又想看一会儿电视，家长不妨劝导孩子在复习完功课、完成作业、预习完下次课的内容之后，看一些有益的电视节目。不要一味地限制，也不要让孩子尽情看电视，把作业"忘了"。要让孩子明白，任何时候都是以学业为主，以看电视、玩手机为辅，千万不要本末倒置。

3. 让孩子学会正确"归因"。

心理学研究表明，孩子对自己学习或表现的好坏，通常归结为四个方面的原因：努力、能力、运气、任务。不同的"归因"会产生不同的结果。比如孩子考试成绩不理想，如果"归因"为"努力不够""运气不佳"等可变性因素，那么孩子就可能通过努力，下次考好。反之，如果孩子"归因"为"能力不行"，或"题太难了"等稳定的因素，那下次可能还考不好。所以，每次考试过后，家长首先要肯定孩子能力没问题，鼓励孩子别灰心，继续努力，并帮助孩子克服困难。如果孩子学习一直不好，家长可与老师协商，布置的作业稍高于孩子的实际水平，不要太难，也不要太简单，让孩子通过努力可以做出来。孩子看到了希望，就会增强动力，不断努力，成绩也会逐步提高。现实中有一些家长，一看孩子没考好，就骂孩子"笨蛋""木头脑袋"。孩子本来不笨，结果越骂越"笨"，谶语成真。孩子失去学习的动力，成绩自然越来越糟。

构建动机系统

家长要想让孩子优秀，就要最大限度地发挥孩子动机各要素的功能，把构成动机的要素整合起来，构建一个推动孩子学习进步、成功成才的动机系统。就像汽车的发动机，一个缸的力量是有限的，几个缸加起来，力量就大了。

1. 构建"特定年龄"的动机系统。

对于学龄前的孩子，家长应注意把孩子的好奇心、兴趣和游戏动机综合起来，构建一个动机系统，调动孩子的视觉、听觉、嗅觉、味觉，共同参与对事物的探索，丰富孩子的感知；有计划地锻炼孩子的推、拖、拍、抓、摸、跑、跳等动作，发展孩子的动手能力、运动能力、动作记忆能力、动作思维能力；鼓励孩子多问"是什么""为什么"的问题，发展孩子的语言表达能力、想象力、观察力、形象思维能力。

对于进入小学、初中的孩子，家长应注意把孩子的好奇心、兴趣、求知欲、学习动机、交往动机、成就动机等整合起来，形成一个动机系统，推动孩子德、智、体、美、劳各方面协调发展。

对于进入高中之后的孩子，家长应注意把孩子的科学好奇心、志趣、求知欲、理想、信念、学习动机、交往动机、成就动机整合起来，组成一台功能强大的"发动机"，推动孩子顺利完成学业，提升多方面的素质和能力，向着成才的目标迈进。

2. 将内、外动机融合起来。

内在动机，即孩子内在动机要素组成的动机；外在动机，即家长、老师的鼓励、表扬、督导。家长要做的，就是将自己的期望、要求与孩子的理想、兴趣、爱好有机融合，形成推动孩子进步的合力，而不是阻力。现实中，有不少家长，习惯于把自己的意愿强加给孩子，不顾及孩子的兴趣、爱好，致使孩子痛苦不堪，学业失败。这方面的实例太多了，家长要引以为戒。

3. 整合近景、中景、远景动机。

近景性动机是与孩子具体活动相联系的动机。比如，准备一次考试，参加一次竞赛等等，需要家长利用孩子的好奇心、兴趣、求知欲，配合学习动机、成就动机，完成当前的学习、竞赛任务。中景性动机，是与孩子阶段性的发展相联系的动机。比如，考上理想的大学，就是高中孩子的中景性动机。家长要多鼓励孩子，把学业好奇心、志趣、求知欲、理想等融进学习动机、成就动机中，共同推动孩子顺利完成学业，考取理想的大学。远景性动机是与孩子成功成才相联系的动机。家长应引导鼓励孩子，综合学业好奇心、志趣、求知欲、理想、信念、学习动机、成就动机等各种动力要素，形成动力系统，推动孩子不断前进，实现成才的梦想。

构筑内在保障

家长欲让孩子学业、事业有良好的发展，成为某一方面的人才，光有良好的"基础"和"动力"还不够，还需要给孩子构筑强有力的"内在保障"，助力孩子把成才的梦想和目标变为现实。

发挥习惯的"唤醒"作用

孩子的理想、兴趣等动力因素需要激发，才能化作付诸实践的行动。这种发挥"生物钟"作用的保障因素，就是习惯。英国教育家洛克说过："习惯一旦培养成功之后，便用不着借助记忆，很容易地很自然地就能发挥作用了。"良好的习惯能适时"唤起"孩子前进的行动，不断向着成才的目标迈进。家长要做的，不只是关注孩子的学习成绩，更要重视孩子良好习惯的培养。有了好的习惯，孩子成长、成才才会顺风顺水。

培养孩子的良好习惯

对于孩子习惯的培养，《小学一至六年级好习惯一览表》列出了小学一至六年级孩子生活、学习、交友、健康等方面习惯培养的内容。好习惯有上百种之多，我觉得，家长应从孩子的年龄实际出发，有重点地进行培养。

1. 学前孩子培养"三种习惯"。

一是良好的生活、卫生习惯。教育引导孩子不挑食、不厌食、不偏食、不暴食；根据幼儿园的作息时间表，按时起床、洗漱、吃饭、游戏、睡觉；勤洗手，勤剪指甲，不吃脏东西；不随地吐痰，不乱丢垃圾，不损坏绿地，不随地大小便；学会自己吃饭、穿衣、整理玩具、独立洗手、洗澡等。

二是文明习惯。会用礼貌用语"请""谢谢""对不起"等；有爱心，知道关心人，会与同伴友好相处，相互学习，知道与小伙伴分享，不自私，不相互排斥；见长辈知道使用尊称，说话有礼貌，不撒泼任性；不闯红灯，去动物园、看电影、乘车时自觉排队，不在公共场所大声喧哗、乱跑、捣乱等。

三是热爱劳动的习惯。在家长指导下，学习收放玩具、扫地、拿水果、拿菜等。

2. 重视小学、中学孩子的习惯培养。

对于6—16岁的孩子，家长应注意培养以下几方面的习惯：

一是动手与锻炼的习惯。学会自己整理衣物，整理书籍、房间；帮父母干一些扫地、洗碗、擦桌子、倒垃圾、买东西等力所能及的家务；坚持进行身体锻炼，学会田径、球类、游泳等体育项目，积极参加学校举办的运动会。

二是学习的习惯。包括制订学习计划的习惯、预习的习惯、认真听讲记笔记的习惯、举手发言的习惯、课后复习的习惯、认真写作业的习惯、及时总结的习惯、阅读的习惯、探究的习惯、讨论的习惯、思考的习惯、问问题的习惯、查找收集资料的习惯等。小学时期是孩子学习习惯形成的"关键期"，家长要重视孩子学习习惯的培养，不要错过这个"关键期"。

三是表达的习惯。鼓励孩子课堂上勇于举手回答问题，积极参加讨论，参加班级或学校的演讲比赛，练习口头表达；鼓励孩子坚持记日记、写作文，积极投稿，争取当校报或其他少儿报刊的小记者，多练笔，进行书面表达锻炼。

四是创新的习惯。鼓励孩子积极参加手工制作、科技小组，积极参加科技活动、航模、趣味运动会、科技创新比赛等，敢于质疑，知道转换角度想问题，不人云亦云，善于寻找新思路、新办法，不断提升自我。

五是高效的习惯。按计划做事，学会选择与取舍，重要的事情先做，注重精细、专心；学会管理时间，坚持"今日事今日毕"，戒掉拖拉。

掌握培养习惯的方法

孩子良好的习惯不是天生的，需要家长采用科学有效的方法，有目的、有意识地精心培养。

1. 好习惯要从小培养。

孔子说："少成若天性，习惯如自然。"孩子习惯的培养越早越好。孩子越小可塑性越大，越易于习惯养成。有人提出小学"一、二年级抓习惯，三、四年级抓特长"，很有道理。其实，诸如生活习惯、卫生习惯、文明习惯、劳动习惯，可以从幼儿时期开始培养，注意在不同年龄段提出不同的要求。

2. 习惯靠养成。

孩子良好习惯的形成，靠说不行，需要不断练习、强化，在实践体验中慢慢养成。家长的督促、提醒，只能起辅助作用，其需要转化为孩子的内在需要才能起主要作用。家长可在培养孩子的习惯之前，利用孩子喜欢观察模仿的特点，引导孩子向具有良好习惯的人物看齐，然后提出明确的行为要求和具体标准。家长示范之后，督促孩子，经过一点一滴的不懈训练，养成良好习惯。

3. 习惯养成贵在坚持。

著名教育家曼恩说过："习惯就仿佛一条缆绳，我们每日为它缠上一股新索，不要多久就会变得牢不可破。"

《爸爸哪儿也不去》的作者为了培养女儿的阅读习惯，首倡"周末家庭读书会"，每周一期。他从女儿幼儿园大班开始，一直到上小学高年级，几乎是风雨无阻地坚持了 155 期。他用这种新颖有趣的读书活动开阔了女儿的视野，使女儿增长了知识，在潜移默化中养成了良好的读书习惯。

好习惯的养成说着容易做着难，难就难在"坚持"二字。家长要及时鼓励、表扬孩子的进步，并为孩子创造一个巩固良好习惯的环境。心理学研究表明，培养孩子的好习惯，关键在头 3 天，一般需要 1 个月左右，而要达到"习惯成自然"，则需要 3 个月。所以，家长一定要仔细地观察、检验，直到孩子的习惯真正养成，才可坦然放心。

4. 改掉不良习惯。

一些孩子之所以拖拉、乱丢东西、注意力不集中、游戏成瘾，令家长头痛，是因为其行为被不良习惯控制着。俗话讲，习惯"养成容易改造难"。孩子不良习惯的惯性是强大的，要改变相当困难。比如，让孩子改掉痴迷网络游戏的习惯，靠说教、打骂作用都不大。作为家长，一定要有充分的心理准备，不着急，慢慢来，可采取激励、表扬、奖励的办法，强化孩子的好习惯，抑制孩子的不良习惯，让孩子的好习惯越来越多，不良习惯逐渐减少，直至彻底改掉。当然，在孩子形成好习惯、纠正坏习惯的过程中，可能会出现反复，这是正常现象。家长不要灰心，坚持下去必有成效。

❷ 强者心态哪里来

孩子成才需要强者心态。家长都希望孩子成才，可成才的道路上充满困难、挫折、艰辛，甚至磨难。现在的许多孩子都生活在无忧无虑的顺境中，生活在家长无微不至的爱抚下，像温室的弱苗一样，经不起一点儿挫折。这就需要家长着力培养孩子诸如信心、坚强、勇敢等心理品质，培养孩子的情商、逆商、毅力等，让孩子坚强起来。

培养孩子的强者素养

孩子生来内心并不强大，需要经过一次又一次的实践锻炼和困难、挫折的考验，才慢慢强大起来。家长要做的是不断激励孩子。在孩子摔倒时，鼓励孩子"爬起来"；在孩子遇到困难时，鼓励孩子战胜困难，逐步坚强起来。

1. 告诉孩子"你能行"。

面对困难，很多孩子习惯以"我不行"为借口来逃脱，从而丧失了成功的机会。做家长的，要提振孩子的信心，告诉孩子，前行的路不是平坦的，困难会有很多。若遇到困难就胆怯，注定一事无成。要想成才，就必须从你的人生字典里将"我不行"，改成"我能行"！当孩子真正感到自己"行"的时候，自信心就培养起来了。

2. 勇于挑战自我。

安逸是舒适的，却也让人颓废。要成功，就要勇于丢掉安逸，挑战自我。刚参加工作的年轻人都有这样的体会，每天上着朝九晚五的班，拿着稳定的足够养活自己的薪水，虽平淡无忧，但也失去了活力。作为家长，我们要让孩子明白，要想成才，就要走出舒服圈，勇于挑战自我。年轻的时候就是不断闯荡、不断选择的时候，要敢于闯、敢于试，直至找到自己心仪的事业。挑战自己，30岁之前都不晚。

3. 培养孩子的情商。

一是用积极的情绪影响孩子。孩子的情商很大程度上受着家长，尤其是父母情绪的感染和影响。父母对家庭、对工作、对生活、对他人的情绪是积极的，那孩子对学习、对生活、对游戏、对同学的情绪，也是积极的。反之，就是消极的。所以，家长一定要多用积极情绪影响孩子，尽量不用消极情绪影响孩子，比如发脾气、生气、吵架等。不要以为孩子小不懂事，家长的情绪会不知不觉地被孩子复制，在孩子以后的学习、生活、交往中表现出来。

二是不可溺爱孩子。有些家长只想着给孩子输入多多的爱，认为这样孩子就会快乐幸福，自己就会得到爱的回报。殊不知，家长在溺爱孩子的同时，也把诸如不满足、以自我为中心、敏感、脆弱、攀比、嫉妒、无能等不良品性，输进了孩子的头脑。父母过度溺爱、迁就孩子，舍不得孩子受一丁点儿委屈，其实是在害孩子。

家长要想让孩子顺利成才，就不要溺爱孩子，要注意培养孩子乐观积极的态度，以及情绪控制能力、人际互动能力，让孩子在平等、民主、和谐的家庭氛围中，经受各种锻炼，健康成长。

三是适度责罚。大家都知道，鼓励对孩子的成长有利。问题是，能不能责罚孩子？长期的责罚——批评、指责、打骂，会影响孩子的心理健康与人格成长，当然是不可取的，但偶尔的责罚，还是有必要的。

为什么现在的孩子这么容易冲动，这么脆弱呢？这与孩子在鼓励表扬的环境中成长密切相关。这启示我们的家长，时不时地让孩子受点小气，受点小委曲，比如下棋不能老让着孩子，其实是锻炼孩子抗挫折能力的一种有效方式。孩子受得了气，才成得了人。气量大，成功的希望也大，气量小难成大事。

四是在实践中培养孩子的情商。在家庭生活中，把孩子当成平等的一员，而不是"小皇帝""小公主"，要让孩子知道尊卑孝悌；在户外，孩子摔倒了，鼓励他自己站起来；在公园、幼儿园，教孩子学会与小朋友分享，学会与小朋友处理好关系；孩子上学之后，教育引导他，自己的事情自己做，家庭的事情分担做，处理好与老师、同学的关系，学会独立解决学习、生活中的困难……经过一次又一次的实践锻炼，孩子的情商慢慢就培养起来了。

4. 培养孩子顽强的意志。

北宋大文学家苏轼说过："古之立大事者，不惟有超世之才，亦必有坚忍不拔之志。"作为家长，我们为孩子成才计，一定要注意培养孩子良好的意志品质。

一是教孩子学会战胜惰性。战胜自己，主要是战胜自己的惰性。惰性，最容易腐蚀孩子的意志。教孩子战胜惰性，不是件容易事，需要家长不断鼓励、引导。比如，孩子一道题不会做了，家长应引导他自己思考，自己解决问题，而不是直接告诉孩子答案。孩子每战胜一次惰性，意志力就增长一分。

二是教孩子学会坚持。无数人才成功的经验证明，任何人只要认准了合适的目标，坚持不懈地干下去，或迟或早，或大或小，总会获得成功的。所以，家长要引导孩子，凡是有益的事情，比如锻炼、读书、干家务等，都要坚持下去，从坚持中练就顽强的意志品质。

三是教孩子在克服困难中磨炼意志。家庭教育不能只重视孩子知识的学习、智力的发展，还要培养孩子抵抗压力和困难的意志力。孩子只有在化解层层矛盾、克服重重困难的历练中才能坚强起来。遗憾的是，我们的一些家长舍不得让孩子受一点儿委屈，结果孩子变得十分脆弱，经不起一点儿挫折，常常为一点儿芝麻粒大的小事离家出走，甚至轻生。这启示我们的家长，要教育孩子学会接受失败，接受自己的不完美，否则永远不会成长；要鼓励孩子保持乐观的心态，面对失败永不放弃，面对困难积极想办法，才能获得驾驭自己命运的力量。

5. 培养孩子的逆商。

逆商就是直面挫折、摆脱困境和战胜困难的能力。古罗马思想家塞涅卡说得好："真正的伟大，在于以脆弱的凡人之躯而具有神性的不可战胜。"家长要想让孩子有所作为，就要重视孩子的逆商培养，让孩子坚强起来。

一是教孩子学会辩证看待逆境。面对逆境，许多人只看到逆境带来的痛苦，却不懂逆境也带给了我们学习、成长的机会。家长要让孩子明白，人生就像荡秋千，有起就有落。起的时候，就要有落的准备；落的时候，也要有起的信心。要想成功，就要有吃苦的思想准备，不仅需要付出辛勤的汗水，有时还需要忍受暂时的屈辱，甚至牺牲眼前的快乐与幸福。

二是保护孩子的好胜心。孩子的好胜心很强，尤其是在 3 岁左右，自我意识开始形成，时刻希望体验到"我能行"，而一旦遭遇到失败，又会生气、暴躁，这就需要父母陪伴、疏导，帮孩子理顺情绪。孩子逆商的养成，得益于自小从家长身上获得的安全感。当孩子因挫折或困难有了挫败感，家长一定要及时送上鼓励与支持，做孩子最坚强的后盾；当孩子有了负面的情绪，家长要帮他合理地排解和宣泄。要让孩子明白，无论遇到什么，父母都在身边。孩子随着自身的成长，逆商会不断提升，内心会随之强大。

三是培养孩子的好心态。孩子在成长的路上会感受阳光，也会遭遇暴风雨。作为父母，我们既要让孩子学会沐浴阳光，获取快乐与幸福，也要让孩子学会坦然面对和承受人生中的苦难和挫折。挫折对孩子来说，既是痛苦，也是成长的机会。家长要以身作则，不管遇到什么事儿，都要以积极乐观的心态应对。父母乐观坚强，就会将正能量传递给孩子，引导孩子养成积极的心态。孩子有了好心态，即使面临复杂的问题，也能正确应对。

四是教孩子学会解决问题。有些问题，比如孩子摔倒了，自己站起来，在成人看来很简单，但在孩子那里，需要付出很大的努力。当孩子遇到问题、困难时，家长要鼓励孩子积极寻找解决问题的办法。同时，要鼓励孩子尽量多地参加各类活动，锻炼孩子的体能和意志。孩子解决的问题、战胜的挫折多了，他的知识和经验就会不断累积，逆商自然会逐步提高。

五是鼓励孩子勇敢面对挫折。法国作家巴尔扎克说过："挫折就像一块石头，对于弱者来说是绊脚石，让你却步不前；而对于强者来说却是垫脚石，使你站得更高。"家长要让孩子明白，人不怕挫折，就怕一蹶不振。只要自己不倒，别人推也推不倒；自己不站起来，别人扶也扶不起来。真正坚强的人，即便怀揣着一切痛苦和悲伤，也会笑着前行。

克服孩子的弱者心态

一个不愿付出、不愿冒风险的人，最终一事无成。做家长的，希望孩子成功，就要教育引导孩子，克服弱者心态。

1. 帮孩子战胜自卑与胆怯。

现在的一些孩子容易从一个极端走向另一个极端。踌躇满志时，坚信自己是完美的；受到一点儿挫折，就会变得极度自卑，甚至失去继续生活下去的勇气。

造成孩子胆怯、自卑的原因有四：一是成长太顺利，很少受到挫折；二是家长给予的关爱太多，锻炼太少；三是感到自己的家境、形象、能力等方面不如人，自惭形秽；四是不管做什么事情，父母都不满意。这启示我们的家长，要时常劝诫孩子，困难、挫折不可怕，可怕的是胆子太小，惧怕失败。怕，就会输一辈子！要让孩子明白，在成长的路上，战胜对手，只是赛场的赢家；战胜自己，才是命运的强者。

2. 走出假勇敢的怪圈。

现实中有一些孩子，在家长的娇惯、宠爱下，活脱脱一个"小霸王"。在家没有规矩，不知孝悌，蹬鼻子上脸；到了外面，立马安静乖巧。在这种教育下长大的孩子，要么欺软怕硬，要么一个"门墩虎"，很难有所作为。所以，家长一定要搞好教育引导，一方面让孩子守规矩、知敬畏，知道约束自己的行为；另一方面，教孩子正直勇敢，不怕困难，不怕恶人，困难时刻能够顶住，关键时刻能够冲锋陷阵。这才是培养强者的正确之道。

❷ 培育精细化品质

家长欲教子成才，就要有意识地培养孩子对学习、对工作、对事业的精细化品质，像态度、责任感、工匠精神等，保障孩子在工作事业上不出现或少出现纰漏。在当今这个不确定因素增加、选择多于坚守的时代，孩子具备了精细化的品质，有助于"业成气候人成才"。

选择比努力更重要

孩子成才路上选择多，不知道要经历多少次选择才能到达理想的彼岸。方向比努力重要，方向对了，容易走向成功。陈景润大学毕业当中学教师，举步维艰，后改行从事数学研究，如鱼得水，摘得"数学皇冠上的明珠"。反之，方向不对，到处乱撞，很难成功。所以，家长要教育引导孩子学会选择。

1. 把选择权交给孩子。

选择的过程是孩子自我重塑的过程。家长应从孩子上幼儿园开始，把选择权交给孩子。现在有些家长，喜欢包办代替，除了学习，什么事也不让孩子干，孩子的天性被压抑，缺乏主见。孩子是独立的个体，有按照自己的兴趣爱好独立选择的权利。家长要做的，是充分尊重孩子个人的兴趣爱好，尊重孩子的选择，以教育智慧引导孩子，让孩子成为一个优秀的人。

2. 教孩子学会取舍。

家长要教孩子学会取舍。学会取舍的过程，也是一个选择的过程。要让孩子明白，有得必有失：得到了懒散，就失去了勤奋；得到了安逸，就失去了进取；得到了事事皆被顺从的溺爱，就失去了为他人着想的善良；得到了打游戏的快乐，就失去了学习的收获……孩子只有舍弃无意义的，才能得到有价值的；唯有正确取舍，才能找到成才的路径。

3. 指引孩子选择正道。

孩子成功与否，就看他选择了什么样的路。现在有许多中学生，甚至大学生，看不清人生的路。你问他喜欢什么，"不知道"；你问他想干什么，"不知道"。这是不利于成才的。做家长的，一定要教会孩子学会独立思考，自主选择，而不是盲从。要让孩子明白，没有人会陪你一辈子，也没有人会一直替你做选择，自己的命运自己选择。如果没有依靠，你自己就是依靠，自己的路自己走；如果没有财富，自己就是财富，用自己的智慧去创造财富。什么路都可以走，唯独绝路不能走；什么路都可以选择，唯独歧途不能选择。

态度决定一切

孩子无法选择出生于什么家庭、什么时代，但可以选择对生活、对工作、对事业的态度。态度是一种神奇的力量，能左右孩子的人生。家庭教育的过程，从某种意义上说，就是培养孩子积极的人生态度的过程。

1. 端正对自己的态度。

一是培养孩子良好的学习态度。

在一个兴趣班的画室里，有男女两个孩子，男孩从不迟到，女孩经常迟到。半年学习下来，两个孩子学习的效果截然不同：男孩绘画技巧突飞猛进，女孩仍处在涂涂画画阶段。女孩妈妈向男孩妈妈取经。男孩妈妈谦虚地说："其实也没有什么。上兴趣班，孩子感兴趣固然重要，可态度更加重要。我只是要求我的孩子，既然自己做了学习绘画的决定，那么就一定要好好学。"

可见，学习态度决定学习的状态，而学习状态决定学习的效果。许多学习好的孩子，学习态度都是很端正的，上课认真听讲、积极发言，作业干净整洁。家长要明白，决定孩子未来成功的不是分数，而是态度。

二是培养孩子良好工作的态度。经济学上有一个"懒马效应"，说的是两马各拉一车货。一马走得快，一马慢吞吞。于是，主人把后面慢吞吞的马拉的货全部搬到前面的马车上。后面的马笑了："嘻，越努力越遭折磨！"而主人想：既然一匹马就能拉车，干吗养两匹？于是把懒马宰掉吃了。这启示我们的家长：孩子在工作中让人觉得可有可无时，离淘汰就不远了。孩子参加工作后，家长要劝导孩子认真地对待工作，处理好工作中的每一个细节，不断追求卓越。

三是培养孩子对待未来的积极态度。教育孩子树立明确的人生目标，乐观地面向未来，不断去追寻自己的人生理想，锲而不舍地向理想迈进。

2. 端正对他人的态度。

一是培养孩子对家人的良好态度。家长要教育引导孩子，对家人，尤其是长辈要谦恭、尊敬，说话和气有礼貌；外出或回家时，要主动和长辈打招呼，见到长辈不理不睬，是不礼貌的；虚心接受长辈的教导与批评教育，不反感，不顶撞。现在有的孩子，以自我为中心，在家说一不二，和父母意见不一致就任性撒泼。这是态度不好的表现。

二是培养孩子对他人的友善态度。教育引导孩子学会和他人和谐地相处，提高人际沟通能力，善于理解别人。

3. 培养孩子的责任心。

家长希望孩子将来能成就一番事业，首先要做的，就是培养孩子的责任心。一个缺乏责任心的人，很难做成大事。生活中，一些家长经常以"爱孩子"的名义包办一切，就连穿衣脱鞋、整理床铺这样的小事也不让孩子干。父母的心是好的，但用错了方式。时间一长，孩子潜意识里就会觉得这些事情应该是爸爸妈妈干的，跟自己无关。

培养孩子的责任心，父母要以身作则，先从家庭责任心培养起，让孩子参与到家庭事务中来。通过"我能做"，培养孩子有家庭责任的意识；通过"我想做"，激励孩子的家庭责任感；通过"我来做"，鼓励孩子承担起家庭责任。家长要学会放手，属于孩子责任范围内的事情，如按时起床、穿衣、吃饭、收拾书包、写作业等，都要放手让孩子自己去做。同时，家长要有意识地分配给孩子一些力所能及的家务，让孩子来做，比如洗碗、扫地等，让孩子感受到做事的快乐和成就感，从而树立责任心和责任感。

专心铸就成功

朋友曾发来一个《劝世良言 36 篇》的帖子，其中《专心篇》写道："为人就怕心不专，笨鸟先飞可领先。当初华罗庚出世，学智平平苦贫寒。严师疾训如针刺，从此立志苦登攀。终成学界一伟器，数学宫殿夺桂冠。"这既是赞美著名数学家华罗庚的诗，也劝诫世人做事要专心致志，对家长教子成才具有极强的借鉴意义，欲把孩子培养成才，一定要培养孩子"专心"的品质。

1. 培养"专心"的品质。

认真做好自己擅长且喜欢的事，是普通人成功的捷径。作家格拉德威尔在《异类》一书中，提出一个 1 万小时定律："人们眼中的天才之所以卓越非凡，并非天资超人一等，而是付出了持续不断的努力。1 万小时的锤炼，是任何人从平凡变成世界级大师的必要条件。"就是说，如果每天工作 8 个小时，一周工作 5 天，那么 5 年之后，就可能成为某一个领域的专家。这启示我们的家长，要鼓励孩子全神贯注干一件事，在自己喜欢并特长的领域，钻研下去，坚持下去，不出 10 年定会有所成就。

2. 变"特长"为"专长"。

常言道，艺多不压身。每个孩子都有自己的特长。做家长的，不要限制孩子的特长，而应鼓励孩子，在自己感兴趣的领域深入下去，把"特长"变成"擅长""专长"。

河南小伙冯三峰，高考落榜后，好几年都一事无成。他喜欢面食，于是到烹饪学校拜师学做面食。一年下来，他将手中的面团玩得出神入化，可以双手同时擀出 12 张饺子皮，更令人称奇的是，他可以把拉面拉到极致——一个针眼里居然穿过 20 根拉面。凭着这个独门绝技，他成了迪拜的一名高级面点师。

冯三峰用实际行动告诉我们，工作没有高低贵贱，只要认真对待，达到无人企及的高度，你便成才了。

3. 教孩子注重细节。

天下难事必做于易，天下大事必做于细。把平凡的事情做好，就是不平凡，把小事汇聚起来就是大事。细节处的马虎，可能导致全盘皆输；小处的不慎，积累起来也足以破坏大局。家长要提示孩子，做事一定要细心，重视细节。如果做事马马虎虎，觉得差不多就行，就不会刻苦钻研技术，严格要求自己，也就永远不会成功。

4. 发扬"工匠精神"。

我国"大国工匠"宁允展，凭着追求极致和完美的大国匠心，在细如发丝的空间内练就绝活，所制造产品11年无次品，被称为"高铁首席研磨师"。一个人不管从事什么行业，只要发扬"大国工匠"精神，把工作做到极致，那就是人才。正如毛泽东所说，世界上怕就怕"认真"二字。家长要告诫孩子，当你内心有一种把一件事做到极致的"工匠精神"的时候，你就会严格要求自己，对技术精益求精，做到最好，达到完美的境界，成为本行业的状元。

❷ 心理持久力不可少

为什么一些人一生浑浑噩噩，空悲切？一是输给了"懒惰"，二是输给了"拖延"。当今社会，充满诱惑。如果孩子心浮气躁，"混一天是两晌"，那是很难成才的。这启示我们的家长，欲教子成才，就要培养孩子诸如勤奋、执着、热爱、坚持等"耐力"品质，保证孩子在成才道路上行稳致远。

用勤奋战胜懒惰

我很佩服古人的造字智慧。懒惰的"懒"，由"心""束""负"三部分组成。意思是心被负能量的东西束缚住了。于是，懒得学习，懒得劳动，懒得思考，精神松懈，做事没精神。这如何能成才呢？

战胜懒惰的法宝是勤奋。每个成功者走向成功的道路是不相同的，但有一点是相同的，那就是勤奋。勤奋有助于激发大脑的灵活性，弥补人的愚笨。天赋不高的人，只要笨鸟先飞、驽马勤走，也能创造出奇迹。李时珍曾三次考举人落榜，后来靠勤学苦练，成了医学大师。家长要注意培养孩子勤奋的品质。

1. 莫让"理想"变"空想"。

有的孩子总是想着一夜成名，就是不付诸行动，这只能是幻想；有的孩子谈起理想，美丽动人，可惜总是浅尝辄止，不下苦功，到头来两手空空。家长要让孩子明白，幻想和空谈于学业、事业无益，唯有把理想付诸行动才能如愿以偿。若对自己所做的事没有足够的信心，没有坚持到底的决心，那计划只能永远停留在口头上，或浅尝辄止阶段。

2. 事业之树要用汗水浇灌。

有的孩子，总认为方法重于勤奋，希望找到一条成功的捷径。不可否认，方法的确很重要，在学习上、工作中是应该讲究方法的。勤奋加上良好的方法，可以收到事半功倍的效果。无目的地一味勤奋，肯定不行；而离开勤奋，单靠"捷径"成才，那也是徒劳的。

有的孩子有理想、有抱负，也知道努力，就是基础太差，担心考不上理想的学校，将来不会有大的作为。但亡羊补牢，为时未晚。家长应激励孩子从当下做起，勤学苦钻，把失去的补回来。上海市卢湾区有个房屋修建队的木工，叫郑伟安。他刻苦自学，被上海华东师范大学数学系破格录取为研究生。家长要让孩子明白，成功总是属于勤勉努力而又坚持不懈的人。只有坚忍不拔，勤奋不懈，才能成就大业。

3. 在"痴迷"与"专注"中激发潜能。

当一个孩子对某件事情达到痴迷的程度，心里是没有恐惧的。由于热爱，他会怀着极大的热情去做自己喜欢的事情，把事情做好、做漂亮。家长要让孩子明白，只有比别人更专注，更热爱，更痴迷，才能更优秀。

痴迷常常与专注相伴，构成了通往成功的捷径。著名翻译家陈望道潜心翻译时，曾把粽子蘸着墨水吃掉却浑然不觉；物理学家牛顿沉迷于做实验，把手表当鸡蛋丢进锅里。他们都凭着对工作极强的专注力，成就了非凡的事业。家长在引导孩子热爱学习的同时，要有意识地培养孩子的专注力，指导孩子通过不懈努力，收获精彩人生。

4. 懒惰是成功的大敌。

"业精于勤，荒于嬉"。勤劳是理想的翅膀，懒惰是事业的敌人。现在有的孩子学习不用功，不喜欢思考，不会就找家长要答案，或直接用答题软件找答案，这怎么能学好呢？还有的大学生，平时混日子，三天打鱼，两天晒网，考试时临时抱佛脚，或投机取巧，弄虚作假。这样，再美好的理想也只能化为泡影。家长要让孩子明白，战胜惰性，一方面需要勤奋，另一方面需要毅力。有了顽强的毅力，才能战胜困难，战胜懒惰，百折不挠，直至成功。

5. 成功需要持之以恒。

立志容易成才难。世界上没有唾手可得的成功，也没有一蹴而就的事业。无论是从事脑力劳动还是体力劳动，要想干出成绩都需要持之以恒。曹雪芹的《红楼梦》，司马迁的《史记》，达尔文的《物种起源》，李时珍的《本草纲目》，马克思的《资本论》，歌德的《浮士德》无一不是花费十数年至数十年的光景创作完成的。家长要告诫孩子，只有认识到事业的艰辛和成功的不易，才会不辞辛苦，勤奋不息。现实中，一些孩子未能成才，一个重要原因就是忽冷忽热，一曝十寒，缺乏持之以恒的精神，缺乏"敢坐板凳十年冷"的韧劲。

用坚持战胜拖延

拖延症是近几年出现频率很高的词汇，典型例证也屡见不鲜：计划晚上看书，刚打开书看，又不自觉地玩起了手机，结果一个小时过去了，书还没看两页；假期作业，不拖到最后一天不写……拖延是成功的大敌。有一位科学家在选助手时，提出了这样的条件："智力，中等以上即可，但必须刻苦和有毅力。"战胜拖延的最好方法是坚持。很多孩子都有惰性，都爱拖延。战胜拖延，不是一件容易的事，需要家长鼓励、引导、监督。

1. 紧紧抓住"今天"。

"昨天"已逝去，"明天"还没来，可以抓得住的只有"今天"。

国画大师齐白石，坚持每日作画，除身体不适的几日外，无一日不动笔。85 岁那年的一天，他连画四幅条幅，午时还不肯停笔，又画了一幅。为什么这么拼呢？看看他的题字就明白了：昨日大风雨，心绪不宁，不曾作画，今朝制此补之，不教一日闲过也。

家长要让孩子明白，最重要的是"今天"，最容易丢失的也是"今天"。许多孩子都是在"明日复明日"中浪费了一个又一个"今日"，到头来一无所获。所以，家长一定要督导孩子，好好把握"今日"，让每一个"今日"都充实起来，不让金子般的大好时光付之东流。

2. 不让计划落空。

对孩子制定的目标、计划，家长要进行过程追踪，督促孩子认真完成，切忌"三天打鱼，两天晒网"。孩子只有在坚持不懈的努力中实现一个个小目标，才能最终实现大目标。我女儿小时候上兴趣班，让她自己选择"学什么"，但和她约定：一旦选择，就要坚持下去。孩子基本上做到了，画画坚持了 7 年，获得过全国二等奖；定向越野坚持了 3 年，获得过河南省第二届青少年定向越野冠军赛第三名。家长要让孩子明白，许多名人成功的经验，都是"今日事今日毕"，那些把完成计划寄托于明天的人，计划多半落空。

3. 合理运筹时间。

现在很多孩子做事三分钟热度，不懂得合理利用时间。美国的一项研究表明，孩子的时间管理能力直接影响其学习成绩和效率。因此，家长要指导孩子，学会运筹时间。

一是指导孩子用精力最旺盛的时间，干最重要的事情。时间安排要分轻重缓急，千万不要把最有效的时间切割成无用或低效能的碎片。有的孩子放学后先复习、做作业，然后出去玩，时间安排合理，学习成效显著；有的孩子放学后先拼命地玩，等到该睡觉了，才急匆匆地写作业，学习效果自然不佳。

二是保持时间上的弹性。让孩子明白，文武之道，一张一弛。劳逸结合，有助于提高学习效率或工作效率。

三是指导孩子检查时间是怎样花费的。时间是由分分秒秒组成的，不珍视零碎的时间，很难有大的收获。一个考上北大的孩子，很重视发挥零碎时间的作用：刷牙、吃饭的时间，听英语；在公交车上，背外语单词或回忆知识要点，很少浪费时间。提高时间的利用效率，等于额外增加了学习时间。家长要让孩子明白，善于有效利用零碎时间，可以促进学习效率与学习成绩的提升，有利于取得成功。

② 学会自我监督

家长要培养孩子成才，就要教会孩子自我监督，不断检视自己，反省自己，警示自己，战胜自己，超越自己，不懈怠、不逃避，心无旁骛地向着成才的目标迈进。

教会孩子自省

自省，就是自我反省，自我剖析，自我监视。古今中外但凡有成就的人都非常注重自我反省，检讨自己的内心。鲁迅就非常重视自省，他说："我的确时时解剖别人，然而更多的是更无情地解剖我自己。"自省就像一面镜子，能将自己的错误清清楚楚地照出来，从而改正错误，不断取得进步。作为家长，我们要教会孩子时时自省。

1. 教孩子"省"得失。

"省"得失，能帮助孩子总结教训，学会在歧途中止损，成功时不自我膨胀，失败时淡定从容。如果孩子不善于"省"得失，就发现不了自身的问题。家长教孩子"省"得失，就是让孩子反省自己得到了什么，比如是否坚持锻炼身体，学习是否有进步，思想道德有没有提高？反思自己身上有哪些问题与不足。发现自己的问题所在，就找到了努力的方向。

2. 教孩子"省"利害。

家长要教育孩子，遇事多反思利害，两利相较取其重，两害相较取其轻，不要一味蛮干。我们经常会看到一些因小失大的现象，比如，有的孩子为了哥儿们义气去打架、干坏事，甚至违法犯罪，都是没有反思利害的结果。当孩子遇到矛盾或不愉快的事情时，要先看看自己哪里不对，哪里做得不好，而不是一味地去找别人的不是。只有这样，才能"大事化小事，小事化无事"。

3. 教孩子"省"进退。

知道进退，是一种转弯的智慧。孩子在未来的岁月中会遭遇各种不可预知的情况，也会受到一些不公的待遇。作为家长，我们要教育引导孩子，遇事要反思进退，该进时进，该退时退，不能到撞了南墙再回头。有的孩子，该展示自我的时候，缩手缩脚；不该表现的时候，胆气十足，有了错误，家长说跟家长对着干，老师说跟老师对着干，老虎屁股摸不得。这对孩子的成长极为不利。做家长的，一定要教会孩子"省"进退。让孩子明白，对自己成长进步、未来发展有利时，就展示才华；反之，就藏起锋芒，积蓄力量，等待时机。

4. 交给孩子自省的方法。

现在的很多孩子都很要面子，不肯认错。所以，家长教孩子自省，需要讲究方法。

一是教孩子书面自省，即用日记、周记的形式，进行自省，既能收到反省自我、"面壁思过"的效果，又能保护孩子的面子，简单易行，长期坚持，必有成效。

二是适当"点化"。俗话说，旁观者清，当局者迷。大部分孩子只会看到别人的问题，只有极少数孩子能发现自己的问题，进行自我反省。有些问题，孩子意识不到，需要家长、老师指点。很多成功者，都是通过外人指点进行自省的。家长对孩子，尤其是对一俊遮百丑的"好孩子"更应如此。

现在有些家长要么护短，对孩子的缺点不让说；要么走向另一个极端，看孩子浑身都是问题。这对孩子的成长都是不利的。正确的做法是在孩子高兴时，用孩子乐意接受的方式"点到"孩子的不足，让孩子自省。

三是家长要督导孩子经常自省。即便做不得天天自省，让孩子每一周花费一点时间自省一下，也是可以的。家长要在孩子身上培养出一个合格的、尽职的"监督者"——自省，督导孩子顺利前行。

教会孩子自律

自律是指在没有人现场监督的情况下，通过自己要求自己，用内心的"法度"约束自己的一言一行，克制自己的欲望、惰性，控制自己的身体和情绪。著名教育家朱永新，每天 5 点起床，读书、写作，几十年如一日，从未间断过。这启示我们的家长，要教子成才，就要下功夫培养孩子自律的品质。

1. 与孩子一起立规矩。

外界诱惑太多，单单一款网络游戏就会让孩子欲罢不能。为了帮孩子战胜惰性和不良诱惑，家长可与孩子一起共同订立规矩，包括吃的规矩、玩的规矩、运动的规矩、学习的规矩、修德的规矩、礼仪的规矩、处世的规矩等等。

立了规矩，就要执行。在执行规矩时，要细化目标，分解目标。自律计划越具体简单，操作起来就越容易。家长在督导孩子完成自律计划时，不要贪多求全，要从孩子最乐意接受的事项开始，一样一样来，不断坚持，直至形成自律的习惯。

需要注意的是，要求孩子按规矩办事，不可半途而废。有的家长见不得孩子缠磨，比如冬天不愿按时起床，很容易向孩子妥协，亲手打破自己制定的规则。父母破坏规则，孩子就会轻视规则，结果前功尽弃，孩子永远不能自律。只有阻断孩子的退路，孩子才能学会自律。

2. 坚定孩子自律的决心。

自律的人比不自律的人要自由得多。历史上的很多名人、有成就的人，他们原只是普通人，但因为自律坚持，有着一颗不可撼动的决心，最终成就了梦想。曾国藩 30 岁的时候还在吸烟，30 岁之后立志戒烟，从此之后彻底戒烟。家长要培养孩子自律的品质，还需要借助孩子心中的"偶像"，借助名人故事，培养孩子坚定的、向上的心，让孩子做到人前人后一个样，不断在"慎独"中提升精神境界。

3. 让孩子承担不自律的后果。

现在，有不少孩子，写作业拖拖拉拉，小动作特别多，折腾大半天也写不完；起床、吃饭、上学磨磨蹭蹭；沉迷于电视、手机，说好看10分钟，非得家长发脾气才能停下。这主要是家长没有让孩子品尝到不自律的后果。有一个妈妈的做法值得借鉴。孩子花钱如流水，她给孩子一个对账本，多花的钱就从压岁钱里扣回来。孩子不跌倒一次就不知道疼，家长要让孩子为自己的行为负责。孩子尝到了不自律的后果，慢慢就学会了自律。

4. 养成自律的习惯。

有一名9岁的男孩忽然脖子疼，手指发抖。到医院做完CT后才发现男孩患了严重的颈椎病。经了解，男孩每天长时间地沉迷于手机游戏中，形成了玩游戏的不良习惯。家长要想让孩子改变自己，就要培养孩子的好习惯，改变孩子的坏习惯。同理，培养孩子自律的品质，也不能靠说教、责罚，而应让孩子在实践中体悟，在实践中坚持，形成自律的习惯。孩子养成了自律的习惯，家长就省心了。

5. 让自律成为一种生活方式。

有些家长总是羡慕别人家孩子的成功，却没有看到其背后的付出与自律。人和人的差距，就是由自律逐渐拉开的。一个人自律的程度，决定其人生的高度。

对于世界顶级足球联赛球员来讲，超过30岁意味着体能和状态开始走下坡路。为什么33岁的C罗有着23岁球员的身体？据媒体爆料，C罗在为曼联效力时，每天训练完后还至少花一个小时锻炼腰腹肌肉。转会皇马后，更是每天坚持做3000个仰卧起坐。

把自律作为生活的方式，成就了C罗。家长要让孩子明白，要成功，就要清楚自己需要什么，不需要什么，能够在取舍之间做出理智的选择；知道自己该做什么，不该做什么，不在无谓的事情上耗费时间和精力；明确自己的目标导向，在实现目标之前，绝不因受到其他诱惑而中途退出和放弃；面对困难，不找借口，而是积极想办法……孩子一旦把自律作为自己的生活方式，还愁不能成才吗？

教会孩子自警、自胜

北宋名相寇准有一篇传世奇文《六悔铭》。全文六句话：官行私曲，失时悔；富不俭用，贫时悔；艺不少学，过时悔；见事不学，用时悔；醉发狂言，醒时悔；安不将息，病时悔。短短 42 个字，说尽了人生六大悔事。许多人将它奉为座右铭，时刻用于自警。人生没有后悔药，却有自警的"预防针"。作为家长，要教育引导孩子学会自警，进而学会自胜。

1. 心灵伤害难以复原。

现在有不少孩子在宠爱的环境中成长，以自我为中心，稍有不顺就使性子，发脾气，伤父母的心。家长可对孩子进行警示教育，化解孩子的不良情绪。

有一个男孩脾气很坏。父亲给他一袋钉子，告诉他，发脾气的时候就在后院的围栏上钉一个钉子。第一天，这个男孩钉下了 37 根钉子。慢慢地，男孩发现控制自己的脾气，要比钉下那些钉子容易。后来，钉在围栏上的钉子越来越少，男孩再也不乱发脾气了。父亲又说，从现在开始，每当你能控制自己脾气的时候，就拔出一根钉子。一天天过去了，男孩终于把所有钉子给拔出来了。父亲对他说："你做得很好，我的孩子，你再看看那些围栏上的洞，这些围栏永远也不能恢复到从前的样子了。你生气的时候说的话伤害了别人，就像这些钉子一样让别人留下疤痕。"

家长要让孩子明白，人与人之间会因控制不住情绪造成永远的伤害。如果宽容地看待他人，你一定会成为一个受欢迎的人。孩子能够控制情绪，自警品质就形成了。

2. "从心"改过方能成长。

过错千差万别，不同的人所犯的过错也不同，但归根到底，跑不出"心性"二字。一切过错，都是因心而起。所以，"从心"改过，是改过方法中最根本、最有效的方法。现在许多孩子根本不知道对错，也就无从改错了。好的家庭教育，一定要稍稍有些"压迫感"，让孩子觉得，如果不努力、不上进就没有前途，可能会带来一生的卑微。家长可通过警示教育，让孩子牢牢记住那些自责、悔恨的感觉，"从心"改过。孩子熬过了自警的苦，心智也就慢慢成熟了。

3. 自胜孕育成功。

每个孩子都有两颗心：一颗心积极进取，激励自己；另一颗心消极懒惰，放纵自己。家长教会孩子自胜，就是让孩子以积极进取之心，战胜消极放纵之心。要激励孩子，战胜自己，需要从大处着眼，小处着手。比如，冬天的早上，孩子不愿起床上学。家长可鼓励孩子自觉起床，做到了，就是对自己一个小小的胜利。要让孩子明白，做一点力所能及的事是自胜，做一点有意义而不愿做的事是自胜，不做想做而不该做的事，也是自胜。自胜的方法途径很多，贵在坚持。用高尔基的话说："对自己的一个小小的胜利，也能使自己坚强很多。"孩子从一个个小事着手，不断自胜，就会使自己越来越坚强，一步步走向成功。

统筹孩子成长阶段

人生是由一个个既相互联系又相对独立的阶段组成的。余秋雨曾戏称：0 岁出场，10 岁成长，20 岁彷徨，30 岁定向，40 岁打拼，50 岁回望，60 岁告老……

生理学上把人生分为胎儿期、幼儿期、少年期、青年期、中年期、老年期。人才学上，把一个人成才分为四个时期：胎儿发育期，即怀胎 10 个月；学习继承期，历时 20 年左右，是成才打基础的时期；创造活动期，即成才的实践奋斗时期；人才发展期，即创造成果，得到社会的检验和承认的时期。

从家长易于理解、接受及培养孩子成才的视角，我把孩子成才的过程分为五个阶段，即学前阶段、小学阶段、中学阶段、高校阶段、初入职阶段。每个阶段大约 6 年，到三十而立之时，为一个完整的过程。

孩子在每个阶段都有不同的特点和培养重点。只要孩子在人生的每一个阶段，比别人走得稍快一点儿，比别人稍优秀一点儿，最终一定会脱颖而出。

有人说，成功不是赢在起点，而是赢在转折点。我深以为然。孩子的人生有许多转折点：周末是转折点，假期是转折点，上幼儿园是转折点，上小学是转折点，上中学是转折点，上大学是转折点，读研或参加工作也是转折点，关键看家长如何把握。家长把孩子每个转折点都把握好了，孩子肯定会成功；前面的没把握好，后面的把握好了，孩子照样会成功。家长的任务就是统筹这"五个阶段"，在不同的阶段采取不同的对策，把孩子培养成才。

学前时期重启蒙

学前期是孩子人生的启蒙时期，也是孩子身体、大脑发育最快的时期。这个时期的孩子，最容易受到环境中各种积极或消极因素的影响。我国儿童教育家陈鹤琴说得好："从出生到 6 岁是人生重要时期，儿童的习惯、语言、才能、思想、态度、情绪等都要在此时期打好基础，如果基础不牢固，那健全的人格就不易造就了。"作为家长，我们应为孩子创造良好的成长环境，促进孩子身心良性发展，为成才打好基础。

💬 婴儿养育有技巧

当胎儿脱离母体呱呱坠地，便宣告了一个新生命的诞生。宝宝的出生给家人带来了欢乐，也带来了孩子身心快速发展变化的惊喜。宝宝出生后的头一年，是其身体生长发育、动作发展的第一个高峰：身高和体重成倍增长，脑的体积、重量和脑的细胞数量迅速增长，脑的结构也在不断发展变化。宝宝从出生到 1 岁，脑重量几乎以平均每天 1000 毫克的速度增加。

苏联著名生理学家、心理学家巴甫洛夫有句名言："从婴儿降生的第三天开始教育，就已经迟了两天。"这就启示我们的家长，不要在孩子出生后，一味沉溺于喜悦过后宝宝吃喝拉撒的辛劳、抱怨中，而应承担起教育宝宝的责任。

早期教育应从孩子 0 岁开始。对 0—1 岁孩子的教育启蒙应以"育"为主，以"教"为辅，寓教于乐。

一是加强营养保健。提高宝宝的免疫力，预防、减少感冒、拉肚等疾病；提倡母乳喂养，满足宝宝对营养的需求，保证宝宝神经系统健康发育，加强母子感情联结。

二是注重环境创设。营造愉悦宝宝身心的"有声有色"的环境，发展宝宝的视觉和听觉。家长可用颜色鲜艳的布、纸、气球、假花设计成鲜明的图案，挂在小床边或小床的上方；和宝宝说说唱唱，每天数次给宝宝播放优美的的古典音乐，以及押韵、有节奏感的儿歌、诗歌。

三是训练孩子的动作。家长可依据孩子不同月份的生长情况，通过活动性游戏，训练宝宝翻身、坐、爬、站、走各方面的运动能力，以及眼耳手的协调能力。

0—1岁的宝宝，动作发展与智力发展有着直接的联系。一个积极活动的孩子观察到的事物多，眼界开阔，从而促进脑、手、脚、眼的协调配合，达到"心灵手巧"。

四是促进孩子语言发展。家长可从宝宝4个月开始，用清晰、准确、完整的语言，训练孩子把语言与具体事物联系起来。比如，让宝宝喝水、洗脸、睡觉时，可对孩子说"宝宝喝水了""宝宝洗脸了""宝宝睡觉了"；跟宝宝告别时，可摆手说"再见"。

如果家人会两种及以上的语言，可用不同的语言跟孩子说话，教宝宝用不同语言表达同一事物（如苹果，Apple）。注意，跟宝宝说话语速要缓慢，口齿要清楚，千万不要说半截话，给宝宝传递错误的概念，不然宝宝学会了很难纠正。

五是开发孩子智力。宝宝半岁以后，家长可用纸、稍粗的彩笔，陪宝宝涂鸦；可用小皮球、套叠玩具、积木等，让宝宝玩，锻炼宝宝的双手协调、手眼协调能力。当然，对宝宝智力开发，要依据宝宝的兴趣，自然适度。让宝宝玩玩具，还要注意安全和卫生，千万不要伤着宝宝。

② 培养婴幼儿善开智

1—3岁，是孩子进入幼儿园之前最为活跃的一个阶段，也是家长最累、最为头痛的一个时期。这个时期的孩子喜欢"漫无目的"地乱跑，喜欢爬高上低，到处翻东西，搞"破坏"，被称为精力充沛的"探险家"；开始"以自我为中心"，拒绝接受成人的命令和要求，常以身体抗拒、退缩、沉默等方式与家长对抗。所以，对1—3岁孩子的教育是一件十分困难的事情，需要家长顺势而为，巧妙引导。

养育结合

1—3岁的孩子仍处在身体、大脑生长发育较快的时期。3岁孩子的身高约为新生儿的2倍，体重约为新生儿的4倍。脑重2岁半到3岁增加到900—1011克，约为出生时的2.5倍，相当于成人脑重的三分之二。做家长的，可从两个方面做好养育。

一是做好养护。通过科学膳食，满足孩子身体，尤其是大脑的营养，保证孩子身体正常发育；通过户外活动，让孩子沐浴阳光（夏天防晒伤）；通过游泳、骑车、运动游戏等，增强体质；通过做好卫生保健、安全工作，确保孩子安全健康成长。

二是做好早期培育。1—3岁，是孩子早期教育的关键时期。作为家长，要通过行之有效的教育引导，促进孩子大脑功能逐步完善，促进孩子语言、动作、情感、感知、记忆、想象力的发展。

给孩子"安全感"

1—3岁的孩子最需要安全感。当孩子身处黑暗、跌倒、打针等情景时会害怕；当家长无暇照顾孩子，早早把孩子送进托儿所，孩子容易出现与父母分离的焦虑；父母离异或家庭关系不和谐，容易使孩子缺乏安全感。

家长对孩子的教育要顺势而为。3岁以前的孩子不愿离开亲人到陌生的环境中去，如果不是不得已，不要过早让孩子上幼儿园（托儿所），孩子过早上幼儿园，容易产生焦虑感；不要吓唬孩子，家长若常用"不听话就把你送到幼儿园"之类的话吓唬孩子，会让孩子对幼儿园产生畏惧情绪；不要过早让孩子认字、做题，否则会使孩子产生心理压力而害怕上学。当然，家长也不要因担心孩子失去安全感而溺爱孩子，溺爱孩子等于害孩子。

陶冶孩子的心灵

一说起早教，一些家长首先想到的是背古诗、上各种培训班。这是对早期教育的片面理解。其实，早期教育的核心是通过家长的示范引领，陶冶孩子的心灵，正如北京医科大学教授张媛所说："教育是生命对生命的影响，如细雨润物，成就无痕。"作为家长，要有意识地对孩子进行启蒙。

1. 播撒品德的种子。

品德是人生的基石。家长要注意从小在孩子的心田里播撒品德的种子。在家，可用儿歌、讲故事等形式教孩子礼貌用语，除了教会孩子称呼爸爸、妈妈，还要教会孩子称呼爷爷、奶奶、叔叔、阿姨；利用孩子对父母的依恋之心，教会孩子在家长回家、出门时主动问候、迎送；利用孩子的模仿心理，带头孝敬父母、长辈，引导孩子给家人拿水果、生活用品等。在外面，要培养孩子的感恩之心，在得到别人帮助，或收到礼物时，说"谢谢"；引导孩子和小朋友一起玩，通过玩集体游戏，培养孩子的友爱意识和团队精神。

2. 培育美的幼芽。

爱美之心，人皆有之。孩子对美的探索始于 2 岁左右。家长可利用音乐、舞蹈、服饰、图画等丰富孩子的精神世界。带孩子到野外接触大自然，在潜移默化中提升孩子的审美情趣和审美能力。通过绘画、手工，培养孩子创造美的能力。

开发孩子的智力

1. 提高口语能力。

1—3 岁是孩子语言发展的关键期。1 岁以后的孩子，开始学说话，家长要不厌其烦地对孩子多讲。孩子听得多、听得明白，自然就会开口说话；孩子脑中积累的词语多了，说话就会流利，当然也就变得聪明伶俐。

家长教孩子说话，要注意三点：一是用普通话，教孩子正确发音，吐字清楚、准确；二是教会孩子多种词汇，孩子的词汇越丰富，语言表达能力越强；三是用儿歌、故事等教孩子完整的句子，注意句序正确、句子规范，不要用土语、脏话、重叠话（如喝水水），误导孩子，对孩子发音不准确的词语、顺序错误的句子，要及时纠正。

2—3 岁是孩子掌握连贯性语言的最佳阶段。家长可利用散步、游戏、吃饭及睡觉前的机会，启发孩子用连贯性的语言说明一件事，或表达自己的愿望；引导孩子说出事物的特征、用途，如"杯子是喝水的，也可以装别的东西"等；借助讲故事、看图说话、学诗歌、猜谜语的机会，引导孩子复述故事，或说出故事情节，培养孩子的语言表达能力和想象力。

2. 锻炼动手能力。

1—3 岁是孩子的动作模仿期和手指动作发展的重要时期。家长要做好两点：一是给孩子做好示范，教孩子学会用杯子喝水、用勺子吃东西，学会穿衣、扣纽扣、戴帽子等；二是在生活及游戏中，训练孩子手的精细动作，如搭积木、穿珠子、拼版、捏泥塑等，还可通过画画，训练孩子的拿笔方法。

3. 多侧面开发智力。

家长可在活动、游戏中提醒孩子关注某个事物，如玩具等，提高孩子的观察力；教孩子一些儿歌、短诗、小故事、绕口令等，培养孩子的记忆力；通过生活用品及玩具、教具，教孩子认识物体的形状、颜色，区别大小、方位，发展孩子的思维能力。

4. 注意培养创造力。

孩子的创造力萌发于 3 岁时。家长可鼓励孩子编故事、画画、揉泥巴，可在讲故事时故意留下结尾，让孩子自己来编，可以把杂志上好玩的图片剪下来，让他根据图画编故事等，培养孩子的创造力。还可以引导孩子种植花草、饲养小动物等，启发孩子的创造力。

保护孩子的好奇心和探究兴趣

1—3 岁的孩子对外面的世界充满好奇，有着惊人的学习能力和无穷的探究兴趣，对周围的各种事物都要摸一摸、尝一尝。这是一种可喜的现象，是孩子探究学习的原发动力。作为家长，我们要保护孩子的好奇心、求知欲，对孩子的疑问，要及时认真解答，不能胡乱应付。更为重要的是，家长要注重"身教"，注意用和蔼的态度，培养孩子愉悦的心境、积极的心态和探究的热情。

为上幼儿园做好准备

1—3 岁是孩子良好生活习惯培养的关键时期。家长应从孩子 2 岁开始，有意识地按照幼儿园的生活"程序"来培养孩子的生活习惯，为上幼儿园做好准备。孩子一旦形成了诸如按时起床、吃饭、睡觉，自己穿衣、穿鞋等良好的生活习惯，在幼儿园的生活就会顺顺利利。反之，如果家长事事代办，势必会使孩子形成事事依赖的生活"程序"，到幼儿园难以适应，不愿上幼儿园。

同理，孩子社会道德习惯也要从小培养。孩子头脑中一旦形成了社会道德"程序"，良好的素养、文明的气质也就自然而然培养起来了。家长从孩子 3 岁开始，就要给孩子立下这三条规矩。

1. 不是自己的东西不能拿。

有的孩子总喜欢抢别人的玩具，或是到别人家看到喜欢的玩具就要拿走。主人家碍于面子，就会说："哎呀，不就是个玩具嘛，拿去玩吧。"但是作为家长，我们要理性对待孩子的这种行为。当孩子私自拿走别人家的玩具时，要严肃地跟孩子说："这不是你的玩具，你不可以拿走。"要让孩子明白，不是自己的东西不能随便拿，让孩子有一个正确的道德认知。

2. 不可在公共场合追逐吵闹。

我们在坐火车、看电影，或在饭店吃饭时，经常会遇到一些乱跑、吵闹的"熊孩子",家长却像没事人一样。孩子虽然天性爱玩,但家长一定要明白:孩子大声说话、乱跑会影响他人。应通过教育引导让孩子明白,在公共场合到处乱跑、吵闹的孩子不是好孩子,好孩子应该在公共场合保持安静。

3. 不可把错误归咎于别人。

孩子们在一起玩的时候,难免会有一些争执或分歧,有的孩子喜欢把错误归结于别人,认为自己都是对的。家长遇到这种情况,要先问清楚事情的来龙去脉,然后耐心地给孩子讲道理,让孩子先从自己身上找原因,想想自己哪里做得不对,看看对方是不是也有对的地方。这样,孩子慢慢就学会理解别人,懂得换位思考了。

幼儿聪明并不难

孩子过了 3 岁之后,便从"懵懂"期进入了"懂事"期,仿佛一下子变成了一个小大人。做家长的,要密切配合幼儿园老师,巧妙进行启发引导,不断开发孩子的潜能,让孩子多了解外面的世界,学会和小朋友一同活动、友好相处,养成良好的品格。

保证营养 增强体质

3—6 岁的孩子身高增长迅速,各种组织和器官功能有所发展,大肌肉群的发展使幼儿喜欢不知疲倦地从事各种活动。由于活动量加大,体力消耗增加,加上大脑发育都需要营养,所以,家长要保证孩子的膳食营养,尤其是早餐一定要吃好,可适当增加一些脂肪和蛋白质类的食物,比如肉、蛋、乳类、豆制品等。有的孩子不好好吃饭、挑食、爱吃零食,容易造成营养不良,影响身体和大脑的发育,对智力发展不利,家长要注意纠正。同时,要保证孩子的睡眠时间,晚上不少于 10 小时,中午不少于 1 小时。睡眠不足同样会影响孩子大脑发育。

从孩子 3 岁开始,每年给孩子做一次健康检查,看身体发育、牙齿和视力是否正常,有问题及时解决;看孩子动作发育、智力发育是否正常，做到心中有数。家长要积极创造条件，强壮孩子的体格，增强孩子的体质。

1. 进行户外锻炼。

缺乏户外锻炼的孩子免疫力差，在遇到冷热刺激时容易感冒。所以，家长要经常让孩子晒太阳（夏天可早晨、傍晚晒），每天不少于2小时；让孩子开窗睡眠，保证氧气供应，增强孩子呼吸道的抵抗力；从夏天开始，让孩子用冷水（冬天用温水）洗手、洗脸，增强孩子对外界环境的适应力，改善血液循环，提高皮肤的免疫力，预防感冒，同时防止手脚冻伤。

2. 养成锻炼的习惯。

锻炼身体不仅可以强壮孩子的体魄，还可以提高孩子大脑的技能，使孩子精力充沛，心情舒畅，可谓一举多得。家长可在保证安全的前提下，锻炼孩子走、跑、跳、攀、平衡等方面的能力；鼓励孩子积极参加家庭体育活动，比如，家长与孩子一起进行跑步比赛，立定跳远比赛，拍球比赛，跳绳比赛等等；鼓励孩子利用节假日或休息时间，参加各种游戏和体育活动，带孩子到户外进行一些有益的体育活动，如爬山、游泳、打球等。

开发孩子的智力

人才学研究表明，人的才能发展在其早期阶段有一个"萌发期"。如果家长在这个时期或稍微提前对孩子进行培养，孩子的才能便可以得到充分的发展；如果错过了这个"萌发期"，孩子才能发展的可能性则呈现递减的趋势。心理学的研究也表明，孩子5岁时，大脑的重量已达到了成人的90%。如果教育得法，孩子的心智可以达到不可想象的程度，甚至成为"神童"。所以，家长要充分利用孩子3—6岁的有利时期，进行正确培养引导，促进孩子的智力得到良好的发展。

1. 促进大脑健康发育。

幼儿智力发展与大脑皮层的发育有着密切的关系。作为家长，要为孩子创设适宜的环境，激发孩子的潜能。

一是在保证安全的前提下，让孩子对相关的物品看一看，听一听，摸一摸；对食物、水果、调料，闻一闻，尝一尝，尽可能让孩子的多种感官协同活动，发展孩子的感知。

二是教给孩子必要的生活知识，比如让孩子认识家具、餐具、服饰、图书。

三是带孩子接触大自然，认识花草虫鸟、山川河流、日月星辰、历史遗迹、各种建筑，丰富孩子对外部世界的认知……教给孩子诸如"打雷会下雨""开花会结果""有病去就医"等生活常识，为发展孩子记忆力、想象力、思维力搭好平台。

2. 借助语言训练发展智力。

3—6 岁是孩子语言飞速发展的时期。这个时期的孩子很喜欢问东问西，与大人交流。家长可充分利用孩子的这一特点，以孩子喜欢的方式训练孩子的语言。

一是通过亲子交流，让孩子知道日常生活用品的名称和用途，训练孩子有条理地描述事物；鼓励孩子背儿歌、古诗，讲幼儿园发生的趣事，训练孩子的口头表达能力；鼓励孩子讲故事、提问题，或让孩子续编、改编故事，训练孩子的语言加工能力。

二是和孩子一起做猜谜语游戏、连句游戏，训练孩子的语言反应能力。需要注意的是，家长不要嘲笑孩子在语言使用上的错误，否则孩子会出现结巴或者不愿说话的问题。

3. 训练孩子的观察力。

3—6 岁的孩子好奇心很强，经常提出"这是什么""那是什么"的问题。家长可利用孩子的这一特点，培养孩子的观察力。

一是引导孩子观察季节的变化、星辰的变化、天气的变化、气温的变化、花草树木的变化、鸟兽虫鱼的变化等，增强孩子观察的目的性、稳定性。

二是引导孩子观察物品用途。如茶杯是盛水的，锅是做饭、炒菜的等等。

三是引导观察图片的细节与异同。比如，借助"花"的图片让孩子观察花的花瓣、花蕊；将虎和豹、狼和狗的图片放在一起，让孩子观察它们的异同。

4. 培养孩子的记忆力。

3—6 岁的孩子记忆的敏捷性、正确性、持久性有所提高。家长可以做游戏的方式，有意识地培养孩子的记忆力，引导孩子背诵儿歌、诗歌、童话、寓言、故事；让孩子观察商店橱窗里的商品，复述看到的商品名称，观察文具盒里的用品，复述文具盒里的东西；引导孩子记门牌号、车牌号、电话号码、历史年代等，培养孩子的数字记忆能力。

5. 发展孩子的思维能力。

3—6 岁的孩子尚处于动作思维及形象思维的萌发阶段。家长应根据孩子好奇心强的特点，培养孩子的思维能力。

一是通过日常生活，培养孩子的归类、分类能力。比如指导孩子把玩具、积木等分别放在一起，把上衣、裤子、袜子单独放在一起等等。

二是通过引导孩子观察事物，培养孩子比较近似事物的能力。比如，引导孩子观察狗和猫、鸡和鸭的形似点和不同点，比较乒乓球、皮球、篮球的大小，比较书的厚薄，比较长裤和短裤的长短等等。

三是通过做游戏的形式，培养孩子理解事物关系的能力。比如，给出小羊、小猫、熊猫、小鸟和小虫子、青草、竹子、小鱼的图片，让孩子说出"什么动物爱吃什么"，并把动物图片和食物图片放在一起；和孩子一起玩搭积木游戏，引导孩子区分大小、形状（圆形、长方形、正方形、三角形、锥形、梯形）、颜色等。

四是通过实践，培养孩子解决问题的能力。比如，有意制造一些错误（吃鸡蛋不剥蛋壳、盒装酸奶不插管子等），让孩子说出错在什么地方；通过对日常现象（生鸡蛋、玻璃杯掉地上会打烂，手摸刀刃会割伤，手碰到火会烧伤，碰到开水会烫伤等）的设想，让孩子说出预想的结果，既能发展孩子的思维能力，又使孩子学到了相关的安全知识。

6. 培养孩子的想象力和创造力。

3—6 岁的孩子需要家长通过续编故事、改变故事结尾、绘画、补画、音乐、泥塑、折纸、拼图、游戏等多种方式进行培养。

重视孩子的品德启蒙

6 岁之前是孩子道德品质发展的起源期，也是品德培养的关键期。孩子儿时的品德启蒙会影响孩子的一生。我国历史上的许多教育家都赞成对儿童的德育开始得越早越好。

家长可通过多种形式，对孩子进行品德启蒙。比如，通过道德故事启迪孩子的道德认知，升华孩子的道德情感；通过对孩子敬老、礼貌善举的赞扬、肯定，诱发孩子的道德行为；通过立规矩、奖惩的方式磨砺孩子的道德意志，形成孩子的道德习惯。此外，家长通过教孩子养花，饲养小鸡、小兔等小动物，培养孩子的爱心；通过做饭照顾到每个人的口味和喜好，有好东西大家一起分享，培养孩子的分享合作意识。

重视孩子美感的培养

6 岁之前的孩子特别爱美。家长要充分利用孩子爱美的天性，培养孩子的审美情感和审美能力。比如，借助带孩子去公园、旅游的机会，引导孩子观赏百花盛开的春景、绿意盎然的夏景、层林尽染的秋景、白雪皑皑的冬景，观赏巍峨的高山、涓涓的溪流、苍茫的大海、明丽的天空、皎洁的月光，观赏美丽的孔雀、憨态可掬的大熊猫等等，训练孩子对大自然的美感；利用绘画、音乐、手工、劳动，培养孩子感受美、创造美的能力；通过感人的故事、可爱的老师形象，陶冶孩子美的心灵。

重视孩子兴趣的培养

6 岁以前的孩子对什么都感兴趣，喜欢涂鸦、听音乐，看到别人干什么就想模仿。家长可利用孩子兴趣广泛的特点，培育孩子诸如舞蹈、音乐、美术、书法、手工、武术、跆拳道、乒乓球、英语口语等方面的兴趣。需要注意的是，这时孩子兴趣的稳定性差，极易发生改变。家长在发展孩子的兴趣时，有几点需要注意。

一是不要盲目攀比，一味贪多。孩子什么都学，一样也学不好。家长可提前跟孩子约定好，让孩子选择一到两样最想学的，最多不超过三样。每一样至少坚持1年，真正喜欢了再坚持学下去，不想学了再换。

二是不要过早给孩子定向。孩子喜欢画画，就想着把孩子培养成画家；孩子喜欢钢琴，就想把孩子培养成钢琴家。这是不对的。发展孩子兴趣的目的是开阔孩子的眼界，丰富孩子的艺术素养。除非孩子特别有天赋、特别喜欢，一般不要急于定型。

三是不要被孩子兴趣的假象所迷惑。很多情况下，孩子喜欢一样东西是出于好奇，并非真的感兴趣。家长只有在日常生活中，通过细心观察孩子的行为，才能发现孩子真正的兴趣所在，并有意识地进行培养。

四是及时纠正孩子不良的兴趣爱好，比如，玩手机、打游戏等。家长可通过兴趣转移法，把孩子的不良兴趣转移到有益的活动上来。

五是不要急于让孩子系统学习语数知识。有的家长为了让孩子上小学时能抢占先机，早早让孩子进行语数知识系统学习，结果跟学校教学不接轨，孩子学得半生不熟，到学校先领先后落后，得不偿失。我女儿刚读小学时，班上有几个上学前班的孩子，一年级上学期成绩领先，下学期就和大家一样了，到了二年级反而不如没上过学前班的孩子了。家长需要明白的是，系统学习知识是小学的事情，对6岁前的孩子，应根据其兴趣爱好适当启蒙即可，切不可盲目跟风，刻意为之。

重视对孩子进行规则教育

苏联教育家马卡连柯指出，教育的主要基础是在5岁之前奠定的。对5岁之前孩子所做的一切，就是整个教育的90%。3—6岁的孩子尚分不清是非对错，在他的眼里只有想与不想，不懂行与不行、能与不能。做家长的要当好表率，搞好引导，用实际行动告诉孩子什么是对，什么是错，什么能做，什么不能做。我认识的一个家长做得特别好。

学完魔方的孩子都排着队等待着老师检阅。由于人多，儿子排在队伍的最后面。一会儿只见有几个孩子直接插队跑到了最前面，他也出队往前走。我一把拽住了他。

他说："妈妈，别人都插到前面去了，我也想去。"

"别人那样做，对不对?"我问他。

他想了一下说："不对。"

我说："那你愿意做一个不对的人吗? 如果大家都往前面挤，那这屋里是不是就乱了?"

儿子用力地点点头，说："妈妈，我知道了，我不去前面了，就在这儿等着。"

对6岁之前的孩子，管什么呢? 首要的教育是让孩子克制任性。此外，还要教育孩子不要霸道、自私，学会控制，学会忍耐。孩子懂得了规则，就会自觉遵守学校纪律、社会公德和法律，对以后的发展和成才大有裨益。

重视性格培养

著名教育家陶行知指出，6岁以前是孩子人格陶冶最重要的时期。家长要注意培养塑造孩子良好的性格和健全的人格。

一是通过故事引领，引导孩子尊重家长、尊重客人、尊重幼儿园老师、尊重小朋友;通过家长自身的榜样作用，感染孩子学会宽容;通过引导孩子与小朋友一起玩，合作搭积木、做手工，训练孩子的合作意识。

二是教孩子学会自我控制。有的孩子见了好吃的，吃了还要吃;故事听了一个，还要家长再讲一个，没有个头，这就需要家长教育引导孩子学会耐心等待，学会自我控制欲望。

三是教孩子学会时间管理。有的孩子吃饭时不好好吃饭，冬天不愿起床，一玩起手机就停不下来，没有一点时间观念，这就需要家长和孩子一起制订生活计划，督促孩子遵守，让孩子从小学会时间管理。做到"今日事，今日毕"。

四是教孩子学会自信。有的孩子害怕见生人，害怕舞跳不好、歌唱不好、琴弹不好、画画不好，这时家长千万不要批评孩子，而是肯定孩子的进步，相信孩子"行"。孩子受到鼓励，慢慢会自信起来。此外，家长可通过鼓励孩子大声说话、骑车、游泳、与小朋友一起做游戏等方式，锻炼孩子的胆识和勇气，提升孩子的自信心。

五是培养孩子的坚持精神。有的孩子不到吃饭时间要求吃饭；画画，画几分钟就不干了；学武术、跆拳道，学了一会儿就喊累等等，这就需要家长鼓励孩子坚持一下。很多时候，"成功就是在再坚持一下的努力之中"。

为上学做好准备

五六岁的孩子脑的重量已达成人脑重的90%，小肌肉群迅速发育，为从事绘画、写字提供了条件。家长从孩子上幼儿园大班开始，就要为孩子上小学做好准备。

一是激发孩子上学的渴望。家长可在带孩子参观小学时告诉孩子，要想认更多的字、了解更多的知识，就要上小学，上了学就可以自己看书学习了。孩子对学校有了向往，也就有了上学的积极性，能很快适应小学学习生活。

二是建立与小学同步的学习节律。孩子在幼儿园以游戏为主，到了小学要以系统的知识学习为主。家长可通过与孩子一起看书，让孩子参加音乐、绘画等兴趣班，引导孩子尽快适应学校的学习节奏。

三是做好必要的知识准备。通过亲子游戏活动教孩子认字、数数，让枯燥的语数知识变得有趣。孩子掌握了必要的知识，就能很快跟上学校的教学节奏。当然，家长在教孩子识字时要考虑孩子的特点，每次教的数量不宜多，时间不宜长，千万不要用填鸭式的方法，强迫孩子一连几个小时伏案做作业，否则，会打击孩子上学的积极性，引起孩子对学校的恐惧与反感。

小学时期善引导

小学阶段是孩子系统知识学习的开始，也是孩子身心发展的一个重要转折期。家长在这一阶段的主要任务是密切配合学校，对孩子进行品德塑造、习惯培养、学习指导、兴趣保护、特长发展、身体锻炼。在教育方式上，应注重科学陪伴，言传身教，巧妙引导。

❤ 教育重点要抓住

小学阶段是人生打基础的时期，只有基础打牢、打实了，以后的发展才会顺利。所以，家长不要只把眼睛盯在学习成绩上，而应放大格局，关注孩子的全面发展及核心素养的提升。

塑人格　打基础

家长首先要做的，就是密切配合学校，按照《小学生守则》的要求，搞好培基铸魂教育，即培育孩子的心灵，启迪孩子的智慧，强健孩子的体魄，塑造孩子的人格。

1. 注重全面发展。

一是重视道德品质培养。小学阶段是孩子道德品质形成的关键时期。家长可通过讲故事、看案例及自身的言传身教，对孩子进行德育行为引领。比如让孩子向家长问安、帮父母干家务、看望生病的家人、向老师问好、与同学友好相处、参加志愿者活动等，形成道德行为规范，提升道德认知。

现在有些家长只抓孩子学习，忽视孩子道德品质培养，致使孩子缺乏对家人的爱心，更缺乏孝心。有的孩子学习成绩优异，却不知给生病的妈妈端一杯热水。这是典型的得不偿失。如果不重视在小学阶段对孩子进行品行培养，到了中学以后，孩子若出现品行问题，想改变就难了。

二是重视开发孩子智力，培养孩子多方面的能力。这个问题后文详述。

三是增强孩子体质。体育锻炼不仅能强筋壮骨，还可以提升孩子的身体协调能力，锻炼孩子坚强的心理品质。作为家长，除了鼓励孩子在学校上好体育课，参加一些有益的体育活动，还应鼓励孩子下午放学后跑步、跳绳、骑车、打球、做运动游戏；节假日，通过旅游进行远足、爬山等有氧运动，鼓励参加社会组织的青少年体育活动，锻炼体能。

四是进行美育熏陶。鼓励孩子在学校上好音乐、美术课，支持上舞蹈、绘画、音乐、书法等兴趣班；节假日带领孩子游览大好河山，带孩子听音乐会、参观美术馆、参观书画展，培养孩子的审美意识、审美情感、审美能力；鼓励支持孩子进行绘画、剪纸、书法创作，进行泥塑、模型制作，培养孩子欣赏美、创造美的能力。

五是进行劳动教育。鼓励孩子在学校上好劳动课、积极参加学校的值日，回家承担力所能及的家务劳动，节假日到农村进行采摘活动，到工厂参观产品制造，培养孩子的劳动意识、劳动技能、劳动习惯，以及尊重劳动、爱惜劳动果实的品德。

2. 培养健全人格。

教育家蔡元培在《中国人的修养》一书中写道："决定孩子一生的不是学习成绩，而是健全的人格修养。"家长一定要重视孩子健全的人格培养。

一是形成孩子乐观向上的心态。小学阶段的孩子兴趣广泛，求知欲旺盛，需要家长顺势而为，加以引导和培养，使其减少负面情绪，内心充满阳光。

当然，快乐不是让孩子随心所欲。现在有的家长轻信快乐教育，对孩子一味娇惯，不加管束，致使孩子为所欲为，形成一大堆坏习惯、坏毛病，就是不知道努力上进。所以，家长要正确理解教育的真义，把握好度，不要因自己的无知与失误贻误孩子的前程。

二是提振孩子的自信心。小学阶段是孩子勤奋感和自信心形成的关键时期。家长要信任孩子，多肯定鼓励孩子，有意识地创造机会，让孩子感受到成功带来的满足，体验到"只要我努力了，就能得到肯定"的快乐。这样孩子慢慢就会形成自信的心态。孩子越自信，越利于进步。反之，家长总是吹毛求疵，一味高标准要求孩子（如要求考 100 分），孩子就会觉得无论自己怎样努力，家长都不满意，表现就会越来越差。

三是培养孩子直面挫折的意志品质。小学阶段的孩子内心是脆弱的，有时一点小小的挫折，比如一次考试没考好就承受不住了。所以，家长可通过体育锻炼、劳动实践，引导孩子勇于正视失败，直面挫折。当孩子受到挫折时，家长不要批评责备，可好言劝慰，鼓起孩子战胜挫折的勇气。

开心智　练能力

1. 开发智力潜能。

一是发展孩子的时空知觉。对于一、二年级的孩子来讲，很难准确理解历史年代，分不清东南西北，常常把左右搞混。家长可通过让孩子绘制家庭方位图，训练孩子上下左右、东南西北的方位知觉。孩子方位知觉的发展对以后学习地理、立体几何，大有益处；通过让孩子认日历，引导孩子一面向时、分、秒延伸，一面向周、月、年、世纪延伸，提升孩子的时间知觉能力，为以后学习历史打好基础。

二是提高孩子的观察力。一方面，从一年级起就开始向孩子提出明确的观察要求。比如，让孩子观察小猫时可问孩子，小猫"是什么颜色""眼睛是什么样的"……有了观察要求，孩子就会积极主动地去观察。孩子每次外出参观、旅游，家长都要给孩子提出观察要求。另一方面，指导孩子观察时，应尽可能让孩子多种感知觉参与进来，边看、边说、边记。比如观察水果，可让孩子看、闻、吃、说、记结合，提高观察的整体性和观察效果。再一方面，指导孩子把观察结果整理出来，写成观察日记，或用画笔把观察对象画下来。

三是提升孩子的记忆力。家长可根据低年级孩子机械记忆强、理解记忆差，无意记忆强、有意记忆差的特点，鼓励孩子通过背课文，记拼音、生字、生词、运算定律、历史年代、人名地名等，强化对课堂学习内容的掌握；鼓励孩子背古诗词、儿歌、名人名言、歇后语、优美的短文等，丰富孩子的记忆储备。根据中、高年级孩子由机械记忆向理解记忆过渡的特点，引导孩子广泛阅读，鼓励孩子复述课文、儿童文学作品、成语故事、科普知识等，发展孩子的理解记忆能力。

四是培养孩子的想象力。对低年级孩子，家长可通过鼓励孩子编写神话故事、科幻故事，进行手工制作、绘画等方式，发展孩子的想象力；对中、高年级孩子，通过引导孩子想象文艺作品的景物特征、建筑特征、人物（动作、语言、表情、性格）特征并参加小制作、小发明活动发展孩子的想象力。

五是发展孩子的思维力。对一、二年级的孩子，家长可通过鼓励其编故事、改变故事结局，玩拼图、七巧板、脑筋急转弯、数字接龙游戏，进行动植物分类等直观、有趣的方式，发展孩子的思维能力；对三年级以上的孩子，可鼓励其复述课文、故事内容，续写、改写、扩写、缩写故事，玩成语接龙、棋类、智力游戏，做开放性题目、总结段落大意、提出解决问题假设，培养孩子的思维能力。培养孩子的思维能力，要从孩子的兴趣、知识水平的实际出发，由浅入深，自然过渡，切忌急功近利，用偏题、怪题难为孩子。

六是培养孩子的创造力。孩子创造力发展的高峰是4—9岁。小学低年级、中年级孩子正处在这个关键节点上。家长可有意识地发展孩子的创造力。比如，通过讲科学家、发明家的故事，问开放性的问题，激发孩子的创造意识和创造欲望；通过鼓励孩子学习美术、电脑绘画，进行即兴舞蹈、歌曲改编等，培养孩子的艺术创造力；通过引导孩子从事拼图、自制玩具、旧物改造、房间装饰等，培养孩子的创造发明能力；通过鼓励孩子穿越畅想、未来憧憬，看图写文、编故事、创作诗歌儿歌，玩脑筋急转弯、猜谜语、脑力闯关等游戏，培养孩子的语言创造力。

2. 培养多方面的能力。

孩子的能力不是从书本上学来的，而是从实践锻炼中形成的。所以，家长对小学孩子教育的任务之一就是发展好孩子多方面的能力。

一是培养孩子的生活能力。家长可通过训练孩子整理床铺、学习用品，参加力所能及的家务劳动，参加班级值日、志愿者活动，培养孩子的自立能力和独立生活能力。孩子生活能力的提高，反过来会增强孩子的体质，提升孩子的智力，促进孩子明白事理，萌生感恩之心和责任心。

二是培养孩子的学习能力。通过引导，教会孩子预习、听讲、提出问题、积极举手回答问题、做笔记、课后复习总结、认真完成作业，提升孩子的课内学习能力和自学能力；通过指导孩子读书、编故事、记日记，参加课外兴趣小组，提升孩子的课外学习能力；通过鼓励孩子进行研学旅行、参观、做手工、做实验、搞小发明小创造、写观察日记、演奏音乐、画画、养花草小动物等，提升孩子的观察学习能力、探究学习能力、艺术表现能力和创造能力。

三是培养孩子的表达能力。家长可通过鼓励孩子课堂回答问题、复述课文、谈读书体会、表演节目，玩绕口令、成语接龙、脑筋急转弯游戏，参加演讲比赛、竞选比赛，培养孩子的口头表达能力；通过指导孩子记日记、写周记、写作文、写讲稿、写诗歌、写主持词、编小剧本等，培养孩子的书面表达能力。

四是培养孩子的交往能力。家长可通过讲故事、讲社交礼仪，教孩子文明做事、礼貌待人；教孩子善于倾听，倾听老师的教导，倾听同学的意见，在活动中友好合作，在实践中锻炼交往能力。

五是培养孩子的理财能力。现在许多孩子花钱无节制，没有"挣钱难"的意识。这就需要家长指导孩子学习储蓄，正确使用压岁钱，培养孩子的理财能力；鼓励孩子积极参加学校的"跳蚤市场"，出售不用的玩具、书籍、刊物，培养孩子的商品意识和经营能力；让孩子了解、参与家庭收支事务，教会孩子合理消费、量入为出。

六是培养孩子的自我保护能力。家长的过分保护实际上是对孩子的"伤害"。现在一些孩子之所以出事，很重要的原因是缺乏自我保护能力。这就要求我们的家长通过介绍典型案例，观看警示教育片，培养孩子的安全意识、法纪意识；通过实践训练，教会孩子水、电、燃气、电器安全使用知识和方法，教会孩子火灾、水灾的逃生、自救的方法；通过游戏活动，教会孩子谨慎门户、警惕坏人，抵御诱惑、不贪小便宜，不断提高孩子的"免疫力"和自我保护能力。

燃梦想 培兴趣

一个人成才、成功需要动力。小学孩子的成长进步同样需要动力。对于小学阶段的孩子来说，其动力主要源于梦想和兴趣。作为家长，要不断激发孩子前行的动力。

1. 点燃孩子的梦想。

童年是多梦的季节。作为家长，一方面要经常与孩子一起畅谈未来，让孩子敢于梦想、善于梦想，即便孩子的梦想很幼稚，不切合实际，也要大力支持，因为孩子无论什么梦想都是可贵的，怕只怕孩子没有梦想。另一方面，不要限制孩子说"梦话"，要放飞孩子的梦想。现在一些父母，总觉得孩子的梦想是瞎想、幻想，是不切实际的好高骛远，不是嘲笑便是讥讽，一下子把孩子的梦想之火浇灭了。这是不明智的。

2. 发展兴趣爱好。

兴趣爱好就像催化剂，不断促使孩子去实践、去探索。作为家长，不能只关注孩子的学习成绩，而应重点在培养孩子的学习兴趣上下功夫。

一是利用低年级孩子喜欢在游戏中学习的特点，采取文字游戏、脑筋急转弯、猜谜语、脑力闯关等形式，引导孩子丰富知识储备，逐步把兴趣转移到学好各科内容上来。

二是利用孩子兴趣广泛的特点，鼓励孩子积极参加各种活动学习，学好各门功课；鼓励孩子学好自己最喜欢的内容，参加课外学习小组，发展中心兴趣。

三是根据孩子兴趣具体化的特点，鼓励孩子从易到难，先学好易于理解和接受的知识，再慢慢由浅入深，诱导孩子学好抽象的知识。如果一开始让孩子学得太多、太难，孩子感到压力大，就会对学习失去兴趣。这就是一些低年级孩子学了奥数不再喜欢数学的原因。

四是根据孩子先童话、故事后文艺作品、科普读物的阅读特点，培养孩子的阅读兴趣。对低年级的孩子，可引导其从童话、故事开始阅读，随着年级增高，再引导他读文学名著和科普读物。如果一开始就让孩子读大部头的文学作品和科普读物，孩子读不懂，也理解不了，容易失去阅读兴趣。

明责任 养习惯

小学阶段的孩子自制力差，需要老师、家长科学督导。家长要做的就是教育孩子明确责任界限，培养良好习惯，让孩子逐渐从他律过渡到自律。

1. 培养责任心。

在孩子的人格素养中，"责任心"是极其重要的，家长要注意培养。

一是教孩子对自己负责。采取激励的方法，指导孩子妥善做好学习准备，合理安排学习时间，处理好学习与玩的关系，知道自己的东西自己管理，自己的事情自己做好，少让家长担心、操心。

二是教孩子对家庭负责。让孩子明确自己的家庭角色，知道体谅父母的辛劳，关心家人，主动承担力所能及的家务劳动，不浪费粮食，不提过分要求，知道维护家庭形象，不让父母难堪。

三是教孩子学会对社会负责。在学校知道尊重老师，认真完成老师交办的任务，关心集体，团结同学；在社会上懂礼貌、讲道理，自觉遵守传统美德，知道尊老爱幼，上车让座，自觉排队，知道从身边小事做起，自觉节约水、电，爱护环境。

2. 培养良好的习惯。

小学阶段是孩子形成行为习惯、生活习惯、学习习惯的关键时期。一些低年级孩子之所以不适应学校生活，主要的原因就在于没有形成良好的学习、生活习惯。作为家长，要经常和老师沟通，了解孩子在学校的表现，重视孩子习惯的培养。

一是培养孩子良好的行为习惯和生活习惯。家长可通过自己的言传身教，培养孩子按时起床、按时休息、整理学习用品的习惯；培养孩子讲究卫生、爱好清洁的生活习惯；培养孩子守时惜时，知错就改、做事认真的行为习惯。

二是培养孩子良好的学习习惯（后文详述）。

❷ 搞好学习有秘诀

按照人类学习的规律，孩子小时候学习的面比较宽，语文、数学、外语、天文、地理、历史、科学、绘画、书法、手工、劳动等，什么都可以学，没有限制。作为家长，我们应树立大学习理念，根据孩子求知欲强、兴趣爱好广泛的特点，拓展孩子的学习领域，不要早早把孩子的学习限定在课内知识学习上。

拓宽学习渠道

1. 从观察中学习。

历史上，大凡成才者，其观察能力都是比较强的。法国著名的昆虫学家法布尔从小就喜欢观察动物，有时趴在地上连续观察昆虫几个小时。家长可利用孩子喜欢"刨根问底"的特点，适时向孩子提出观察任务，教会孩子在观察中学习：在家，让孩子观察家中的花草及饲养的小动物，观察家庭成员的长相、语言、行为特点，观察家中的布局；在外，让孩子观察周围的环境、学校的环境，观察老师同学的衣着、长相、语言、行为特点，指导孩子在观察的同时，做观察记录，记观察日记，养成在观察中学习的习惯。

2. 在生活中学习。

毛泽东曾说过："读书是学习，使用也是学习，而且是更重要的学习。"孩子要成才，先要学会生存，而生存本领是在生活中学会的。家长应充分利用自己是孩子第一任老师这一得天独厚的优势，对孩子进行生活教育，教会孩子生活技能。对低年级孩子，可让他整理卧具、收拾书包，吃饭时帮家长拿碗筷；对中高年级的孩子，可教他学会安排自己的生活，固定一两样家务，学会使用电器，学会做饭、洗衣、浇花、购买生活用品，养成生活自理和劳动的习惯。

3. 在实践中学习。

南宋大诗人陆游在教子诗里写道：纸上得来终觉浅，绝知此事要躬行。意思是说，从书本上得来的知识，是不完善的，还需要亲自实践才行。这启示我们的家长：实践可以使孩子手脑并用，心灵手巧。家长要放手让孩子去实践，去锻炼，从实践中获得新知、学到技能、学会创造发明。

一是利用孩子兴趣广泛、好奇心强的特点，鼓励孩子在兴趣班进行书法、绘画、乐器演奏等实践，培养孩子表现美、创造美的能力。

二是根据低年级孩子喜欢动手的特点，教孩子学会折纸、泥塑；教孩子借助图纸，进行拼装实践。

根据中、高年级孩子求知欲强的特点，支持孩子参加兴趣班，进行航模、物理、生物实验，在实验中学习了解科学知识。诺贝尔奖获得者阿格·玻尔，小时候特别爱动手做机械拆装实验。一次，他把家里的自行车拆开了，开始无法装好，后在父亲的鼓励下，对每个零件仔细研究，终于装好了。这对他后来做科学实验帮助很大。

4. 从研学旅行中学习。

"读万卷书，行万里路"。家长可根据孩子喜欢旅行、探究的特点及学校的研学旅行要求，动员孩子参加研学旅行。

一是利用周末，把孩子带进大自然、动物园、科技馆、博物馆，让孩子观察树木花草的发芽生长，探究植物的特点；观察动物的外形、动作、神态，探究动物的生活习性；观察奇妙的科技现象，探究科技现象背后的原理；观察博物馆的文物，探究了解文物的历史。

二是利用假期，带孩子参观工厂、乡村，让孩子感受火热的生产场景，探究产品是如何生产出来的；感受质朴的田园生活，认识粮食、蔬菜、瓜果，探究粮食、蔬菜、瓜果是如何生长的。

三是利用假期，带孩子出去旅游，引导孩子在观赏美丽的自然风光的同时，探究大自然的奥秘。比如，探寻地名的由来、气候变化、水文特点、潮汐变化，以及与景物相关的名人逸事、诗文等。

科学指导课内学习

孩子从进入小学开始，课内学习便成为学习的主要方式，需要家长密切配合老师，搞好孩子的学习辅导。我的一个大学老师，辅导上小学孩子学习的经验很值得借鉴。

孩子考试后拿回了卷子，我先把卷子统看一遍，对做对的题、掌握得比较好的地方、书写认真的地方给予肯定，鼓励孩子继续保持；对于因不细心做错的题目指出来，让孩子以后注意；对于知识掌握不牢的地方，让孩子再认真复习一遍，题重新做一遍；对于真正不理解、不会的地方，让孩子记在"错题本"上，到学校去问老师，或我给他讲解，然后再出两道类似的题让孩子做，达到复习巩固、完全掌握的目的。

由于我的老师不太关注孩子的成绩，而是关注孩子的学习过程，从孩子的实际和兴趣出发，进行有效指导，因此孩子没有压力，越学越有劲，越学越想学，一路优秀。

作为家长，该如何有效指导孩子学习呢？

1. 端正学习态度。

孩子在小学低年级阶段，学习成绩并不能说明什么，最重要的是学习态度端正。好的学习态度，就是上课认真听讲，课后认真做作业，书写认真，不敷衍，不马虎。

在上海交通大学 125 年校庆中，校史博物馆展出了"镇馆之宝"——钱学森的一张试卷。从试卷中可以看到，钱学森不仅成绩优异，而且字写得堪比"印刷体"，给人以赏心悦目之感。

这启示我们的家长，一定要在孩子入学后，先培养孩子正确的学习态度，要求孩子书写认真、字迹工整。如果孩子一、二年级学习态度不端正，到三年级以后一旦形成不良习惯，就很难纠正了。孩子到三年级以后，重点检查做题思路，对错由孩子自己检查纠正。让孩子明白，学习是他自己的事情，不是家长的事情。只有这样，才能养成孩子对自己负责、认真仔细的学习态度。

2. 激发内驱力。

一、二年级孩子的学习内驱力主要来自好奇心和兴趣。家长可通过讲故事、玩游戏、与孩子一起从书上找答案的方法，巧妙地把孩子的兴趣点转移到课业学习上来。中、高年级的孩子，内驱力主要来自兴趣和求知欲。家长可和孩子一起做智力游戏、脑洞大开游戏，鼓励孩子参加学校兴趣小组，从探究与实验中寻找学习的乐趣。诺贝尔奖获得者昂尼斯小时候喜欢做实验，父亲就把家里的阁楼腾出来让他当"天文台"和"实验室"，做实验深化了昂尼斯对天文和物理的兴趣，为他日后成才奠定了基础。

3. 培养良好学习习惯。

小学一、二年级是孩子可塑性最强的时期，也是形成良好学习习惯的关键时期。孩子的习惯养好了，以后学习就轻松了。家长要做的就是放手，让孩子自己起床、带胸牌、戴红领巾、整理书包、准备当天上课的书和文具；妥善安排自己的学习程序，做到课前预习、认真听讲、积极发言，放学后就及时复习、做作业，然后出去活动，晚上读书，准备第二天的功课。这些事情比较琐碎，一开始需要家长及时提醒、督导，慢慢形成习惯就好了。

到了中高年级，随着孩子知识的不断增加、学习能力的不断提升和学习要求的提高，家长除了让孩子保持安排自己学习程序的习惯，还要培养孩子积极思考、勤学好问的习惯。

一般来说，孩子良好学习习惯的养成需要 3 周左右的时间。低年级孩子由于自制力差，刚形成的学习习惯还需要巩固一段时间，稳定下来才行。同时，还要防止不良习惯反弹。

4. 注重正确引导。

一是从实际出发，鼓励孩子不断给自己设定"跳一跳"能实现的小目标，每天有进步，天天不停步。保持孩子的自信心也非常重要。家长要密切关注孩子的进步，有一点进步就鼓励，完成目标及时给予奖励。如果孩子一时完不成目标，家长应多安慰，鼓励孩子不要灰心。切记，不要攀比，不要让孩子把目标定得太高。

二是鼓励孩子勤于思考，多提问题。孩子放学回家，家长最明智的办法不是问考了多少分，而要问"回答了几个问题?""提出了几个问题?"凡孩子提了问题、回答了问题，家长就要给予肯定、鼓励。孩子不会的，可鼓励其自己查资料找答案，或请教老师，养成"学—思—问"的习惯。

三是让孩子当"小老师"，把课堂上学的内容讲给家长听。孩子要"讲好课"，自然会认真听讲，把学习的知识弄明白，家长要认真当好"小学生"。对孩子不懂的问题，让孩子查字典或问老师，然后再告诉家长。家长当"学生"时，千万不要三心二意，或故意问一些超越孩子知识水平的问题难为孩子。

四是通过故事中的榜样，或家长自身的榜样，教育引导孩子胜不骄、败不馁，让孩子明白学无止境，天外有天；鼓励孩子不怕困难，勇于面对挫折。

五是帮孩子渡过难关。以数学为例，孩子由于知识水平、社会经验所限，常常会因对题目的条件和要求不理解而出错。比如，小学低年级的孩子不理解"0"也是数字，不明白"除"和"除以"的区别，搞不清"增加××倍"与"增加到××倍"有啥不同。我小时候学百分数时，有一道粮食产量增加"三成"的题，把我难住了，因为不知道"成"为何意。老师讲解后才恍然大悟。所以，遇到远离孩子生活常识的内容，家长要给孩子解释清楚，让孩子少走弯路。

科学指导阅读

对小学阶段的孩子来说，课外阅读非常重要。多看书不仅能帮助孩子积累知识，还有利于促进孩子提高阅读理解能力，提升作文水平。作为家长，要把精力花在指导孩子阅读上，而不是辅导孩子做题上。

1. 当好表率。

家长想让孩子喜欢读书，自己首先要热爱读书，做孩子的榜样。晚饭后，孩子写完作业，一家人可坐在一起，读一会儿书。读书时间不一定很长，低年级的孩子每天 10 分钟，中高年级的孩子每天 20 分钟足矣，关键是雷打不动地坚持。有条件的话，每个周末可举行一次家庭读书会，亲子共读一本书或一篇文章，然后共同讨论，畅谈收获。孩子体会到读书的乐趣，自然就爱读书了。坚持一段时间形成习惯，家长就不用操心了。

2. 激发孩子阅读兴趣。

对于低年级的孩子，可借助配有漂亮插图、与文字呼应的"桥梁书"，从亲子共读中激发孩子的阅读兴趣。对于不太喜欢读书的孩子，家长要进行巧妙引导。宋代文学家苏洵的做法值得借鉴：

苏洵的儿子苏轼、苏辙小时候非常顽皮，对读书没什么兴趣。苏洵是这样做的：每当孩子们玩耍打闹时，他就到书房里去读书，还时不时地发出哈哈大笑的声音。两个孩子非常惊讶：是什么事情能让父亲开怀大笑呢？当他们跑进书房想探个究竟时，苏洵赶紧把手里的书藏起来。两个儿子感到非常好奇，这书里到底有什么魔力呢？等到父亲出门后，苏轼和苏辙就赶紧把书"偷"出来看。渐渐地，兄弟俩爱上了读书，成了"小书虫"。

苏洵"欲擒故纵"的教子读书法收到了奇效。家长只要引导得法，孩子是会爱上读书的。

3. 教给孩子读书方法。

一是兴趣引路，由浅入深。先鼓励孩子从自己最喜欢的书读起，只要是内容健康的书，家长不要限制。对低年级的孩子，可引导其从图文并茂的"桥梁书"、童话、故事书读起，随着孩子年级升高、识字量增加和阅读能力的提高，再引导孩子读儿童文学、天文、历史、地理、自然、科普读物，到了高年级可以引导读名著。读名著最简单的方法就是先看视频，再读原著，相互印证，相得益彰。

二是手脑并用，突出实效。古人提倡"不动笔墨不读书"。对于一些知识性的书、文字优美的书、名著，家长可在指导孩子阅读时，引导孩子做好笔记、摘录（好词、好句），写读后感，加深理解。

三是读思结合，学会质疑。读书最大的收获，在于把书上的思想内容变成自己的东西。对于中高年级的孩子，家长可引导其读思结合，学会鉴别，知道书（或文章）为什么好？好在哪里？有什么问题？孩子把书读活了，其阅读能力、欣赏水平、鉴别能力自然就提高了

一个名叫马思齐的 11 岁女孩，阅读《西游记》时，发现了几百年来没人发现的问题：师徒四人无论是在大唐，还是到西域小国，吃的饭菜都是米饭、蘑菇、香蕈、木耳、豆腐、面筋、芋头、萝卜……几乎没有差别。这怎么可能？马思齐将自己的疑问写进了作文中，并进行了具体分析。

很多人看了她的这篇作文都竖起了大拇指。

帮孩子渡过作文关

孩子从一、二年级开始写片段，三年级开始写作文。写作文对许多孩子来说是一道坎，孩子着急，家长更着急。其实，只要家长指导到位，孩子写好作文并不是什么难事。

1. 多读书、勤动笔。

"读书破万卷，下笔如有神"。家长可在指导孩子读书时，让孩子

读写结合，摘抄文中的好词、重点句，畅谈读书（或文章）的体会，把体会、感想写下来；利用孩子爱模仿的特点，引导孩子读故事编故事，读童诗写童诗，读笑话编笑话，读日记写日记……孩子看得多，写得多，作文水平自然就提高了。

2. 善观察、多积累。

"巧妇难为无米之炊"。一些孩子之所以怕写作文，一个重要原因就是头脑里积累的素材太少，没东西可写。解决这个问题的关键是引导孩子注意观察事物，积累素材。孩子头脑中有了东西，写作文就不畏难了。

一是利用低年级孩子喜欢看图的特点，先引导孩子统观全图，对画面有一个总体的印象，再引导孩子观察图中人物和背景，尤其要观察人物的表情和动作等细节。孩子学会看图，明白了图画所表达的意思，再加上合理想象，写看图作文就不难了。

二是引导孩子观察家人、老师、同学、路人的容貌、神态、服饰等外貌特点以及语言、动作特点。不同个性、职业、年龄的人，有不同的外在表现，说出的话、做出的动作也不相同。孩子有了这方面的素材，再了解一些典型事例，写人就不难了。

三是引导孩子留意学校及社会上发生的趣事以及有意义的事，了解事情发生的时间、地点、人物、起因、过程和结果。孩子通过观察，积累一定数量的"事件"素材，就不怕写记事作文了。

四是引导孩子采用视、听、触、嗅等方式来感知事物，学会从生活中，多角度观察物体的外形特点和内在组成部分的特点，有利于写好状物作文。

五是利用带孩子外出参观、旅游的机会，引导孩子多角度观察景物。按景物的空间顺序来观察，如前、后、左、右，上、下、远、近等；按时间顺序来观察，如一天之内的早、中、晚，一年内的春、夏、秋、冬等。通过观察、写观察日记，再写游记类的作文就不难了。

六是积累素材。孩子到了高年级开始学写议论文，家长可引导孩子在读书时，重点积累一些名人名言，以及反映爱国、感恩、勤奋、毅力、包容、诚信、责任等方面的典故、实例，这样写好议论文就不愁论据了，且到初中以后依然有用。

3. 放飞孩子的想象。

喜欢幻想是小学孩子的特点，他们心中有着无数的奇思妙想，有些虽然远离现实，却是孩子智慧的火花。家长要细心呵护，并通过脑筋急转弯、开放性问题、畅谈未来等形式好好加以培养。孩子的想象力丰富了，思路打开了，再写想象类的作文，如《10年后的我》等，就不难了。

4. 多鼓励、多引导。

一般来说，小学阶段孩子写作文要经历一个由口说到笔写、由片段到成文、由平淡到出彩的过程。一开始孩子识字少，可鼓励孩子放开说，家长帮孩子记录下来；慢慢地孩子识字多了，家长再鼓励孩子把说的内容整理出来，完成由说到写的转变。孩子的作文，哪怕中间只有一两句话写得比较好，也应及时鼓励。

训练孩子写作文，先让孩子从自己喜欢的事情开始，比如把有趣的事情记在日记上，还可以编故事、写儿歌。一开始，孩子写的作文不生动不要紧，关键是引导孩子打开思路，有东西写。孩子作文写好后，可和孩子一起讨论修改。慢慢地，孩子就会写作文了。随着年级升高，孩子看的书多了，积累的好词、成语、好句多了，再学习掌握一些修辞手法，作文自然就生动了。

❷ 把握好"关键节点"

孩子在整个小学阶段，面临着三个"关键节点"：一个是一年级，一个是三年级，一个是六年级。"关键节点"就是转折点。教育引导得好，孩子就会顺利发展，一路优秀，甚至可以弯道超车，后进变先进；如果教育引导得不好，孩子的发展就会磕磕碰碰，一路坎坷。做家长的要采取行之有效的办法引导孩子顺利度过这三个"关键节点"。

一年级：转好弯，起好步

一年级是基础中的基础，对以后的发展意义重大。家长一定要在孩子即将入学时举行一个一年级"升学仪式"，帮孩子完成角色转换，让孩子意识到自己不再是幼儿园的小朋友，而是一名小学生了。孩子入学后，家长要积极配合学校、配合班主任，搞好孩子的培养教育。

1. 转好"两道弯"。

一是转好生活节律弯。孩子在幼儿园是一种生活节律，放假回家是一种生活节律。如果这些节律与小学生活节律不一致，就要在孩子入学前后尽快调整。清华附小校长窦桂梅讲过一个例子：一个一年级的孩子，每天要睡到自然醒。学校是早上 8 点正式上课，他总是 9 点之后才到校，这怎么行呢？

转好生活节律弯的最好办法是家长和孩子一起制订一个作息时间表，督导孩子严格遵守，按时起床、学习、锻炼、进餐和睡眠。只有这样，孩子才能学习时注意力集中，锻炼、劳动时精力充沛，活动时活泼愉快，睡眠时安然入睡，起床时自然醒来。作息时间表先由家长监督执行，形成习惯后由孩子自觉执行，保证孩子顺利完成从幼儿园到小学的过渡。

二是转好学习方式弯。孩子在幼儿园，以游戏方式学习，虽然老师也讲课，但时间短，没有作业要求。到了一年级，便以课堂讲授为主，每天还有作业。这就要求家长在孩子入学前后，培养孩子的"课堂意识"，引导孩子把兴趣点从重学习形式转向重学习内容；利用孩子"爱问"的特点，引导孩子从幼儿园的听、说，转到一年级的听、说（回答问题）、读、写、记（背）、算，把语文的课文、字词，英语的课文、单词背下来，把生字、单词默写下来；用比较、算账等形式，教孩子学会数学运算；通过"看谁坐的时间长"游戏，训练孩子在课堂上集中注意力，圆满完成听课任务。

2. 用好"四个助推器"。

一是激发学习兴趣。利用孩子对小学的好奇心、新鲜感以及兴趣广泛、爱好多样的特点，培养孩子对读、写、算的兴趣。孩子有了兴趣，不用家长催促自己就知道好好学习了。

二是树立榜样。利用孩子喜欢表现自己、展示自己的特点，给孩子选一个榜样，鼓励孩子向榜样看齐。榜样既可以是孩子心目中的偶像，也可以是家长自己。孩子心中有了榜样，就有了模仿对象，自然就会向好好学习的方向努力了。

三是多欣赏、多鼓励。一年级的孩子学习动机很大程度上来自外部。家长要把眼光放在孩子的优点和进步上，多鼓励、多肯定，不要把眼睛盯在孩子的缺点上。孩子经常受到鼓励，就会自信阳光，不断进步。

四是建立奖励保障。家长可与孩子一起制订"积极行为表"。凡是孩子按要求做到的，奖励一颗小红星，表现突出的奖励两颗小红星，贴在"积极行为表"上，定期评定总结。5 颗小红星换一面小红旗，得 5 面小红旗，可以获得一次物质奖励。除了奖励还要制订一定的惩罚措施，通过奖惩，有效保证孩子不断学好向善。

三年级：上台阶，不掉队

三年级是道坎。细心的家长就会发现，孩子上一、二年级时，很容易考高分，考 90 多分不是难事，但是到了三年级，就很难再上 90 分了。为什么会这样呢？因为孩子到了三年级，学习开始由被动向主动转变。转得好，就会顺利跨上新台阶，进入"第一方阵"；转不好，就会落后掉队，到了四年级就会被甩在后面。所以，家长要根据孩子的身心特点，给孩子切实有效的帮助和引导。

1. 增强学习的主动性。

孩子进入三年级后，学习难度增加，娱乐时间变少，容易产生疲倦感，且孩子年龄还小，生长环境太顺，不太明白学习的意义，怕吃苦，不愿主动学习，容易产生"惰性"。还有的孩子自控力差，学习不踏实，致使成绩时好时坏，变得浮躁不安。这就需要家长和孩子一起制定目标。

先指定通过一两周努力就可达到的近期目标，附带奖励措施。当孩子取得了进步，哪怕是微小的进步，家长都要表示祝贺，给予必要的奖励；当孩子表现不佳时，家长要多鼓励，相信孩子能行。一个目标达成后，再制定一个新的目标。当孩子有了信心之后，可以与孩子共同畅想未来，共同制定中期目标（一年目标）、远期目标（理想），并引导孩子把学习和理想联系起来。孩子有了理想，就会产生持久的学习动力。

2. 养成良好的学习习惯。

如果孩子在一、二年级学习习惯没养好，这时培养也不迟。孩子有了好习惯，就有了主动学习、持续进步的保证。

3. 勤于思考，勇于探索。

孩子进入三年级后，考试不光考课本上的知识，还考课外知识。孩子在语文学习中，最头疼的就是阅读理解，除了对字、词、句的把握，还有对文意的理解，学会归纳段落大意。这对习惯于死记硬背的孩子来讲是有一定困难的。孩子如果平时缺乏自主探索训练，坐等老师讲答案，时间一长，阅读理解能力就会变差，成绩也会逐步下降。

同样的情况也出现在数学中，除了基础知识练习题，还有一些与日常生活密切相关的开放性题目。孩子如果缺乏钻研精神，一遇到稍难的题目就自动放弃，或等着老师、家长辅导，就会变得越来越懒，与成绩优异的学生的差距越来越大。

这时，家长如果唠叨、批评、打骂，就会导致孩子厌学。正确的做法是，鼓励孩子树立信心，让孩子明白，只要开动脑筋多想就会解决问题。在学习中遇到困难是再正常不过的事情，成绩优异的学生也有不会做的题，实在不会的，问老师、问家长就行了。

有辅导能力的家长可教给孩子科学的学习方法，告诉孩子"万变不离其宗"，难题不过是基础知识的变形，只要学会举一反三，灵活运用，就能将难题转变为做过的、熟悉的题目。家长辅导孩子的时候，不要直接将答案告诉孩子，而应有意识地将题目分成几个步骤，降低难度，引导孩子积极思考，一步步完成，让孩子不断从成功中获得满足感、成就感。

4. 提高读书效率。

有的孩子之所以在三年级时学习成绩下降，一个重要原因是一、二年级时读书少，读书质量不高，没有真正体会到读书的乐趣。解决这个问题的有效办法，就是创设一个阅读环境，亲子一起阅读。

需要注意的是，一开始读书不要贪多，要少而精。为防止"走马观花"，家长可与孩子共读一本书，共同讨论书中的问题，指导孩子做读书笔记，摘抄好词好句。孩子真正钻进去了，就会体会到读书的乐趣，就会越读越想读。积累的知识多了，再做阅读理解题、写作文，就不感到畏难了。

六年级：收好尾，备升学

六年级是一个特殊的级段。孩子面临着童年期的结束，青春期的开始，情绪开始由稳定期逐步进入叛逆期。从孩子的学业发展来说，又到了一个承上启下的阶段，家长所能教给孩子的知识已经不多了。作为家长，教育引导的重点应有所变化。

1. 引导孩子圆满完成学业。

孩子到了六年级，家长在生活上要有边界意识，避免对孩子过度保护，要培养孩子的自主、自立意识；应尊重孩子，给孩子足够的心理空间，不能像以前那样时时陪伴了；要让孩子明白，马上上中学了，自己的生活需要自己管理，不能再事事依赖家长了。

在学业上，家长也不要再像从前那样，经常过问课业细节，而应逐步放手，在孩子犯懒时提醒他，遇到挫折时鼓励他。对孩子实在解决不了的问题，让他请教老师。到六年级下学期，要让孩子好好把课业梳理一下，把没有完成的学习任务抓紧完成。比如，没有掌握的语文、数学、外语知识，在最后一学期抓紧补齐，不留短板；没有读完的书，利用最后一个学期抓紧读完，不留遗憾。

2. 为升初中做好准备。

一是心理准备。家长可在孩子小学毕业时，举行一个"毕业仪式"，告诉孩子小学的学业已经完成，即将开始全新的初中生活；利用周末或假期，带孩子参观一下初中校园，直观感受一下学校的氛围；可请亲戚、朋友、邻居家的初中学生，介绍一下初中生活，让孩子提前有一点心理准备。有些孩子在小学时各方面表现都很好，到了初中一下子不适应了，其中一个重要原因就是缺乏心理准备。家长可告诫孩子，上了初中，虽然学习难度增加，学习任务加重，但只要有信心，有良好的学习习惯，掌握正确的学习方法，很快就会适应的。孩子有了心理准备，就会顺利完成角色转换，不会担心害怕了。

二是知识准备。有一些跟初中学习相关的知识，可以让孩子提前做些准备。比如，语文课的古诗、古文、议论文，到了初中会加大分量，家长可鼓励孩子把小学学的古诗文复习一遍，了然于胸，可能的话，再多背诵一些古诗文，有意识地练练写议论文。这样到了初中就主动了。数学课，可以让孩子把一些定律（加法结合律、乘法分配律等）、分数化简、几何应用题、典型应用题（行程问题、盈亏问题、面积问题、列方程问题等）重点复习一下，再简单给孩子介绍一下正负数所表达的意义，确保孩子顺利与初一数学接轨。英语课，鼓励孩子把所学的单词、词组、语法点系统复习一下，力争系统掌握，减轻初一英语学习的压力。如果孩子乐意的话，还可以简单给孩子介绍一下物理、化学、生物、地理是怎么回事，以及学好这些科目的愿景，让孩子提前了解，增强学习的信心。

三是能力准备。家长可利用最后一年抓紧提高孩子的学习能力，像分析综合能力、解决实际问题的能力、写作议论文的能力、探究学习的能力等。孩子学习能力提升了，到了初中就不觉得难了。

四是习惯准备。好的学习习惯是顺利适应初中生活的保证。如果孩子六年级之前学习习惯没有养好，家长利用六年级的时间，教育引导孩子养成良好的学习习惯，像课前预习的习惯、上课认真记笔记的习惯、课后及时复习的习惯、认真写作业的习惯、定期总结归纳的习惯等。孩子有了好习惯，就会顺利度过初一的学习、生活不适应期，走上健康发展的轨道。

中学时期巧点拨

中学涵盖初中、高中两个学段。中学的孩子，年龄一般在十一二岁到十八九岁之间，正处于青春发育期，也是家长最头痛、最无奈的时期。如何引导孩子平稳度过中学阶段，考验着家长的智慧。我觉得，家长对中学孩子的教育，重点在于巧妙点拨。

❷ 平稳跨过"两道坎"

孩子在中学阶段，面临两道绕不过去的"坎"：新的学习生活和青春期。跨好了，一路顺利；跨不好，就会出现这样那样的问题。做家长的，一定要搞好教育引导，帮孩子顺利跨过这"两道坎"，走进崭新的天地。

尽快度过"不适应期"

1. 尽快适应新的生活、学习节奏。

孩子无论是从小学升入初中，还是从初中升入高中，都是一个全新的开始，预示着生活节奏的改变。一般来说，孩子从小学升入初中后，在校学习时间会延长，生活节奏会加快。对于升入高一的孩子来讲，早出晚归会成为常态，还可能面临着离开家庭，住校过独立生活的考验。这时，需要家长搞好教育引导。

一是转变生活节奏。家长要引导孩子改变小学、初中时的作息习惯，尽快适应初中、高中生活的节奏。有的孩子之所以不能很快适应新的学校生活，一个重要原因就是生活节奏没调整好。

二是搞好自我管理。孩子上了初中、高中，自我意识和"成人感"增强，喜欢自己的事情自己做。家长可利用这一点，放开手脚，让孩子自己掌握作息时间，自己整理内务，自己洗内衣、打扫房间卫生，有空帮家长干一点家务；让孩子自己骑自行车或乘公交车上学，不要再像小学生那样天天接送了。

三是提升独立生活能力。对于住校的孩子，家长要教会其合理安排自己的生活，安排好日常起居，保持好个人卫生、宿舍卫生，自己洗衣服、购买必需的生活用品。生活的历练有助于孩子适应环境，提升生活能力，逐渐走向成熟。

2. 适应学习方式的变化。

学习是中学孩子的第一要务。对于中学的孩子，多数家长已无力再进行功课辅导。家长所能做的，就是密切配合学校，给孩子以学习方法上的指导。

一是做好心理定位和知识定位。为什么一些小学、初中优秀的孩子，到了初中、高中成绩会下降，甚至出现厌学的情况呢？一个重要原因，是孩子的"定位"还停留在原有学段。所以，家长可在孩子正式进入初一、高一前夕，带孩子参观一下学校，对学校有一个感性认识；带孩子走访亲戚朋友家初中、高中的孩子，或初中、高中的老师，让他们给孩子介绍一下初一、高一的注意事项，做到心中有数；提前到书店买，或从熟人那里借一些初一、高一教材，让孩子先浏览、熟悉一下。如果孩子不反对，提前上一段衔接班也是一个不错的选择。

二是制订学习计划。孩子无论初中还是高中，涉及的科目都比较多，每一门学科都需要认真对待。这就需要指导孩子制订一个科学合理的学习计划，按照计划扎扎实实地完成。

三是优化学习流程。引导孩子做到提前预习，认真听讲、记笔记，在搞好复习的基础上，认真完成作业，及时总结，不要欠账。各科都要准备一个总结本，及时汇总重点、易错点、解题思路方法等；准备一个错题本，把做错的作业题、考试题记在上面，在订正的基础上经常翻看。

四是"思问结合"。为什么有些孩子课堂上听懂了，作业不会做？这是因为中学的学习方式发生了变化，一道题往往涉及多个知识点，只有透彻理解才能准确掌握，高质量完成作业。所以，家长要告诫孩子，在听课、复习、做作业时一定要多思考，不仅要明白"是什么"，更要搞清楚"为什么"，对定理、公式，要学会证明推导，以便加深理解，系统掌握；要善问，一边学、一边问，凡是不会的或理解不透的，及时记下来，抽空问老师，不留知识死角。

平稳度过青春期

孩子从十一二岁开始，逐步进入青春期，只是有的孩子来得早一些，有的孩子来得晚一些。青春期是中学孩子必经的一个阶段。家长引导得好，孩子平稳过关；引导不好，孩子容易出现逆反、早恋，甚至出现心理问题。家长要做的，是密切关注孩子心理和行为的变化，及时做好教育引导。

1. 唤起内心向善向上的力量。

一是树立人生梦想。家长可利用孩子喜欢"追星"、好胜心强的特点，引导孩子读一些人物传记，了解书中人物、明星的成长经历，从榜样身上汲取向上的力量，树立人生理想。对于盲目"追星"的孩子，家长可从实际出发，适时加以引导，让孩子明白，"追星"是为了引领自己前行，而不是活在别人的世界里，一定要拥抱属于自己的梦想，并为实现梦想而不懈努力。孩子有了梦想，就会把精力和注意力转移到学习、锻炼等有益的事情上来。

二是正"三观"。中学阶段是孩子"世界观、人生观、价值观"形成的关键时期，也是孩子道德理想、道德信念、伦理观念、责任感形成的最佳时期。只是此时孩子的道德认知尚不成熟，对榜样人物的模仿常带有表面性，甚至对其不良行为习惯（如抽烟、喝酒）、不文明的言谈方式也加以模仿。因此，家长要按照《中学生守则》的要求引导孩子正"三观"，正确看待社会，正确看待人生，树立家国情怀；引导孩子学会感恩，在家知道感恩父母和家人的辛勤付出，在社会上知道感恩帮助、支持自己的人。孩子知恩感恩，才能走得长远。

三是培养责任感。家长一方面教育引导孩子学习之余，参与一些家庭事务，培养孩子的家庭责任感。有的家长怕孩子分心影响学习，就把孩子与家庭事务、人情往来隔开。这样做看似没影响孩子，却不利于孩子的成长与成熟。另一方面，教育引导孩子，在学校里尊重老师，积极参加各类活动，处理好与同学的关系；在社会上，知道尊老爱幼，"勿以善小而不为"，积善成德，知道在不同的场合，扮演好不同的角色，承担起不同的责任。

2. 减缓逆反心理。

进入青春期的孩子，开始追求个人自主，挑战父母、老师的权威，容易形成逆反心理。家长此时可转变教育方式，巧妙引领孩子度过叛逆期。

一是营造亲子沟通的民主氛围。家长要放下身段，用平等的态度与孩子沟通。孩子感受到家长是爱自己的，自然就会接受家长的教育，把家长的要求落实到行动中去。

二是多关心，少指责。当发现和孩子说话，孩子表现出不耐烦、想顶撞时，说明孩子开始出现逆反征兆，此时家长要多多理解、包容孩子，不要批评唠叨，尤其不要过度关注孩子的考试成绩，给孩子加压，而应给孩子减压。我认识的一个家长就很明智，在儿子处于逆反期时，他从不主动找孩子说话，全家人各忙各的事，任由孩子自己安排自己的学习、起居。到了初二下学期，儿子主动来和父母交谈，谈学校里的事情，说自己的打算。他知道，儿子顺利度过了叛逆期。

三是多抚慰，巧点化。青春期对孩子来说，是一个"脱胎换骨"的过程，常常身不由己。所以，家长不能简单地用"听话""不听话"来要求孩子，而应理解孩子，体谅孩子。当孩子感到无助时，给他送上心理抚慰；当孩子遇到困惑、不解时，适时给予点化，让孩子明白，家庭是讲感情的地方，有问题可以协商，不能只顾自己，动辄争吵，伤了与家人的感情，得不偿失。

四是寻求老师的帮助。处于逆反期的孩子，不听家长的话，不愿与家长交流。此时，家长可及时与老师，尤其是班主任沟通，了解孩子在学校的情况，把孩子在家的情况、家长的想法告诉老师，通过老师的教育引导，帮孩子平稳度过逆反期。

3. 稳情绪，防冲动。

青春期的孩子虽身体发育很快，但心智仍不成熟，缺乏行为判断能力和法纪观念，容易听信"朋友"蛊惑，把冒险当勇敢，把轻率当果断，把不守纪律当成英雄行为，喜欢逞强好胜，草率行事。作为家长，一定要在孩子的青春期到来之前，或青春期刚刚开始的时候对孩子进行教育引导。

一是守好法纪底线。由于中学生法纪意识薄弱，遇事不冷静，不顾后果，容易干傻事。做家长的，要教育孩子增强法纪意识，明确自己应该做什么，不应该怎么做，可以做什么，不可以做什么，有所为，有所不为；知道社会规则不能违反，法律底线不能触碰，形成"守法光荣，违法可耻"的观念，依法规范自己的行为；学会通过法律途径，合理表达自己的诉求与愿望。

二是慎重交友，防止走上邪路。一些中学生之所以走上违法犯罪的道路，就在于交友不慎。处于青春期的孩子，尤其是初中生，辨别是非能力差，容易轻信盲从，如果孩子交了坏朋友，很容易出事。所以，家长要教育孩子慎重交友，多交志同道合的良友、能帮助自己的益友、给自己提建议和意见的诤友，不交带自己吃喝玩乐的坏友和教自己学坏的损友。

4. 处理好与异性同学的关系。

孩子进入青春期，性意识萌芽，开始进入"性饥饿期"，渴望了解异性，希望引起异性的注意。如果教育引导不当，男女生的交往就可能超出同学情谊，出现早恋。这就要求家长搞好教育引导。

一是正确与异性同学相处。引导孩子把握分寸，自然大方地交往，做到内心坦荡、言谈得当、举止得体；保持社交距离，不可走得太近，不可过分亲密。女孩不可私自和男生外出，不可长时间单独和男生待在一起。

二是不要随便怀疑孩子"谈恋爱"。我一个熟人的女儿和一个男生本来只是普通的朋友，结果因为一次不期而遇的单独接触，被妈妈发现，受到盘查和批评，结果两个人越走越近，弄假成真，成了"恋人"。这启示我们的家长，捕风捉影地盘查、不信任地批评、窥探孩子的隐私、忧心忡忡地唠叨提醒，只会起到推波助澜的作用。

三是理智处理青春期的朦胧情感。孩子有时会收到求爱信，或真的在谈恋爱。此时，家长不要惊慌，一定要理智对待，巧妙化解。

有一个漂亮的初三女孩被班上一个帅气男孩吸引，暗生情愫，开始恋爱，影响了学习。女孩的妈妈看在眼里，急在心里。但这个明智的妈妈没有盘问、批评，而是借助"五一"到公园赏花的机会，告诉女儿，这几朵花很漂亮，那边的花更漂亮，如果我们在这里止步，就看不到更漂亮的花了，岂不遗憾？聪明的女儿马上明白了妈妈的用意，对妈妈说"我会处理好的"。随后，她主动和男孩疏远，结束了短暂的"恋情"。

对于高中阶段谈恋爱的孩子，家长可告诉孩子，现在谈恋爱谈也谈不好，学也学不好，影响学业，倒不如先放一放。你要真正爱对方，就把爱埋在心底，等上了大学，再好好谈。这样说，孩子一般是能够接受的。

四是守住性道德与性底线。现在一些孩子受到"性自由""性解放"等偏差性观念影响，或受到黄色图书、音像制品诱惑，出现性越轨，或走上性犯罪的道路。所以，家长要以恰当的方式，对青春期的子女进行性知识、性道德教育，提高孩子的性道德观念，预防越轨犯罪。

5. 及时化解心理矛盾。

据调查，在10—17岁的青少年中，大约有11%的孩子出现了心理健康问题。这应引起家长的重视与警惕。当孩子丧失参加活动的主动性，不愿与人交往，学习成绩明显下降，精神状态变差，说明孩子可能出现了心理问题。此时，家长千万不要唠叨、批评、指责，尤其不要逼孩子必须考上重点高中、"985""211"名校。一些孩子离家出走、自杀的悲剧皆源于此。正确的做法是及时疏导：让孩子通过自我宣泄，消除负面情绪；通过心理暗示等方法，进行自我调节；通过参加活动、旅游，放松自己；通过发展兴趣爱好，转移注意力。如果孩子的心理问题比较严重，可寻求心理医生帮助。孩子只有心理健康，才能顺利发展。

❷ 调整状态不掉队

孩子进入初二（或高二），便开始重新"洗牌"，出现"两极分化"。正所谓"几家欢喜几家愁"。做家长的，焦急没用，但也不是无能为力，只要教育引导得法，孩子是会顺利发展的。

树信心　稳心态

中学时期是一个充满竞争的时期，如学习竞争、考试排名竞争，升学竞争等等。对于内心强大的孩子来讲，竞争是一种推动力；而对于内心脆弱的孩子来讲，竞争则是前进路上的拦路虎。这就需要家长搞好教育引导。

1. 树立信心，超越自我。

一是树立自信心。争强好胜、不服输是当今中学生的心理特点。家长可充分利用孩子的这一特点，激励孩子树立必胜的信心，不断超越自我。孩子有了自信心，就有了热情，有了积极参与竞争的动力，有了战胜困难的精神保障。

二是合理设定目标。孩子刚上初一（或高一）时的雄心壮志，会随着时间的推移、竞争的加剧而不断淡化，乃至消逝。这就需要家长抓住孩子充满理想、自信心十足的大好时机，引导孩子从自身实际出发，自设目标，不断挑战自我，战胜自我。孩子有了前行的目标和不断进取的激情，就会不断前进。

三是将目标付诸行动。目标要靠行动去落实，并在行动中得以实现。家长可通过孩子良好学习习惯的养成、良好心态的调适，引导孩子努力落实一个个目标，不断体验成功的喜悦，始终保持昂扬向上的精神状态。

2. 调整心态，迎头赶上。

成功学研究表明，只要是一个智力正常的中学生都有考上知名高中、名牌大学的潜能。对于中等生，尤其是差生来讲，最可怕的敌人是自暴自弃，自己觉得自己不行。作为家长，要帮孩子调整心态，点燃孩子进取的热情。方法很简单：与孩子一起坐下来，平心静气地认真分析原因，对症施策，让孩子搞清楚自己的目标是什么，不要管别人，别人第一第二跟你没关系，别人倒数第一第二跟你也没关系。重要的是自己和自己比，看自己是否真正努力了。孩子只要鼓足勇气，找到努力的方向，就会不断挖掘自身潜能，不断从赶超中享受到成功的喜悦，变成一个优秀生。

3. 直面困难，学会坚强。

对于中学生来说，苦难和挫折是最好的大学。一个智力超群的孩子，如果怕吃苦，经受不了困难和挫折的打击，照样无法取得优异的成绩；相反，一个智力平平的孩子，只要具有良好的心态和坚忍的毅力，不惧怕困难，照样可以把学习搞好。

人大附中副校长王金战当年读高中时，全班50个学生，他的成绩排在40名以后。大家都不看好他，他下定决心，一定要考上大学！每天晚上别人都回宿舍休息了，他就提着煤油灯到菜窖里学习，一学学到半夜，苦读三个月，成为班上唯一考上大学的学生，创造了差生逆袭的奇迹。

想想看，能把自己关进地窖里，不顾一切地苦学，孩子要是进入这种状态，可以说是无坚不摧。我敢说，每一个进入这种状态的孩子，都有可能考进知名高中、名牌大学。作为家长，我们要有意识地培养孩子战胜困难、不怕失败的意志品质。对于中等生和差生来说，尤其需要如此。

4. 放下包袱，轻装上阵。

孩子由于心智不成熟，内心还不够强大，常常承受不住学习的压力与考试的失利，尤其是在顺境和溺爱中长大的孩子，内心比较脆弱，一些在大人看来不起眼的困难和挫折，就可能成为压垮孩子的最后一根稻草。所以，家长要用耐心，疏导好孩子的压力。

有一个初二女生期中考试考砸了，心情很糟。妈妈听说后微微一笑说："没啥了不起，回头好好总结一下就是了。这次没考好，也许是好事，知道自己哪些知识掌握得不牢，还能及时补救。要是这次没发现，等到中考再出错，就麻烦了，你说是不是？走，帮妈妈择菜，做饭去。"妈妈一席话宽慰了女儿的心，也化解了女儿的心结。

孩子在困难的时候，最渴望得到家长的理解与鼓励。做家长的，要善于在孩子考试失利时，不断给孩子送去慰藉，送去前进的力量。家长首先要做的，不是说教，而是倾听。孩子只要把憋在心里的话说出来，心理负担就减轻了。

讲方法　重效率

对中学的孩子来讲，学习方法非常重要。很多时候，孩子学习的好坏并不取决于个人智力，而取决于其学习方法的优劣、学习效率的高低。作为家长，要密切配合老师，给孩子以学习方法上的指导，引导孩子学会学习。

1. 科学安排课余时间。

交叉学习效率高。家长可让孩子学会交叉安排课余时间，做到文理学科交叉、学习休息交叉，达到时间利用效率最大化。早晨、睡觉前是阅读课文、外语、背公式、记定理的最佳时光。下午四五点钟，做题效率最高，可选择综合性比较强、难度较大的题目做；累了，活动活动或看看别的内容，换换脑子。晚自习重点搞好当天的复习、巩固，在完成作业的基础上做好第二天课程的预习。对于单词、古诗词、文言文、精美语句、公式、定理等，最好在睡觉前过一遍"电影"，早晨起来再抓紧回忆一遍；对各科内容的学习，要做到节节清、章章清，每周小结回顾一次。有问题及时解决，不能拖，否则，账越欠越多，就会掉队。一旦掉队，想再赶上去是非常困难的。家长需要提醒孩子的是，一定要把功夫下在平时，切忌平时马马虎虎，"临时抱佛脚"。

2. 提高学习效率。

中国工程院院士王辰在央视《开讲啦》节目中谈道："人生最大的浪费就是不思考。"家长应提醒孩子，学习是你自己的事情，认真不认真，得到的结果是不一样的。搞好学习的秘诀就在于认真思考，理解透彻，融会贯通；写作业要尽量做到快速高效，遇到不会的题记下来，找时间去问老师，不要钻牛角尖，磨蹭、拖延只会耽误宝贵的时间。尤其需要注意的是，不要一边写作业，一边看答案。有的孩子喜欢在写作业的时候照着答案写，还美其名曰"找灵感"。他们虽然作业完成了，但知识并没有真正掌握，一到考试就抓瞎。还有的孩子喜欢用拍照搜题类的软件，遇到不会的题，拍一下答案就出来了。这和抄作业没什么两样，完全是自欺欺人。

3. 找到适合自己的学习方法。

一是多管齐下。教孩子在学习的过程中，做到眼到、耳到、口到、心到、手到。心理学实验表明，如果单用眼去看，只能记住学习内容的50%；眼看和口读结合，能记住70%；眼看、口读和手写结合，能记住80%。

二是及时复习，善于总结。艾宾浩斯遗忘曲线告诉我们，学习内容的遗忘是先快后慢。所以，家长要告诫孩子及时复习，及时消化吸收，及时回顾，经常温习，减少记忆流失。

学习的过程是"由薄到厚"的过程，提高学习效果的有效方法是及时整理。家长可指导孩子按章节绘制"知识树"，把相关内容串起来，形成一个知识系统，不要遗漏一个知识点；对于易混淆的知识，可用列表比较的方法，突出差异，便于准确记忆；对于老师强调的重点、难点、易考点、易错点，可在透彻理解的基础上，进行归纳总结，经常温习，记住要点；在平时的学习中，要善于积累，注意积累各类典型题、重点题、作文素材，构建完整的知识体系。

当然，每个孩子的情况都不一样，适合孩子自己的方法，才是最有效率的方法，这就需要家长指导孩子量身定制适合自己的方法，别人的方法仅供参考。

看未来 谋长远

对初二、高二的孩子来说，不仅仅是每天上课、听讲、做作业那么简单，还面临着与升学及未来发展密切相关的一系列问题，需要家长重视，引导孩子做好。

1. 促进均衡发展。

对于一些初中、高中的孩子来讲，常见的问题就是偏科，喜欢的课程学得很好，不喜欢的课程一塌糊涂。有些孩子每天花费大量的时间去做一些简单的题，却不愿把时间花在自己薄弱的学科上，致使总体成绩不高。

就中学生的学业要求而言，各门功课都及格方能毕业；从升学录取来看，中考、高考录取是看总成绩，而不是看单科成绩。这对偏科的孩子来说，是一个严峻的考验，需要家长引导孩子采取切实可行的措施，把薄弱的学科补上，达到均衡发展，最起码也要达到及格的水平。

2. 发展中心兴趣。

家长要引导孩子处理好课内学习与兴趣、特长（音乐、绘画、书法、体育等）的关系，即便不学这些专业，也不要丢。一是作为业余爱好及疲劳调节剂。许多名人都有业余爱好，袁隆平的小提琴拉得很棒，歌也唱得很好。二是以备将来之需。有的人，一开始学的不是自己感兴趣的专业，走上社会后又回归兴趣，开始新的事业之路，像鲁迅是学医的，后来成为大作家；朱明瑛是学建筑的，后来成了歌唱家。

🎵 升学备考有良策

孩子在中学阶段，面临着两次选拔考试：中考和高考。这是孩子接受正规教育之后，受到的两次最严苛的检验，需要家长助一把力，帮孩子完成中学阶段的最后冲刺，考取心仪的高中、大学。

善规划　巧复习

不管是初三还是高三，都是开花结果的时段。在这两个阶段，课程大部分都学完了，主要任务是复习备考。家长要做的，就是密切配合学校，帮助孩子有序完成备考。

1. 找准定位，有序备考。

初三、高三的孩子经过两年的学习，基本上可以清楚自己在年级、班级的位次，知道自己的相对优势与薄弱学科，以及各学科知识的掌握情况，需要和家长一起，在全面分析的基础上设定升学目标。

确定目标后，家长就要激励孩子发愤努力，发挥优势，补齐短板，一步一个脚印向着目标进发。当然，目标只是一个基本的努力方向，并非固定不变，中间还有很多变数。家长可让孩子根据自身实际适时做出调整。

2. 按照轮次，有序复习。

初三、高三的复习与之前的复习不同，不单是已学知识的回忆与巩固，更重要的是系统化地归纳整理，将三年学的知识有机联系起来，融会贯通，编织成一个立体化的知识网络。家长可引导孩子，分轮次做好系统复习，不断总结提高。

平心态　谐劳逸

1. 保持平常心。

随着中考、高考临近，孩子的思想压力加大，心理出现波动，表现为信心型、迷茫型、放弃型三种形式的分化。

信心型的孩子，有明确的目标和远大的理想，有浓厚的学习兴趣，学习能力强，基础扎实，方法得当，各科平衡发展，在历次考试中成绩稳定，对中考（高考）充满信心。对这样的孩子，家长要及时提醒：

天外有天，不可骄傲自满，"大意失荆州"。

迷茫型的孩子，渴望考入理想的学校，但由于基础不扎实，或学习方法不得当，成绩经常被动，导致情绪不稳：当成绩下降时，情绪消极；考试进步时，又充满斗志。对这样的孩子，家长要多鼓励，不施压。可告诉孩子中考（高考）没有"二模"难，要按照复习计划搞好复习，不要和别人比，只要尽力就行。

放弃型的孩子，基础太差或严重偏科，陷入"升学无望"的失落里，甚至自暴自弃，产生弃考的想法。对这样的孩子，家长应降低期望值，告诉孩子安心下来，只要尽力发挥，把会的做好就是胜利了。中考、高考只是人生的一次经历，不要以一次考试的得失成败论英雄，后面的路还很长，只要不放弃，照样有前途。

2. 舒缓心理压力。

在中考、高考前夕，每一个孩子都会有一些压力。尤其是初三的孩子，面对人生第一次大考——中考，容易出现焦虑，心神不宁。这就需要家长密切关注孩子的心理变化，及时做好情绪疏导工作。

一是家长自己要"淡定"。家长的"淡定"会给孩子带来心理安慰。遇到孩子急躁、发脾气，家长要多理解，多包容，必要时可以让孩子一个人冷静一下。反之，家长焦虑不安，批评指责，只会加重孩子的焦虑，有害无益。

二是采取"降温法"，转移孩子的注意力。孩子内心焦虑时，想学又学不进去，想睡又睡不着，自然复习效果不佳。家长不妨和老师配合，让孩子走出教室，进行体育锻炼，痛痛快快地放松放松，以恢复脑力，缓解焦虑。如果孩子睡不着，可让孩子做做呼吸练习，慢慢放松身体，缓解失眠，降低焦虑。除了体育锻炼，还可以让孩子听听音乐，看看电影、小说，到野外散散心。

多研究　慎选择

对于孩子参加中考的家长来说，需要综合分析研究各种情况，科学指导孩子报考适合自己的学校。如果孩子成绩在中等以上，就需要了解清楚孩子所在初中最近 3 年升入各类高中的人数，以及当年各高中的分配生名额，再根据孩子在级段的成绩位次与意愿选择报考适合孩子的高中。如果孩子成绩位于中上游，家庭经济状况尚可，又不愿参加国内的高考竞争，则可报考有国际合作班的学校，届时可直接申请国外大学，也是一个比较理想的选择。如果孩子成绩靠后，报考普通高中希望不大，不妨结合孩子的兴趣爱好，指导孩子报考喜欢的中专也是不错的选择。想继续升学，可在中专毕业时参加对口升学考试，前景说不定比直接升高中还要好。

对于参加高考的孩子来说，高考成绩出来后，面临多种选择。家长可根据孩子的高考成绩和兴趣爱好，科学指导孩子填报志愿，确保孩子读到心仪的大学或专业。

1. 摸清情况。

家长先要搞清楚孩子成绩在全省（市、自治区）的具体"位次"，以及各批次分数线，然后和孩子一起，认真研究过去 3 年录取"位次"和孩子"位次"相近的高校及专业，大概确定孩子可以读哪一类的大学（专业）。

2. 不放弃提前批志愿。

提前批包括军校、警校、体音美高校，以及普通高校中的某些特定专业。对于非体音美专业的孩子来讲，报提前批等于多一个机会，提前批录取不了，不影响后面正常志愿的录取。所以，家长不要轻视提前批志愿，只要符合条件，孩子愿意，就指导孩子填报。

3. 科学填报正常批次志愿。

一是按照"三点结合"原则，查找合适的高校（专业）。哪三点呢？第一点：孩子的兴趣爱好，即孩子喜欢什么，将来想干什么工作？第二点：孩子喜欢哪些城市，希望去哪里读书生活？第三点：孩子高考成绩在全省（市、自治区）的"位次"，能读一个什么样的高校？

现在高考录取实行平行志愿，比较科学合理。家长按照"三点结合"原则，和孩子一起商量，查找与"这三点"契合的高校（专业），了解这些高校（专业）当年的招生人数及前3年在本省（市、自治区）录取成绩"位次"，凡符合"选择条件"的高校（专业）都记下来。这一步的工作一定要认真细致，至少选择10所高校，每个高校至少选择7个专业，千万马虎不得。有许多孩子没有上到理想的大学，都与这一步工作做得不细有关。

二是按照"梯度"原则，完成志愿填报。所谓梯度原则，就是选择的学校（专业）要有从高到低三个梯度，人们形象地称之为"跳一跳，稳一稳，保一保"。"跳一跳"，就是选两个前3年录取平均"位次"略高于孩子实际"位次"的高校（专业），放在第一、第二志愿，录取了说明运气好，录取不了不影响后面志愿录取；"稳一稳"，就是选两个前3年平均录取"位次"与孩子实际"位次"接近的高校（专业），放在第三、第四志愿，正常情况下，录取希望比较大；"保一保"，就是选两个前3年平均录取"位次"低于孩子实际"位次"的高校（专业），放在第五、第六志愿，确保孩子不落榜。

填报志愿最忌讳不从实际出发，胡报乱报。有的孩子志愿报得奇高，导致落榜；有的孩子报得过低，错失理想的大学；有的孩子报的志愿没有梯度，第一志愿分不够录取不了，后面的志愿同样不能录取，白白失去良机；还有的孩子比较任性，只报一个志愿，如果录取不了，就落榜了。需要注意的是，千万不要寄希望于补报志愿，因为最后剩下的都是不理想的高校和专业。

谋长远　看未来

随着中考、高考尘埃落定，有的孩子踌躇满志，对未来充满期许；有的孩子因考得不理想，情绪低落。做家长的，不要想着中考、高考结束就没事了，还要做好善后工作。

1. 搞好考后心理疏导。

中考、高考结束后，家长一般都想让孩子出去散散心，好好放松一下。若孩子考得好，这是不错的安排；若孩子发挥失常，则会出现考后焦虑，每天坐卧不安，甚至出现想不开的情况。所以，家长要密切关注孩子的情绪状态，对于考得不理想的孩子，除了带孩子出去散心，还要做好孩子的情绪疏导，让孩子明白，今后的路还很长，这次没考好，到了高中或大学好好努力，照样有美好的前途。

2. 做好深造准备。

当孩子接到高中或大学的录取通知书，家长在欣喜之余，一方面要做好孩子入学前的物质准备，另一方面要做好孩子的精神引导，启迪孩子开启新的人生。对于即将升入高中孩子的家长来说，要尽早让孩子了解高中情况，可提前接触高一教材，做到心中有数。

对于行将步入大学校门的孩子家长来说，不要想着孩子升入大学就万事大吉了，还要做好教育启发，引导他们走好新的人生之路。最重要的，就是指导孩子澄清两种模糊认识：

一是考上大学就实现了人生梦想。持这种想法的孩子很多，似乎上了大学就不愁工作了，就可以成才了，然而事实并非如此。家长可告诫孩子，到大学除了学知识，还要在实践中学本领，认识社会，了解社会，顺利完成由"自然人"向"社会人"的华丽转身；进了大学如果不努力，照样找不到好工作，成不了才。

二是上大学没用。有的孩子可能会提出这样的疑问：既然上了大学也不一定能找到工作，那干吗还要拼命考大学呢？家长可告诫孩子，如果不上大学，要想成才就要付出比常人多几倍的努力。要想未来有一个好的前途，到了大学就要确立人生目标，做好职业规划，并为实现目标不懈努力。

高校时期多指导

孩子进了大学，恰似走到了人生的岔路口上，既有正道，也有歧途。所以对家长来说，孩子进了大学并非高枕无忧，而要通过电话、微信、书信等形式，经常与孩子沟通交流，引导孩子沿着成才之路稳步前行。

找准人生坐标

目标是鼓舞孩子迎接未来的希望。从孩子进入大学校门开始，家长应让孩子回答好三个事关学业、人生、成才的问题，即"我是谁""我来干什么""我要到哪里去"，有计划地指导孩子选准正确的人生目标。要让孩子明白，宝贵的学习时光就那么几年，没有目标，整天混日子，是不会有美好前途的。

做好职业规划

"机会总是青睐有准备的人"。对于想大学毕业后直接就业的孩子，家长可让其从所学专业实际出发，结合从业愿望和社会需求，做好职业规划，初步确定未来的职业方向，以便在毕业时能顺利找到一份理想的工作。

孩子准备得越早、越充分，成功就业的概率就越大。家长可指导孩子作规划，最好孩子在大二就能根据自身的专业情况、爱好特长，拿出一份"职业设计"，并在后面的学习中有针对性地积累和完善。否则，到了大三、大四再临时"抱佛脚"就晚了。做好职业规划需做好两点：

一要正确认识自己。现在有许多孩子，虽然是大学生了，但依旧悟不透"自己"：既不清楚自己的优势，也不知道自己的劣势；既不清楚自己需要什么，也不知道自己该向何处去。这就需要家长指导孩子在制订职业规划时，认清自己的优势、劣势，明确自己需要什么。

二是搞好职业角色定位。家长要让孩子搞清楚"我到哪里去？"想当公务员，就要搞好相关内容的系统学习；想去企业，就要学习企业管理、营销、财务方面的知识，经常到网上查找信息、了解相关企业的情况，有意识地进行实践锻炼；想创业，就要了解相关政策，学习企业管理方面的理论，通过到有关企业实习，积累经验。早着手，早起步，成功的概率就比别人大，也许毕业 5 年、10 年，再回过头看看，就懂得了现在的努力不会白费。

寻找发展目标

1. 继续深造。

针对打算保研、考研的孩子，家长应指导其选择方向，尽早开始准备；对于想出国深造的孩子，家长应让其努力学好外语，考雅思、托福，早点了解国家留学政策以及备选学校情况，早做准备。

2. 谋求新的发展。

有的孩子一开始学的专业可能不是自己喜欢的专业，想谋求新的发展。家长可指导其做好职业发展预案：一是抓住学校专业调整的机会，调到自己喜欢的专业。二是读双学位。不喜欢现有专业，又调整不了，可在完成现有专业学习的同时，根据自己的兴趣、爱好和特长，选读第二学位，下一步重点在第二学位发展。

找到成才目标

家长希望孩子成才，就应指导孩子放眼未来，确立终身为之奋斗的梦想。要让孩子明白，上大学、读研只是成才的起点，必须通过毕业之后的努力打拼，为社会做出贡献才算真正成才。孩子有了梦想，就不会患得患失，不会畏惧眼前的暂时困难、挫折甚至逆境。北大前校长王恩哥曾告诫大学生，要插上"两个翅膀"，一个叫理想，一个叫毅力。孩子有了这"两个翅膀"才能飞得高，飞得远。

1. 目标要有梯度。

现在一些孩子定的目标往往太大、太空，比如"我想很有钱""我想成为名人"等，离现实太远，不切实际。所以，家长要告诫孩子，确定目标，要从现实出发，由小而大，由近及远，既要思谋长远，更要脚踏实地，千万不能好高骛远。

当今社会正处于转型期，不确定因素增加，客观上增加了孩子确定人生目标的难度，需要孩子适时进行调整。对于读研究生和上名校的孩子，可鼓励其先打好基础，做好从普通工作干起，再谋求发展的心理准备；对于普通高校的孩子，可引导其根据实力和兴趣，或考研谋求学术发展，或提升动手能力，做好从基层干起，而后谋求发展进步的心理准备；对于读应用型本科或大专的孩子，可指导其在学好理论知识的同时，提升动手能力，做好从基层、从一线做起，然后在本行业发展成才的心理准备。

2. "两个理想"有机结合。

当今社会是多元社会，孩子面临多种选择、多种追求，但无论如何选择，一定要把自己的理想同社会理想结合起来，切忌不考虑社会实际及国家需要，把理想单纯建立在自己"成名成家"上。家长要指导孩子认真权衡、审视自己的理想，看自己的追求是不是和社会需要同步，如果是，就坚定不移地坚持下去；如果不是，就及时调整。

3. 积极付诸行动。

梦想的实现不可能一蹴而就，越是美好的未来，越需要付出艰辛的努力。家长要让孩子明白，幸福都是奋斗出来的。要成才就要靠自己的不懈努力，自己的路要自己走，自己的事要自己干。不管身处什么样的逆境，只要抱定远大理想，尽到最大努力定会有所作为。

❷ 让内心强大起来

孩子进入大学，不仅要顺利完成学业，更重要的是经过实践历练，让内心强大起来，为步入社会做好准备。家长除了督导孩子认真学习，还要指导孩子强化内心修炼，提升安身立命的强者品质。

练就真本领

当今社会是一个优胜劣汰的社会，没有真才实学，很难在社会上立足，未来也很难有大的发展与作为。所以，家长首先要做的，是结合自己的人生经历指导孩子练就真本领。

1. 提升学研能力。

一是学会读目录。书海无涯，精力有限。家长可指导孩子充分利用学校及院系图书馆，从图书索引读起，再通过比较，选取适合自己阅读的书籍。在查阅专业图书时，可先翻看目录、前言，为正文学习理出一个大致的线索，省时省力又有实效。

二是善于利用新资料。家长在指导孩子阅读精品图书的同时，多读一些最新的科学期刊、人文期刊、评论和文摘，以便了解、掌握相关专业的最新动向、最新成果，找到自己的研究方向。

三是巧用网络。现在网络非常方便快捷，有许多资料都可以在网上查到，省时省力。不过，网上信息真假难辨，需要指导孩子好好甄别。同时要注意学习的深度，避免肤浅的学习和碎片化的学习。

四是文理兼修。未来的社会不仅需要孩子成为"专才"，还要成为"通才"。就是说，学文科的孩子要修一些理科课程，学理科的孩子要修一些文科课程，因为文理是相通的。现在，有一些文科的孩子，对最新科技知识知之甚少；一些理工科的孩子对语文不重视，写的实验报告词不达意，文理不通，错别字很多。这对以后的发展不利，应引起家长重视，指导孩子文理兼修，做到既广博又专精，

五是提升实验操作能力。理工科知识学习与文史科知识学习有一个明显的差异，就是更侧重"验证性"。这就需要家长根据孩子的专业实际，引导孩子注重实验操作、设计规划能力的提升。这既是搞好学习的需要，更是成才的需要。

2. 提升表达能力。

表达能力对孩子未来发展至关重要。家长可指导孩子在大学期间利用各种机会，锻炼自己的表达能力。

一是提升口头表达能力。口头表达能力不仅是社会交往的需要，也是一些职业的内在要求，像主持人、新闻记者、营销人员、教师、律师、公务员等，都需要较强的口头表达能力。现在有的孩子不善言谈，不敢在众人面前讲话，经常会在集体活动中受到冷落，对未来的发展不利。家长可指导孩子，利用讨论、表演节目、参加社团活动、实习、参加辩论赛等机会，锻炼口头表达能力，充分展示自己，以便在就业面试时顺利过关，在未来有好的发展。

二是提升书面表达能力。孩子不管未来从事什么行业，都需要书面表达能力，许多单位都需要"笔杆子"。现在有些孩子，除了考试很少动笔，除了必须写的发言稿、论文，很少写东西，不利于提高写作能力。家长要督导孩子勤练笔、多练笔，最好各种文体都练练，像公文类的计划、总结、简报、报告、讲话稿等都要会写。这对未来发展大有益处。

3. 提升交往能力。

大学就是一个"小社会"，学会交际，对未来发展很重要。作为家长，要有意识地指导孩子拓展沟通渠道，提升交往能力。我认识的一位家长这样告诫孩子："先与老师和本宿舍、本班的同学处理好关系，再逐步扩大范围，多参加一些社团活动、志愿者服务及实习活动，做一些兼职，逐步尝试拓展和锻炼与他人沟通的能力。"只要多锻炼，孩子的交往能力就会得到提升，由交往外行变成交际能手。

4. 提升创新能力。

创新能力的大小，是社会衡量一个人能否成才的标准之一。家长要有意识地引导孩子提升创新能力。

一是多思多想，善抓灵感。"长期思考，偶然得之"。19 岁的伽利略看到吊灯随风有节律地摆动，悟出了"摆"的原理。捕捉灵感，往往是创造发明的第一步。家长要鼓励学理工科的孩子多思善想，有了灵感就穷追不舍，假以时日说不定就会有所成就。

二是善于运用发散思维。任何"发明""创造"都不是别人事先设计出来的，都是创新的结果。家长要鼓励孩子"不唯书""不唯师""不唯上"，敢于质疑，敢于提出新的观点、新的思路。作为家长，要让孩子明白，未来想有大的发展，有所建树，就要善于运用发散思维，多角度考虑问题，不要被"常规""正统"所束缚。

三是学会转换思维角度。学会运用辩证思维、逆向思维，知道从不同的角度思考问题、解决问题。数学上有反证法，历史上的"司马光砸缸""邹忌讽齐王纳谏"，都是运用逆向思维解决问题的典范。家长可告诉孩子，许多问题按照常理解决不了，换个角度，便迎刃而解。

树立责任意识

不是孩子一迈进大学校园就成了人生赢家，也不是所有名校的学生都能够一直自带光环走上顶峰。无论孩子就读的是首屈一指的名校，还是普通大学、大专，家长需要指导孩子的是明确自己的责任。

1. 对自己负责。

一是圆满完成学业。学业是立业之本。朋友对上大学的孩子说，你若实在不喜欢眼前的专业，转专业、辅修第二专业、跨专业考研，都是不错的选择，但在没有找到一个新的专业方向或目标之前，就算流着泪也要努力学好当下的专业。

除了完成学业，家长还要鼓励孩子努力做好专业外的"正事"，像英语考过四六级、参加有意义的社会实践、参加大学生创业比赛等等。虽然证书不是越多越好，但必要的证书一定要考，千万不要不务正业，白白浪费了大好时光。

二是慎重交友。要提醒孩子，大学既是读书之所，也是交友之地。人生在世一定要有几个志同道合的朋友。当然，交友要有分寸和原则，"不同圈子，不要强融"。

三是树立正确的恋爱观。我认识的一个家长对读大学的孩子说："在高校读书期间可以谈恋爱，但态度要真诚，用情要专一，对自己喜欢的人负责。这样的恋爱对你来说才有意义。"美好的爱情是心灵的港湾，是人生的加油站。选对伴侣会影响孩子的生活和人生。家长要让孩子明白，谈恋爱是两情相悦的事情，不可强求，有合适的就谈，没有再等等，不可刻意为之。在谈恋爱的过程中，一方面要遵守恋爱道德和性道德，对自己和另一半负责，千万不要抱着玩玩的心态干出伤天害理的事情；另一方面要擦亮眼睛，谨防上当受骗，人财两空。

2. 对家庭负责。

孩子进了大学就是一个大人了，要学会对家庭负责。一个朋友在微信里告诫孩子：

你在大学读书，父母要负责你的吃穿用度，还时刻关心你的生活，关心你的学业，关心你的前途。那么，你也要关心家庭，关心家人，而不仅仅是把父母当成"提款机"。每逢周末、节日，记住给长辈发微信、打电话，送去问候与祝福；有了喜事，记得与家人一起分享；放假回家，主动承担家务，替家人分忧；家里老人住院，你要适时守候护理，践行孝道。

3. 对社会负责。

孩子不仅属于家庭，还属于社会，属于国家。家长要提醒孩子，作为一名社会成员，要恪守社会公德，遵守社会秩序，尽到公民的本分，用优异的学习成绩来回报社会，尽自己所能做一些帮人扶困的事情。

💛 实现"角色"转换

孩子大学时期是完成"社会化"，实现由"自然人"向"社会人"的角色转变的重要时期，需要在学校和社会上经过不断实践历练，不断"社会化"才能一步步走向成熟，由不谙世事的"大孩子"变成一名合格的社会成员。做家长的要积极创造条件，促进孩子顺利完成"社会化"的进程。

全面了解社会

很多读大学的孩子从小到大基本上都是在家庭和学校度过，对社会了解甚少，不利于毕业后在社会上立足、发展，需要家长适时指导。

1. 了解社会的构成。

社会包括党政军民学各行各业。就我国的政治结构而言，除了行政单位，还有从事教育、科技、卫生等活动的社会服务组织，即事业单位；就经济结构而言，我国现有国有企业、集体企业、民营企业、个体企业、外资企业、合资企业等。让孩子了解社会结构以及行业状况、职业状况、职业特点，有助于毕业时从自身的兴趣特长出发，选定发展方向，在社会上找到适合自己的位置。

2. 了解社会规范。

社会规范是处理社会活动中各种关系的行为准则。家长要让孩子明白，人在社会中生活就要遵从社会规范，绝不可随心所欲，为所欲为。

一是遵纪守法。只要打开网络，就会看到有的孩子因不懂法，年轻气盛，逞一时之勇，糊里糊涂犯下大错，令人扼腕。作为家长，要告诫孩子法纪是不能触碰的红线。在学校要遵守法律、遵守校纪及各项规章制度，到社会上要遵守法律，遵守各种制度规范。

二是遵守社会道德。要引导孩子诚实守信，在与人交往中说实话、办实事、不说谎、不欺诈、守信用。现在有一些孩子很自我，处处以自我为中心，不喜欢受约束，进入社会是会吃亏的。

3. 了解社会关系。

现在的孩子大部分是在顺境中长大，对错综复杂的社会关系缺乏了解，需要家长有效指导：一方面要以诚待人、宽容待人，平等待人；另一方面要学会鉴别，在与人交往时，做到"害人之心不可有，防人之心不可无"。孩子认识到了这一点，再通过实习、调研等社会实践锻炼，就会在进入社会后少走弯路。

正确认识社会

在一些孩子的心目中，社会是单色调的，非好即坏。这样的孩子进入社会很容易碰壁。这就需要家长引导孩子客观认识社会：现实社会是多彩的、复杂的，真善美与假恶丑混杂在一起，既非完美无缺的童话世界，也不是暗无天日的人间地狱。大千世界既有积极向上的东西，也有邪恶、腐败的东西。一个人生活在社会中，既会受到积极向上的正能量的影响，也会受到消极颓废、邪恶腐败的负能量的影响。

家长可借助案例，摆事实，讲道理，让孩子认识什么是正确，什么是错误，什么是正义，什么是邪恶，什么事可为，什么事不可为，增强社会识别力、抵抗力、免疫力。同时，要指导孩子学会用辩证的、发展的眼光来看待社会事务，分清本质与现象、主流与支流。比如，就当前高校毕业生就业而言，社会所提供的工作岗位是有限的，不可能保证人人满意；扩大用人单位的自主权后，对大学生素质的要求更高了，要想在社会上立身，就要全面提升自身的素质。孩子只有认清了社会现实，才会在择业时根据社会需求，从自身实际出发，迈好进入社会的第一步。

尽快适应社会

适应社会是孩子步入社会最紧迫、最直接的一关。适应社会的关键是参加实践。家长可指导孩子在完成学业的前提下，多进行一些实践历练，加快心智成熟。

1. 积极参加校园实践。

学校就像一个"小社会"，有很多实践的机会。家长可指导孩子通过参加社团、做一点社会兼职、勤工俭学（如做家教）等，接触社会、融入社会。我女儿在中山大学读本科时，给老师做助理，帮老师处理一些日常事务，很有收获。孩子如能在社团中担任一定的职务，能大大缩短适应社会的时间，为将来走向职场做好充分的准备。

利用学校的"孵化器"平台进行创业实践也是不错的选择。对于有创业想法的孩子，家长应多鼓励。开始创业不一定要投资很多钱，成功了很好，不成功也没关系，关键在于通过创业让孩子了解并适应企业的经营方式、运行规则，为步入社会正式创业积累经验做好铺垫。对孩子来说，多一次历练就多一次成功的机会。

2. 参加家庭实践。

家庭是孩子实践的重要场所。现在一些孩子假期一回到家不是天天跟同学聚会，就是宅在家里，玩手机、打游戏，不利于"社会化"。这就需要家长有意识地让孩子通过参加家庭生活实践成熟起来。比如，让孩子采买、做饭，参与家庭事务、家庭管理，增强作为家庭成员的责任感；让孩子参与迎来送往、帮家庭办一些事情，学习掌握社交礼仪，知道如何接待客人，如何做客人，了解出门办事的程序和规矩。

现在，有的家长有一个模糊认识：孩子嘛，健康快乐、成绩好就"OK"了。他们只让孩子学知识、学才艺，就是不教孩子为人处世。孩子由于缺乏历练，毕业后到了单位不知道如何应酬、如何与人交往，与社会格格不入。作为家长，我们一定要让孩子明白，社会检验一个人的标准，除了看你的学历、能力，也要看你的品行及为人处世的修为。这一课需要在孩子正式进入社会之前补上，以免到社会上无所适从。

3. 参加社会实践。

大学的孩子正从个性独立向社会性独立过渡，不可避免地要经历一个离开学校、家庭，走向社会的"心理断乳期"。家长要让孩子明白，书本上学来的是别人的经验，要适应社会，就要多参加社会实践。比如实习、做志愿者、做社会兼职、从事社会调查等，尤其毕业实习是孩子了解社会、适应社会的有效方式。孩子到行政、事业单位实习，可以了解行政、事业单位的工作流程、工作要求；到企业实习，可以了解企业的生产、经营、管理状况，熟悉企业的用人要求，发现自己的不足，在毕业前抓紧弥补。

孩子入职常指点

有人形象地说，文凭是一张火车票，重点大学是软卧，普通大学是硬卧，专科学校是硬座，民办学校是站票，车到站都得下车。社会是一个新的舞台、新的考场。所有"下车"的孩子都要在这个舞台上迎接人生的"大考"。这启示我们的家长，孩子走上社会，只有为社会进步、国家发展做出了贡献，才算"大考"合格，真正成才了。家长要做的是"扶上马送一程"，引导孩子开好局，起好步，让孩子力争经过若干年的努力打拼完成由"潜人才"到"显人才"的转变。

迈好职场第一步

孩子大学毕业进入社会，只能算是"潜人才"。从"潜人才"到"显人才"，中间有很长一段路要走。家长首要的任务就是帮孩子找到事业的方向，迈好成才的第一步。

开好局　起好步

对于找到工作的孩子来说，等于来到了事业的起点。家长要指导孩子开好局，起好步。

1. 尽快熟悉工作。

每一种行业、每一项工作都有自己特定的工作流程、工作规则、工作制度。孩子刚入职，对单位的一切还是两眼一抹黑，是典型的职场"菜鸟"。这时，家长要指导孩子走好职场的第一步，虚心向老员工请教，尽快适应行业要求、职业要求、规范要求、制度要求，而且要不折不扣地落实到行动上，一步一个脚印地从小事做起，从基层做起。

2. 提高各方面的能力。

孩子刚参加工作，可能是公务员，可能是企事业单位的员工。每个工作岗位的能力要求都是不一样的。家长要鼓励孩子从进入职场开始，抓紧学习历练，力争在尽可能短的时间内适应工作。没有稳定的工作，只有稳定的能力。孩子要想在未来的事业发展上有所发展、有所成就，就要从入职开始，不断提高自己各方面的能力。

3. 提升人格修养。

从长远看，孩子真正能在事业上有所建树，除了能力，最核心的是人格修养。家长要搞好教育引导。

一是提升职业道德素养。无论干什么工作，都需要有良好的职业道德，这是安身立命之本。像"万婴之母"林巧稚、共和国勋章获得者钟南山、"人民教育家"于漪等，无一不是职业道德的楷模。家长要让孩子明白，一个人如果没有良好的职业道德，很难走远。公职人员没有职业道德，就会贪赃枉法；医生没有职业道德，就不会真正救死扶伤；商人没有职业道德，就会制假、造假、贩假，就像"三鹿奶粉"厂家，为赚钱不要良心害了多少无辜的孩子！

二是提升家庭道德、社会道德素养。孩子参加了工作，除了是一名职场人员，还是一名家庭成员、社会成员，还需要有高尚的家庭道德和社会道德。家长要教导孩子，在家敬爱、赡养老人；成家之后，要尊重配偶，互谅互让，不做背叛配偶之事，有了孩子要自觉承担起抚养、教育孩子的任务。在社会上，要严于律己、宽以待人、诚实守信、谦虚礼让、举止文雅，待人主动热情，落落大方。

三是提升法纪素养。现在很多年轻人都向往自由，而他们不明白的是自由是有条件的，只有在遵守法律、纪律、制度的前提下，才能实现最大的自由。法纪意识淡薄是不利于事业发展和成才的。一些初入职场的年轻人喜欢我行我素，不愿意守纪律受约束，结果吃了大亏。作为家长，要教育引导孩子强化自身修养，自觉用法纪警示、约束自己。

4. 学会为人处世。

一是给领导、同事一个好印象。心理学上有一个首因效应，说的是两个素不相识的人第一次见面时会彼此留下印象。孩子刚入职，给领导和同事的第一印象如何，很大程度上影响孩子未来的发展。家长要提醒孩子注意：衣着得体，能让人感到一种尊重；谈吐儒雅，体现的是见识与教养。

二是懂礼貌。有一个单位招聘了一男一女两个大学生。男孩不是名校毕业，但勤学上进，虚心求教，见人面带微笑，主动打招呼，工作也干得不错，深得领导同事好评，年终还被评为先进。女孩名牌大学毕业，入职后自以为了不起，见了领导、同事爱搭不理，一点不顺心就吵闹，领导批评也不接受。纵有一定的工作能力，终因"不适应工作"被辞退了。这启示我们的家长，要告诫初入职的孩子虚心好学，低调做人，对人有礼貌，尊重领导，多听少说，不意气用事。

三是搞好服务。在职场上与你性格完全相合的人并不多。家长要告诫孩子，不要刻意追求情趣相投，勤快是不会错的。我一个同事的女儿，名校毕业进入国家机关后，每天早早来到办公室给大家打好开水，把每个办公桌擦一遍，工作干得有声有色。领导很赏识、器重她。

四是注意生活小节。在单位上班，时常会遇到各种应酬。家长要指导孩子，摆正自己的位置，细心体察，眼里有活，既不缺位也不越位，知道该说的话要说得恰如其分，不该说的话不说。对生活细节的关注往往直接影响着职位的升迁和事业的发展。

先就业　再择业

近年来，高校毕业的孩子很多，而令人满意的岗位却很有限。这就使得一些孩子一开始找到的工作并不理想，或暂时找不到工作。在这种情况下，家长要劝说孩子树立"先就业，再择业"的理念，坚信天无绝人之路。

随着互联网的广泛普及，互联网经济在蓬勃兴起，传统行业在不断裂变、转型，新的行业不断涌现。孩子只要有能力、有开拓创新精神，就不愁找不到适合自己的工作。家长要让孩子明白，现在不同于过去，很少在一个单位、一个岗位干一辈子，跳槽转岗很正常。一开始工作不理想没关系，关键是学习职场知识，积累职场经验和人脉资源，待有了经验、机会再重新选择。

正观念　强信心

很多年轻人认为，一个人的成功需要得天独厚的条件，要么名牌大学博士、硕士毕业；要么出身好，有优越的家庭条件和家庭背景；要么运气佳，常有贵人相助。不错，优越的自身条件和外部条件如果运用得法，的确可以在成才的道路上少走弯路，但无数名人成功的事实告诉我们，许多毕业于一流大学，或有着优越家庭背景的孩子并没有取得应有的成就，一个重要原因就是那些常人引以为傲的条件恰恰限制了他们的努力，成了他们成才的障碍。相反，一些没有天然优势的孩子，靠着自己坚持不懈的努力，最终走上了成功之路。

人出身不平等，天资有差别，上学有不同，运气有好坏，但大家在成才的道路上资格是平等的。如今的一些孩子大学毕业，一看进的单位不好便失去了信心，不是想着跳槽，就是混日子、躺平，这怎么能行呢？作为家长，要劝导孩子树立"行行出状元"的观念，让孩子明白，不管干哪一行，只要梦想不灭，信心不倒，努力不止，成功的梦想就会变成现实。

岳云鹏14岁从河南农村来到北京，在社会上摸爬滚打，当过保安、服务员，甚至打扫过厕所，受尽了各种委屈。他在炸酱面馆当服务生的时候遇到了生命中的"伯乐"郭德纲，一步步地熬，一点点地努力，最终由苦命的"打工仔"逆袭成爆红的相声演员。

大成功由小成功累积而成，"大人才"由"小人才"发展而来。成不了"大人才"，能成为一个"小人才"也是人生幸事，也是人生的成功。

❷ 成才之路善谋划

成功没有奇迹，只有轨迹。为什么有些孩子在大学学习很好，毕业后却慢慢变得平庸；有些孩子在大学成绩一般，毕业后却不断进步，成绩斐然？除家庭因素和社会关系等客观因素之外，与孩子会不会谋划自己、发展自己有着直接的关系。做家长的要在孩子工作稳定之后，指导孩子不断谋划自己，走好未来的成才之路。

坚守梦想

1. 把梦想融入追求。

孩子只有坚守梦想才能激发起进取的动力，不至于像无舵之舟漂泊不定。

全国政协副主席朱永新在写给儿子的几封长信中，多是谈理想、谈人生，很少谈生活琐事。他在《用理想规划人生的选择》中旁敲侧击地提醒面对人生选择的儿子："如果理想不能踩在现实的大地上，最终恐怕会成为幻梦一场。"

现在一些刚参加工作的孩子孤身来到城市打拼，"工资低，房价高"，生存压力加大，看不到希望，心灰意懒。家长要劝导孩子，现在还年轻，要"风物长宜放眼量"，不要抱怨"钱少""买不起房"，与其在愤懑中颓废、"躺平"，不如坚守梦想去打拼。只要心怀梦想，不断追求，就有可能成就一番事业。反之，如果没有理想、追求，就只能在日复一日的机械、单调的工作中磨掉锐气，耗尽青春，一事无成。

2. 在工作中实现梦想。

理想不是空想。法国微生物学家、化学家巴斯德讲得好："工作随着志向走，成功跟着工作来……立志、工作、成功，是人类活动的三大要素。立志是事业的大门，工作是登堂入室的旅程，这旅程的尽头就有个成功在等待着来祝贺你的努力结果……"

家长要让孩子明白，梦想一定要与眼前的工作紧密结合，从圆满完成一个个工作目标中，实现自己的人生目标、人生价值。如果梦想只是付出一丁点儿努力就能实现，那也就算不上什么梦想了。实现梦想的有效途径就是把工作当成事业，严格要求自己，用严谨的工作态度把工作做好，不留遗憾；用乐观向上的心态把困难和挫折当作磨炼自己、促进自己成长的平台，抓住每一次稍纵即逝的机会，不断创造新的业绩。如果只有美好愿景，没有具体打算，一味好高骛远，到头来只能是"竹篮打水一场空"。

脚踏实地打基础

1. 尽快成熟起来。

刚参加工作的孩子，被称为职场"菜鸟"，只有在实际工作的历练中、在无数的痛苦和艰辛中才会慢慢成熟起来，认识到工作的价值、事业的价值、生活的意义，才会在成才的道路上行稳致远。反之，不成熟的孩子常给人以幼稚的印象，领导不敢压担子，同事不敢放手，是不利于孩子成才的。

做家长的要教育引导孩子尽快成熟起来。让孩子明白，职场不是家庭，要想事业有成，就要做好自己的事，修好自己的心，立好自己的德，让思想丰富、心智成熟起来。

2. 端正工作态度。

中国国足前教练米卢说过这样一句名言："态度决定一切。"这句名言不仅是体育比赛的定律，也是人生成败的定律。深谙这一定律的是国防大学教授金一南。

他在工厂当学徒工时，被车间领导称为"天生的好车工"；在部队做无线技师时，被人称为"天生的好技师"；在国防大学图书馆工作时，有人说他是"天生的好馆员"；46岁走上国防大学讲台时，人们评价他"天生的好教员"。用金一南自己的话说："我不一定非常爱这一行，但只要做，我就要把它做到极致。"

工作态度好的人，即便手头的工作不是自己的"长项"，也不十分喜欢，照样可以做出了不起的成绩。作为家长，在指导孩子岗位成才上，非常重要的一点就是培养孩子积极的工作态度，用"没有最好，只有更好"的精神处理好工作中的每一个细节，不断地追求卓越。要让孩子明白，"细节决定成败"。有时细节处的马虎可能导致全盘皆输，小处的不慎，积累起来也足以破坏大局。如果态度不认真，就不会严格要求自己，就不会在工作中焕发出精益求精的"大国工匠"精神，也就难以取得成功。与其抱怨生活，不如试着专注于一件事，然后在日复一日的劳作中，成就一番事业。

3. 积"小成"为"大成"。

一个时期以来，一些刚入职的大学生急于买房买车，急于一炮走红，迅速成名成家。

"罗马不是一天建成的"，成才需要积累。孩子在高校学的专业知识只是奠定了一个初步的基础，要真正在某一领域有所成就，就必须经过一二十年的勤学苦练、努力打拼才行。家长要让孩子明白，天下难事必做于易，天下大事必做于细。明天不可能跨越今天直接来到，无论多么远大的理想都需要一步跟着一步、一天接着一天的积累，浅尝辄止、一曝十寒，是成不了才的。要想成才，就要下定长期坚持的决心，做好"十年磨一剑"的打算，专注于自己选定或就职的岗位，埋头苦干，付出持续不断的努力。"一万小时定律"告诉我们，孩子只要经过一万小时的锤炼，就会变成某个领域的专家，甚至成为大师。

选准成才方向

人才学的"扬长规律"启示我们，要让孩子从默默无闻的"潜人才"变成事业有成的"显人才"，就要指导孩子选准自己的努力方向，尽可能地少走弯路。

1. 发现自己的"长项"。

孩子的"长项"，即最佳才能，与工作、事业有着密切的相关性，比如口头表达能力强，适合当教师、记者、主持人等。家长要明白，发现并发展孩子的"长项"，有助于孩子成才。

发现自己的长项，并不是一件容易的事。杨振宁一开始选择的是实验物理，建树不大，后来转到自己擅长的理论物理上才屡有突破，最终获得了诺贝尔奖。对于刚刚适应工作的孩子，家长应鼓励其在工作实践中不断进行自我动态调节，寻找并发现自己的兴趣点和长项。

2. 发展自己的"长项"。

孩子成才不仅靠勤奋，还要方向正确。"长项"与事业相关度高，有助于成才；"短项"与事业相关度低，对成才助益不大。陈景润不善表达，大学毕业当中学教师不受学生欢迎，教学效果也不好，后来改做数学研究，如鱼得水，取得了令世界瞩目的成就。作为家长，我们要劝说孩子，如果眼下的工作不适合自己，不妨当作免费学艺的平台，一边学习工作经验、方法，一边积极寻找适合自己的机会，有机会就转行发展；如果不是因为"事业本身"不适应自己，而仅仅是为了待遇或工作环境问题，思想总是飘忽不定，频繁跳槽，那是不利于成才的，需要稳定心态。

为什么同一高校毕业，若干年后有的孩子成才了，有的孩子平庸无为？一个重要原因就在于在干好工作的同时，坚持向书本学习、向实践学习，不断超越自我；平庸者每天做着重复性的工作，不再汲取新的知识，下班不是玩手机、看电视，就是参加各种应酬，久而久之变得目光狭窄、思维陈旧，止步不前了。

② "潜人才"变为"显人才"

有人说，30岁是个分水岭，人与人之间的差距开始逐步拉开。有的孩子入职之后，经过20年左右的打拼，成才了；有的孩子慢慢接受命运的安排，开始平凡的人生。孩子能否最终成才，主要看这一段了。这就需要家长指导孩子逐步实现成才目标（大器晚成者另当别论）。

聚焦成才

有道是"三十而立"，孩子经过入职几年的选择与历练，应该对社会、对职场、对自己有所认识，再不能漫无目的地瞎撞了。作为家长，要指导孩子稳定心神，综合利用各种条件，聚焦成才。

1. 聚焦"兴趣爱好"。

兴趣爱好是孩子成功的重要动力因素。王羲之练书法、李时珍当医生、梅兰芳唱京剧，都源于兴趣爱好。

昂尼斯自小喜欢"做实验"，父亲全力支持他，甚至在他做实验时不小心烧掉了家里的半个楼，父亲也没有责怪，反而安慰他："为了研究科学，你就是把整座楼全烧了，我也绝不埋怨你。"有了父亲的支持，昂尼斯做实验的劲头更足了，1913 年终于获得了诺贝尔物理学奖。

这启示我们的家长，如果孩子对某一领域特别感兴趣，且又有这方面的特长，家长一定要给予支持，鼓励孩子坚持不懈地干下去，不成功不罢休。

2. 聚焦"长项"。

不可否认，世界上有少数天赋极高的人物，能在多个领域都做出杰出的成就。但就多数人而言，需要聚焦"长项"才能成才。

齐白石原是湖南乡间的一个木工，在工作的过程中学雕花、学绘画，写诗、治印，50 多岁时移居北京，把绘画长项由副业变为主业，手不离笔，天天作画，经过几十年的辛勤努力，终成一代国画大师。

这启示我们的家长，发现了孩子的"长项"，就要鼓励他深入下去，直至做出成绩。要让孩子明白，朝秦暮楚，浅尝辄止，用心不专，不善"聚焦"，是难以成才的。

3. 聚焦"创新创业"。

有许多名人都是在工作中不断探索、不断创新，取得成功的。袁隆平靠着创新理论和实践，不断培育出优质水稻品种。

大的发明创造不易，一般的创新人人都可以做到。比如，提个新方案，想个"金点子"，搞个工艺改造、技术改进，都是创新，坚持下去就会取得成功。家长要鼓励孩子把工作与创新结合起来，善于在工作中发现问题，创造性地解决问题，只有这样，才能一步步走向成功。

创业需要一定的资金、一定的企业知识储备、一定的职场经历，需要不怕失败、"哪里摔倒哪里爬起来"的勇气和毅力。如果孩子适合创业，又愿意创业，家长不妨鼓励孩子趁着年轻去闯一闯、试一试，说不定会像很多成功者那样一举成名。

处理好"三大关系"

孩子学生时代总梦想着诗和远方，工作后才发现人生不易：情感、工作、社交、家庭……所有的一切都需要自己扛。这就是孩子入职之后面临的真实世界，客观上增加了孩子成才的难度。家长要做的是指导孩子处理好"三个关系"。

1. 处理好工作与"充电"的关系。

人才学的蓄电池理论告诉我们，只有不断地进行周期性充电，才能保证电池可持续地释放电量。孩子的事业发展也是这样，需要不断"充电"。世界每一分每一秒都在进步，你的停滞不前就是一种退步。尽管生活、工作等琐事让人忙得团团转，但时间就像海绵里的水，只要挤总会有的。坚持每天学习，就会天天获得新知，天天有所进步。

有人说，20多岁想变成很厉害的人，那就拼命努力；30岁开始想变成很厉害的人，那就要不断提升自己。要让孩子明白，时代风云际会，机遇与挑战并存，对经常"充电"、不断进取的强者来说，遍地都是机遇，对不思进取、沉浸在舒适区的人来说，处处是阻挡成才的障碍。

2. 处理好事业与健康的关系。

人生就像一场马拉松，看似在拼能力、拼财力、拼资源，但实际上都是在拼健康。钟南山院士80多岁，依旧每周坚持锻炼两三次。这种高度自律的保健方式让许多年轻人自愧不如。

现在许多年轻人不喜欢动，一下班就宅在家里玩手机、上网，这对健康是不利的。近年来，有不少科技界、学界、文艺界、商界的名人，在事业如日中天的时候英年早逝。这启示我们生命的脆弱与健康的珍贵，身体健康是孩子成才的基础和保证。家长要教导孩子处理好事业与健康的关系，即便工作再忙，也要抽出时间锻炼身体，选择一两项喜欢的运动坚持下去，用运动换取健康，用健康保证事业的成功。

3. 处理好事业与家庭的关系。

孩子入职之后，经过若干年的打拼成长为业务骨干，在单位挑起了大梁，与此同时，家里上有老下有小，需要照顾老人，接送孩子。这就需要处理好事业与家庭的关系。一方面，做家长的要多体谅孩子，在孩子事业爬坡的时候要多支持、多关心，如果身体允许，可以承担起接送孙子（外孙）的任务，让孩子有更多的时间和精力投入事业；另一方面，做孩子的要体谅父母，抽空多看望父母，多陪陪父母，尤其是父母身体不好时，要安排好父母的生活，免除后顾之忧；再一方面，夫妻双方要互相支持，互相配合，相互体谅，营造一个温馨和谐的家庭环境。尤其在一方处于事业冲刺之时，另一方要尽量多体谅一些，努力让家庭成为成才的后盾和心灵的港湾。

学会克制自己

在我们生活的世界里存在着很多不良的诱惑，如玩手机、打游戏，追求吃穿玩乐，追求权力、金钱等等。对于一个想要成才的人来讲，精神上的自制力是成功的保障。这就要求我们的家长指导孩子放眼未来，学会克制自己，战胜成才道路上的种种不良诱惑。

1. 克制不良嗜好。

不良嗜好是孩子成才的大敌。孩子要成才就要克服不良嗜好。在这方面曾国藩堪称楷模。

曾国藩年轻的时候烟瘾很大，但后来幡然醒悟，决定戒烟。他坚持写日记，记录每天生活的点点滴滴，检讨自己的过错，不断进行自我修炼，扫除乱七八糟的杂念，督促自己把时间、精力用到有意义的事情上。慢慢地，曾国藩克服了不良嗜好，成功戒了烟，并在事业上更上一层楼，最终成为晚清重臣。

现在有许多职场的孩子，一有空闲不是用来提升自己，而是玩手机、翻微信、刷微博、看肥皂剧、与朋友聚会喝酒、逛街，把大量宝贵的时间浪费了。作为家长，一定要告诫孩子学会约束自己，克制自己，珍惜青春年华，为成才积蓄能量。

2. 克服胆怯心理。

现实中许多人之所以没有在事业上取得成功，是因为惧怕风险、惧怕失败，就像天才少年宁铂，纵有满腹才华，终因惧怕失败，放弃考研，最终在事业上没有多大起色。家长要告诫孩子，胆怯是事业成功的大敌。要想成功，就要保定必胜的信心，敢闯敢试，失败了大不了从头再来。

3. 克制不良情绪。

现在有些年轻人年轻气盛，一语不合就拳头相向，这样不仅解决不了问题，还会适得其反。鉴于此，家长应劝诫孩子，想取得事业上的成功，就要学会控制自己的情绪，理智地处理问题，不可感情用事。要让孩子明白，情感一旦失去理智的约束，就会把自己带入失败的深渊，就像 2021 年 7 月红遍网络的航天投资控股有限公司董事长张陶，因打人被免职，葬送了大好前程。

不惧挫折与失败

成才不会一帆风顺，难免要经历失败与挫折。失败、挫折并不可怕，古往今来许多成功者，都是在逆境中崛起，在逆境中成才。面对伤残与病痛，贝多芬勇敢地"扼住命运的咽喉"；张海迪自强不息；面对贫困，曹雪芹写出古典名著《红楼梦》……

家长要让孩子明白，世上有两种人，一种人一经打击就心灰意冷，从此消沉下去；一种人在挫败中挣扎一番之后，变得更坚强。面对困难、挫折、失败，只要信心不倒，不轻言放弃，就一定有成功的希望，即便一次次跌倒，也要一次次勇敢地爬起来，向着梦想坚定前行，直至成功！

掌握教子成才方法

　　家庭教育具有灵活性、多样性的特点。法国教育家爱尔维修说过："即使是普通的孩子，只要教育得法，也会成为不平凡的人。"教子成才的过程，既是一个不断学习、思考的过程，也是一个不断实践、探索、感悟的过程。在这个过程中，需要家长用科学的方法教育引导孩子，做到"教子有法"。

　　教育孩子的方法很多。这里重点提出与孩子成才密切相关的"八个方法"：目标引领法、榜样示范法、早期发现法、实践锻炼法、激励督导法、心理暗示法、因势利导法、亲子共进法。家长可在教育孩子的过程中，从实际出发，因人而异，因材施教，创造性地加以灵活运用，以期取得良好的教育效果，助力孩子成才。

目标引领法

目标对于孩子成才的意义，宛如汽车的方向盘。孩子要成功，就要有目标。大凡成功的人，都有明确的奋斗目标。杨振宁自小树立的目标是获得诺贝尔奖，吴健雄从小设定的目标是成为居里夫人那样的人。他们清楚自己最需要什么，自己的人生方向在哪里，绝不会漫无目的地乱撞，白白浪费时间、精力。作为家长，要善于运用目标引领法，引导孩子沿着正确的人生之路，一步步走向成功。

科学设定目标

孩子能走多远，天地有多大，很大程度上取决于他目标有多大。心有目标的孩子，天地就广阔，未来就美好。作为家长，要指导孩子科学设定目标。

目标要符合实际

每个孩子都有自身的特点，不同年龄阶段的孩子有不同的特点。这就要求家长在指导孩子制定目标时，要孩子从实际出发，制定的目标必须是符合孩子的自身实际，切实可行。

1. 目标与年龄相符。

有一个领导到幼儿园视察，对幼儿园的小朋友说，你们要好好学习，树立远大理想，将来做祖国的建设者和接班人。这样说，虽然没什么不对，但就是不看对象，针对性不强，小朋友听得云里雾里。所以，家长在指导孩子制定目标时，一定要考虑孩子的年龄特征。

孩子小时候喜欢梦想，且有些梦想很奇特，比如"让树上结人参""去火星遨游"等等。家长不要以不切实际、好高骛远为由加以限制，因为孩子有梦想，大脑才有活力，才有想象力、创造力；没有梦想，孩子的大脑就会"营养不足"，思维迟钝，没有灵性。家长要做的是多鼓励。

孩子长大了，尤其是上了大学之后，家长在指导孩子制定目标时，不仅要制定学业目标，还要制定职业目标、事业目标、生活目标、人生目标，把这几者有机结合起来。

2. 目标要与实力符合。

有的家长喜欢拿自己孩子和最优秀的同学比成绩，给孩子定目标。这样定目标是不切实际的，不但目标难以实现，还会打击孩子的自信心，挫伤孩子的自尊心。所以家长指导孩子确立目标时，一定要实事求是。

一是考虑孩子的身体条件。孩子身上有伤疤，就不能把航天员作为职业目标；孩子身高不够，就不要把篮球运动员作为职业目标；孩子没有音乐天赋，就不要把弹琴作为职业目标；孩子色盲，就不要把绘画作为职业目标。

二是考虑孩子的实力。一个有效的合理的目标一定是与孩子的实力吻合的。有些孩子往往不注意这一点，要么把学习目标定得太低，激发不起斗志，导致安于现状，不思进取；要么求胜心切，学习目标定得过高，怀有美好的愿望和憧憬，恨不得一个晚上从班上 30 名跳到前 5 名，导致目标无法达到，萌生失望的情绪。

三是目标要有弹性。有的孩子喜欢把时间表安排得滴水不漏，可人不是机器，不可能按照设定好的程序精确运行。如果时间安排得过紧，一旦出现了自己意料之外的事情，计划就会被打乱，无法落实。所以，目标的高度、强度要适中、合理，切合自己当下的实际情况。

3. 目标要符合兴趣爱好。

家长在指导孩子制定目标时，要与孩子的兴趣爱好相一致。

有一个叫张潮的男孩，从小喜欢做实验，跟爸爸比赛种菜，结果张潮在试验田里种的蔬菜，比爸爸种的还好。村民们伸出大拇指，夸他有出息。小小的成功让张潮萌发一个美丽的梦想：长大当个农业科学家。后来，他当选为全国十佳少先队员，来到北京。记者问他："如何实现自己的梦想？"他坚定地回答："先上农业大学，再当农业科学家！"几年后，他如愿以偿考入了北京农业大学。

同样是上大学，张潮的目标就不是简单的"上个好大学"，而是奔着"当农业科学家"的梦想去的。这样的目标不是空想、瞎想，而是结合自身兴趣、特长，经过深思熟虑选定的，就比较符合实际，因而经过努力，就能够实现。这就启示我们的家长，在指导孩子确定目标，尤其是职业目标、人生目标时，不要盲目跟风，一定要充分考虑孩子的兴趣、爱好、特长。孩子有了真正热爱的目标，才会充满激情，不知疲倦地去努力。

目标要能够量化

说起孩子的目标，有的家长就会说："那还不简单，上个好大学，找一份好工作。"这样未免太笼统了，不好落实，容易流于形式。

家长指导孩子制定的目标必须是具体的，可操作。对孩子来说，制定目标就像一场长跑比赛，而一个个量化的具体目标，就是人生成功旅程上的一个个里程碑、停靠站。每一个站点都是一次安慰、一次鼓励、一次加油。

每一个小目标都是大目标的具体化。有一个学霸，制定的目标就很清晰，有很强的可操作性。比如，"在下次月考中，我要保证基础题不丢分""明天把这周学习的内容小结一下""晚上把几道错题，认真订正一遍"。有了一个个具体的分目标，实现总目标就不再是一件困难的事情。

每一个小目标的变化与调整都会对整个目标体系产生影响。如果学习目标不具体，就无法衡量能否实现，就会降低学习的积极性，甚至会丧失信心。有的孩子制定目标喜欢写"提高分析问题的能力""总结做题技巧""在下一步学习中取得大的进步"……表面看起来很鼓舞人，但细细一想，这样的目标模糊不清，没有可操作性，导致的直接后果是，目标很响亮，效果不理想。可见，目标能否量化、是否具有操作性，是理想与空想的分水岭。

目标要有梯度

人生就像上楼，不可能一步登到楼顶，需要一步一步、一层一层地往上爬。家长引导孩子确定目标，也要有梯度：既有长远目标，又有近期目标；既有大目标，又有小目标。

对于各个年龄段的孩子、各种目标来说都是如此。以小学孩子的体育锻炼为例。《小学生体育达标的国家标准》对一至六年级孩子在肺活量、50 米跑、一分钟跳绳等方面，从优秀、良好、及格、不及格 4 个方面提出了具体要求。比如，一年级男生一分钟跳绳，优秀 99—109 个，良好 87—98 个，及格 17—86 个，不及格 16 个及其以下。家长就可以让孩子从入学开始，把一分钟跳绳的国家优秀标准分解成一个个小目标，经过一个个小目标的实现，孩子一年级结束，达到优秀的水准就没有问题了。

孩子的课外阅读也是如此。按照教育部的最新要求，小学生课外阅读总量不少于 145 万字，初中生课外阅读总量不少于 260 万字。家长可把这个要求分解到每个年级、每个学期、每一周、每一天，和孩子商量制定具体目标。比如，按照学校推荐的书目，每天阅读 10 分钟，每周阅读一本书，一周总结一次。这样，随着时间的推移，随着一个又一个目标的实现，孩子就会从一个又一个的挑战中不断上台阶，不断成长进步，攀上一个又一个高峰。

常言道"欲速则不达"。如果学习目标没有梯度，定得太高，孩子无论怎么努力，无论怎么跳都达不到，就会丧失信心，感到压抑，甚至抱怨、厌学。对于成绩中下等的孩子来说，在指导其定目标时，一定要遵循梯级原则，千万不要想一嘴吃个胖子。科学的做法是，从孩子的实际出发，从低到高，逐步提升目标水准。比如，孩子成绩中等，这次数学考了 70 分，位居班级 40 名。家长希望他通过一学期的努力，成绩达到中上游水平。那就和孩子一起商量，把大目标定在 85 分，班级名次 30 名左右；把小目标定在 71 分或 72 分上，名次 38 名左右；下一个小目标定在 75 分左右，名次 35 名左右。以此类推。孩子感到经过努力，小目标不难实现，也就没有了精神压力，就会脚踏实地一步一步往前走，天天进步不停步。一个个小目标实现了，大目标自然就实现了。

2 把目标变为现实

莎士比亚曾告诉人们，任何时候都要为自己的未来定下明确的目标，然后再围绕着这个奋斗方向踏踏实实地不断努力，只有这样，才能获得成功而不是纸上谈兵。再诱人的目标，如不变成现实，只能是空想。所以，家长不仅要指导孩子确定明晰的目标，更重要的是引导孩子落实目标，把梦想变为现实。

紧咬目标不放松

记得上小学时学过一篇课文《小猫钓鱼》，说的是，小猫跟妈妈一起到河边钓鱼，看到蝴蝶飞来了，去捉蝴蝶，看到蜻蜓飞来了，又去捉蜻蜓，用心不专，一条鱼也没有钓到。孩子目标的实现也是如此，定下了目标，就要紧咬目标不放松，不要三心二意。

有人问比尔·盖茨成功的秘诀，比尔·盖茨答道："选定一件事，就咬住不放。世界上成功的人，不是那些脑筋好的人，而是一个咬住目标不放的人，我想我们只做微软。"比尔·盖茨的话启示我们，孩子要想取得成功就要选定一个目标，然后脚踏实地、扎扎实实地向着目标迈进。目标越具体、越集中、越用心专一，越易于成功，朝三暮四，心猿意马，到头来只能两手空空。

作为家长，要教育引导孩子选定目标之后就要看准目标、咬定目标，把精力集中在选定的目标上，不轻易改变方向，即便这条路充满困难也要尝试各种办法，只要孩子的目标是专一的，假以时日，必定成功。

我国翻译界泰斗许渊冲，年轻时定下的目标是翻译 100 本书，经过努力他做到了。到了 96 岁高龄，他又给自己定下到 100 岁时，再翻译 30 本《莎士比亚》的目标，而且咬住这个目标勤耕不辍，每天工作到深夜，令人感佩。

家长可告诉孩子，如果你已经有了目标，并期望"梦想成真"，那就把目标写在日记里，也可以把目标写在纸上，贴在你容易看到的地方，每天早晚念上两三遍，还可以把目标告诉家人，让家人监督。经过反复的强化，会激励自己把潜在的力量和注意的焦点，集中在自己的目标上，坚定地朝着目标迈进。

关键是行动

俗话说，一打目标顶不上一个行动。实现目标的关键是行动。有行动，有恒心，善于把梦想照进现实的人，才能发挥潜能，完成目标。

有一个 11 岁的男孩，到国际度量衡局去参观。讲解员在讲解标准器如何精确、如何稳定以后，小男孩突发奇问："千百年来，这标准米尺连一丝一毫的变化也没有吗？"讲解员回答不出来。从此，男孩就暗下决心，一定要解决这个问题，并以此作为自己的人生目标。大学毕业之后，他如痴如醉地整天忙碌在仪器旁。为了找到一种在外界温度下变化极小的物质，他把心爱的结婚戒指都投进炉中熔化了。经过几年的辛勤努力，他终于成功地研究出两种可作为标准量器材料的宝贵合金，为国际度量衡局解决了长期悬而未决的难题，并因此获得了诺贝尔物理奖。这个男孩就是著名物理学家纪尧姆。

作为家长，要通过教育引导，让孩子明白，许多时候光"想"不行，还要行动——朝着目标的方向不断努力才能梦想成真。许多时候，我们没有成功，一个重要原因就是只会说"我想……"，但总是没有行动，把目标停留在"想"的阶段。

有些孩子喜欢幻想，喜欢憧憬，喜欢描绘，就是没有行动。比如，打算双休日早上学英语，看时间尚早，就找个电影看吧。看完电影又想，时间还早，再玩一会儿游戏。等游戏玩得差不多了，一看中午12点了，心想，算了明天再学吧，反正也不差这一天。结果第二天依然如故。看到没有落实的目标，他们又后悔不已："我也不想这样，但就是管不住自己，找不到前进的方向。"他们明明有许多事情要做，但光有目标，没有行动，到头来只是两手空空，一无所获。因此，家长要告诉孩子，只有咬定一个个具体的目标，并积极行动，方能随着一个个目标的实现逐步走向成功。

要坚持不懈

世界上最容易的事是坚持，最难的事也是坚持。说它容易，是因为只要愿意做，任何人都能做到；说它难，是因为真正能够做到的，只有少数人。成功者的可贵之处，就在于坚持不懈把目标内的事情做下去，不轻言放弃。

一个学美术的女大学生，到一家很有名的画廊实习。她勤奋好学，任劳任怨，是实习生中表现最好的人。画廊正好需要新人，打算留下她。毕业时她如愿以偿，得到了这份工作。一开始，她不但要给著名画师当助手，还要沏茶倒水，筹办画展，保养画品。每天琐碎的工作让她犹豫了："我这么劳累，还不如选一个收入更高的外企。"冷静之后，她想，路是自己选的，在这个单位好好干，照样能活得精彩。她坚持下来了，后来发展得很好。

家长要通过教育引导，让孩子明白，只有坚持不懈地努力才能弥补先天的差距。马尔科姆在《异类》这本书里提到，任何一个人想在一个领域里成为一个顶尖的人，他都必须花费一万个小时"刻意练习"。无论干什么，只要能坚持一万小时，必定成功。一万个小时，听起来这个数字很简单，但即便每天投入3小时，也必须坚持10年。

现在有些孩子虽然踌躇满志，也算勤奋努力，就是这山望着那山高，安不下心来。他们自恃才智过人，心气过高，不屑于像一个"普通人"那样，一步一个脚印地向着一个方向努力，而是今天一个设想，明天一个目标，后天一个规划，四面出击，结果东一榔头西一棒子，在哪个方向都没有大的进展，哪个目标也没有实现，只能望洋兴叹。

经得起挫折

人生路漫漫，实现目标的道路从来就不是平坦的，也没有捷径，只有曲径通幽的羊肠小道。要成就一番事业，就要不避风险，孜孜以求。只要有足够的勇气和毅力，就没有战胜不了的困难和挫折。

家长可通过教育引导，让孩子明白，在实现目标的道路上，无论是学习、升学、就业还是创业，都会遇到很多困难和挫折，千万不要受点挫折就退却，甚至放弃。如果那样的话，目标只是一个遥不可及的梦。

在实现人生目标的道路上，最大的敌人不是困难、挫折，而是我们自己。现在有些孩子在优渥的环境中成长，没有经历过艰苦生活的考验，惧怕困难，害怕失败，不是选择"躺平"，就是把时间和精力花在聚会、喝酒、听音乐、逛街等无谓的琐事之中，或者偷懒耍滑，玩手机、打游戏、睡懒觉，让大好时光白白浪费，到头来学无专长，碌碌无为，令人惋惜！只要坚信经过自己艰辛的努力，学习一定能不断取得进步，事业最后也一定会成功。

榜样示范法

"鸟随鸾凤飞能远，人伴贤良品自高"。孩子的成长会不自觉地受到家长、相关社会成员，以及图书、影视作品等方面影响，不受好的影响，必受坏的影响。做家长的要想让孩子健康成长、成人成才，就要从自身做起，当好孩子的表率，并为孩子选取正能量的榜样。

家长表率是关键

家庭教育的核心要义就是"用一个灵魂去唤醒另一个灵魂"。家长，尤其是父母的表率作用，就是孩子灵魂的唤醒术。家长的一言一行、一举一动都关乎着孩子做人的形象。孩子教养、习惯的养成，人品的形成，很大程度上是从父母"一言一行"的细微之处学来的。所以，做家长的一定要立足榜样，时刻提醒自己，注意自己的言行，当好孩子的榜样。

当好人格榜样

最好的家教是家长的表率。有人曾这样比喻，家教是一盏灯，父母是一面旗。一盏灯照亮一大片，一面旗指引一条路。每个孩子身上都有父母的影子。父母对孩子的影响是润物无声、潜移默化的。著名作家老舍爱整齐、守秩序、待人热情的品格，是从母亲身上学到的。可以说，父母在孩子的人格里奠定了最初的几块基石。

孩子小时候对事物的辨别力较差，每天都在观察着大人的一举一动、一言一行。父母的品行、对待生活的态度以及为人处世的方法都潜移默化地影响着孩子。家长的榜样作用就像复印机一样，使得孩子一刻不停地"复印"着父母的言谈举止，一步步变成父母的"翻版"。

从孩子身上可以折射出父母做人的修养。一个优秀的家长能随时把教养带给孩子，培养出有气质、有教养的孩子；一个自私自利、心胸狭窄的家长，很难培养出甘于奉献、宽宏大量的子女。父母对孩子的示范效应体现在日常生活中的时时处处、点点滴滴。这就要求我们的家长，重视自身的人格修养，为孩子做出表率。

一是"三观"上做表率。家长要用自己正确的"三观"影响孩子的"三观"，着力提升孩子的思想境界，引导孩子追求"真善美"，远离"假丑恶"，有做人的气节、骨气和美好的心灵。现在的问题是，有的家长不注意用正确的人生观、价值观影响孩子，致使孩子自私自利、一味追求物质享受、缺乏爱心，甚至丧失做人的底线。

二是人格修养上做表率。人格修养是孩子做人的基本要素。做家长的要不断检视自己，以仁爱之心、感恩之心，善待自己，善待家人，善待他人；与人相处谦逊礼让，文质彬彬，真诚待人，讲信用，善于合作，对人热情、友善，有容人的雅量，不虚伪；以规则意识、敬畏之心律己，任何时候都不要蛮横无理，飞扬跋扈。

当好学业与事业上的榜样

家长既是孩子天然的"老师"，也是孩子天然的"榜样"。书香家庭的孩子都爱读书。父母爱读书、学习，孩子自然爱读书、学习。

朱永新酷爱读书，每天早早起来读书，深深地影响着儿子朱墨。朱墨在文章里专门写过儿时家里兼做客厅的父亲书房："清晨醒来，父亲的书桌上就已经亮起了萤火似的橘黄灯，在迷瞪的眼中飘飘然地游移，像是蠕动的温暖的小兽，从梦里一直爬到我的心间。我端着小板凳坐在水泥砌的阳台上大声地读着英文课本，金色的曦光在不远处的檐瓦上粼粼地荡漾。"

好一幅父子共读的美景。朱墨在父亲影响下也酷爱读书、写作，后来成为一名作家。

现在有一些家长喜欢给孩子讲道理，逼着孩子去学习，效果往往不理想。其实，孩子爱不爱学习、爱不爱读书，主要的不是靠家长逼，而是靠家长的熏陶与示范引领。

家长想让孩子喜欢读书，自己首先要热爱读书，做孩子的榜样。晚饭后，孩子写完作业，一家人坐在一起，读一会儿书，每天20分钟左右足矣。有条件的话，周末可举行家庭读书会，全家人共读一本书或一篇文章，然后共同讨论，畅谈收获。孩子体会到读书的乐趣，形成了读书的习惯，自然就爱读书了。如果家长热衷于打麻将、逛商店、看肥皂剧、玩游戏，孩子自然觉得学习无聊，就不爱读书学习了。

同理，希望孩子优秀，家长自己要爱岗敬业，不懈努力，把工作干好，把事业干好。家长只有与孩子默契配合，把个人努力与孩子的努力有机结合，携手共进，才能收到最佳的教育效果。反之，家长只要求孩子上进，自己不上进，也不成。

现在的孩子跟以前不一样了。正如网上有人所说："父母能要求孩子考第一名，孩子凭什么不能要求父母年薪百万？"我们的家长在要求孩子上进和努力的时候，别忘了"不上进的父母，配不上上进的孩子"。家长一定要在工作上、事业上当好孩子的表率。父母上进了，孩子才会跟着上进。一个好学上进、充满正能量的家长，自然能给孩子的成长、成才，带来积极的示范性影响。

② 选择正能量的榜样

人是一种社会性动物，每个人都有自己的人际圈子。人与人的区别在于：有的人圈子小，有的人圈子大。这启示我们的家长：除了自己当好孩子的榜样，还要给孩子选好身边的榜样。

向正能量的人看齐

"物以类聚，人以群分"。孩子有什么样的榜样就预示着什么样的未来。现实中总有家长感慨："为什么别人的孩子那么优秀？"于是，一边在羡慕别人家孩子优秀，一边又让孩子在平庸的圈子里打转。形成这种状况的一个重要原因就是孩子身边缺乏优秀的人，缺少积极进取的人。孩子原本很优秀，经常和消极的人在一起，受了周围那些消极的人影响就会渐渐颓废，变得平庸。

孩子只有在马群里跑才能成为骏马，在牛群里跑是成不了骏马的。如果孩子的榜样是积极向上的人，孩子就可能成为积极向上的人。孩子若总是看到比自己优秀的人，那就说明孩子正在走上坡路。孩子和优秀的人在一起就会看清自己的差距，在潜移默化中带动自己成长，让自己变得优秀起来，前行的路也会越走越宽广。

家长想让孩子聪明，就要让孩子和聪明的人在一起，他才会变得睿智；想让孩子优秀，那你就要让孩子和优秀的人在一起，他才会出类拔萃。除了教育引导孩子和优秀的人在一起，还要让孩子与以下几种人在一起：

一是和善良的人在一起。善良的人会在孩子陷入困境时伸出援手，会在孩子面对尴尬局面时解围。和善良的人在一起，可以教会孩子真诚待人，人生路会越走越平坦。

二是和低调的人在一起。低调的人大多锋芒不外露。他们懂谦卑，不炫耀自己。孩子和低调的人在一起就能变得沉稳内敛，不羡慕繁华，不刻意雕琢，让自己的优势得以沉淀，为自己的人生增添厚度。

三是和情绪稳定的人在一起。情绪稳定的人懂分寸，知进退。孩子和情绪稳定的人在一起就能学会控制自己的情绪，做情绪的主人。

选择榜样有技巧

选对榜样，有益一生；选错榜样，贻害无穷。作为家长，在为孩子选择榜样时要把握好两个维度。

1. 把握好榜样的层次性。

现实中，我们一些家长给孩子选的榜样太大、太空，比如，科学家、工程师、航天英雄等，离孩子太远，孩子看不见，摸不着，自然无法学习效仿。因此，家长在为孩子选择榜样时应把握好层次性。

一是近期榜样——身边的榜样。孩子看得见，摸得着，易于学习。孩子年龄越小越容易向身边的榜样看齐。比如，孩子自己家、亲戚家的哥哥、姐姐，孩子的朋友，不一定要求十全十美，只要在德智体美劳的某一方面比较好都可以作为孩子学习的榜样。

二是中期榜样——职业榜样。孩子随着年龄增长，上了中学之后，就会对自己未来想上的大学和想从事的职业有所期冀，有所向往。家长可根据孩子的职业期许为孩子选择一个或几个有德行、有志向、有作为的人，作为孩子未来奋斗的一个标杆或者一个目标。这种未来榜样，一般都是相关行业的翘楚，家长可引导孩子从他们身上学习孜孜以求的探索精神、精益求精的工作作风、扎实认真的工作态度，立志成为他们那样的人。

三是长期榜样——精神榜样。孩子的成长需要精神引领，家长引导孩子把自己喜爱的中外名人，像毛泽东、周恩来、钱学森、爱因斯坦等作为自己的精神导师和人格榜样，引领自己不畏艰难，拼搏进取，成为某一方面的人才。

2. 注意榜样的针对性。

孩子选择榜样和选择朋友一样，喜欢选择兴趣相投、爱好相似、性格相近的人作为自己的榜样。家长可根据孩子的这一特点选择适合孩子的，或孩子易于接受的人作为榜样。从兴趣爱好来说，孩子喜欢体育，可选择有体育特长的伙伴作为榜样；孩子喜欢艺术，可选择有艺术特长的伙伴作为孩子的榜样。根据孩子的职业取向，孩子想当医生，可以钟南山、吴孟超、林巧稚、李兰娟等为榜样；孩子想当教师，可以于漪、魏书生、贾志敏、于永正、李镇西等为榜样。

家长为孩子选择身边的榜样要注意两点：一是不要选择与孩子兴趣爱好差距大的人作为榜样。比如，孩子喜欢画画不喜欢弹琴，就不要选择有弹琴特长而应选择有画画特长的伙伴做孩子的榜样。二是不要攀比。现在随着竞争压力增大，有些家长喜欢攀比，要求孩子样样都好。孩子本来成绩一般，非要逼着孩子向第一名的同学看齐。这是不明智的，只会给孩子带来伤害，让孩子更加没有自信，甚至会从内心厌恶成绩好的同学。

正确看待孩子"追星"

说到榜样引领，"追星"是一个绕不过去的坎。许多孩子，尤其是青少年时期的孩子，都有一个或几个崇拜的歌星、影星或体育明星。他们常常把这些明星当作榜样、偶像，甚至心目中的"神"，房间里贴着明星的图片，行为举止都模仿心仪的明星。孩子之所以"追星"，是因为他们心中的明星，外表光鲜亮丽，才华横溢，在舞台上光彩熠熠。于是孩子很自然地把他们当成学习的楷模，幻想自己能够与他们一样，追寻自己的梦想，被无数粉丝热捧。

"追星"是孩子成长过程中一种正常的心理现象。对孩子而言，追星是一把双刃剑，把握好了，有利于孩子成长进步。作为家长要理智地看待孩子"追星"。堵是不行的，关键在引导。要引导孩子不要光看明星舞台上的光鲜亮丽，而应学习明星追求自己梦想的决心和毅力。要让孩子明白，没有"台上一分钟，台下十年功"的艰苦磨炼是成不了明星的。明星背后付出的努力比我们想象的要多得多。以明星为榜样，就要了解明星的成长经历，像明星一样，对学习、对工作有丝毫不敢懈怠的进取精神，坚定而努力地完成自己一个又一个人生目标。

孩子追星没有错，错的是心态与做派。很多时候，孩子"追星"对父母来说是一种迷惘和叛逆。如果把握不好，则会给孩子成长带来不利影响。家长一定要了解孩子，关注孩子，引导孩子把追星作为通向美好的途径，而不是盲目效仿，把所喜爱的"明星"当成花钱的"黑洞"，满足物欲的样板，步入迷途的桥梁。

② 从图书媒体中寻找榜样

孩子在成长的过程中，受图书、报刊、电影、电视、网络的影响是巨大的。做家长的要高度重视图书及各种媒体对孩子的影响，注意从书中，从各种媒体上，为孩子选择健康向上的榜样。

选择心仪的人物榜样

图书、媒体对孩子影响最大的是其中的人物。孩子上学之前，对其影响大的主要是图书、影视作品中神话故事、童话故事的人物，像孙悟空、奥特曼、白雪公主、灰姑娘等等；孩子上学之后，崇拜的偶像主要是人物传记、小说中的主人公，像科学家、英雄人物等。

诺贝尔奖化学奖获得者维格诺德小时候，父亲给他买了一本有关诺贝尔的图画书。维格诺德看过以后，开始崇拜诺贝尔，后来又看了一些有关诺贝尔的书，被诺贝尔不怕危险、全身心做实验的精神深深打动。他开始效仿诺贝尔，做了一次又一次的化学实验。可以说，喜欢诺贝尔，坚持做实验，是维格诺德在化学上成功的基础。

谁会想到，维格诺德的成功竟源于一本小小的图画书。家长以故事中的人物为榜样来教育引导孩子是一种很不错的方法。

1. 为学前的孩子选榜样。

学前的孩子特别爱听故事，家长不妨选取孩子喜欢的故事，用故事里的人物作为教育引导孩子的榜样。有两点需要注意：

一是注意引申。家长不要单纯地为讲故事而讲故事，而是要注意故事内容的引申。比如，在给孩子讲述绘本"小兔波力品格养成系列"中小兔波力的故事时，可引导孩子学习波力如何面对困难、如何战胜恐惧、如何关爱别人、如何与人相处的品格。只要家长引导到位，就可以让孩子受到潜移默化的熏陶，养成健全而有魅力的品格。

现在，有些小男孩在电视、网络上看了动画片《西游记》《奥特曼》等，便学着孙悟空、奥特曼的样子拿着棍棒、水枪到处惹事；有些小女孩，看了"公主"系列的动画片，也学着"小公主"的样子要求穿漂亮的衣服、吃好吃的食物，处处要人伺候。这就不好了。家长一定要搞好引导，不要学歪了。

二是不要把反面人物当榜样。有的孩子由于缺乏有效引导，把童话故事、动画片的反面人物当成学习的榜样。比如，有的小男孩看了动画片《喜羊羊与灰太狼》，觉得灰太狼厉害，就学着灰太狼的样子吓唬女孩。孩子选择这样的榜样不利于健康成长，家长一定要搞好教育引导，把孩子注意力引到正道上来。

2. 帮上了学的孩子选榜样。

孩子上学之后，为孩子选择榜样就应从神话人物、童话人物转向真实人物。家长可根据小学生以形象思维为主的特点给孩子讲科学家、艺术家、文学家、思想家、政治家、能工巧匠追求真理、为事业献身的故事，也可根据孩子自己的兴趣爱好，借助图书（课本）、报刊、电视、网络，选择他自己学习的榜样。爱好唱歌跳舞的孩子可鼓励其以歌唱家、舞蹈家为榜样；爱好数学的孩子可鼓励其以工程师、科学家作为自己的榜样。

孩子小学高年级之后，可鼓励其多读名著，多读名人传记，让孩子以名人为榜样，养成博大襟怀、坚强意志、优良品德。

12 岁的王嘉鹏是一名小学五年级学生。1993 年 7 月 23 日，因乘坐的飞机坠落到一个芦苇湖中，致使他腰椎爆裂骨折，下肢截瘫，成了残疾。母亲为了激励儿子，买了许多名人传记，特别是那些身残志坚者的传记，以榜样的力量来激励儿子振作起来。王嘉鹏从名人传记中找回了信心，找回了人生的坐标和尊严。

名人传记可以陶冶孩子的人格，激励孩子不断战胜前进道路上的困难与挫折。家长还可以引导孩子，在读名人传记时写读书笔记、读书感悟，激励孩子学习优秀人物的品格，不断对照自己，鞭策自己，不断自我觉醒，立志干一番事业。

遗憾的是，前些年媒体娱乐化盛行，一些影视作品、网络平台、综艺节目刻意迎合大众低俗口味，一些不好的言行刷屏霸屏，对孩子的审美及言行产生了误导，许多孩子把自己打扮得不伦不类。这就需要家长搞好引导，注意用优秀的文化产品滋养孩子的心灵。面对眼花缭乱的电视节目和良莠不齐的网络内容，家长严格把关，自觉抵制不良作品对孩子的侵蚀，防止孩子盲目效仿，误入歧途。

从图书媒体中寻找无形的榜样

除了图书、媒体中的人物，一些好书及优秀的媒体内容本身也会成为引领孩子成长进步的"榜样"。作为家长，要注重发挥优秀图书、报刊及电视、网络中优秀作品对孩子的作用，让孩子在优秀作品引领下健康成长。

对于幼儿来说，好的绘本、幼儿画报，有趣的电视节目、网络内容都是孩子学习的"榜样"。孩子在这些"榜样"的引领下会产生阅读兴趣，进入快乐的阅读之旅；可以从中懂得一些道理，明白什么事可做，什么事不可做；可以透过图画、语言、韵律和故事情节的美，提升自己的表达及色彩感知能力，形成正确的审美观，提升欣赏水平和想象力。

对于小学生、中学生来说，优秀的图书、报刊、电视节目、网络内容就是一个无形的"榜样"，会引领孩子扩展知识面，向往科学、热爱科学，激发孩子对动植物、天文地理、气象、数学、物理、化学等领域的探索兴趣，升华孩子的精神境界，激发孩子创造的热情，让孩子的心灵变得高尚。

对于上大学以后的孩子，优秀的作品会成为其心灵的启蒙者，改变孩子的思想观念，引领孩子有所感悟、有所提高，思想有所升华。孩子一旦被一本好书（或文章）所吸引、所折服，就会产生巨大的榜样联动效应。

作为家长，在从图书媒体中为孩子选择优秀作品作为"榜样"时，要注意发现孩子的阅读倾向与爱好，选择孩子最喜欢的、对孩子最有益的内容，宁少毋多。只有让孩子喜欢，让孩子不断享受阅读的乐趣，才能真正起到滋润孩子心灵的作用。

早期发现法

一个合格的家长，首先是一个伯乐，一个发现者。作为家长，要先了解孩子，再教育孩子。只有多角度、多方位地了解孩子，及早发现孩子的潜能、兴趣爱好、特长，及时发现孩子的所思所想、优点缺点，才能有针对性地实施教育，确保孩子在成才的道路上稳步前行。

② 成功家教始于"发现"

家庭教育成功的秘诀：先发现，后培养。每个孩子都是独一无二的个体。很多时候，对别的孩子有用的教育方法，对自己的孩子未必适合。真正科学的教育是在促进孩子全面发展的同时发现孩子的优势，寻找孩子身上的兴趣点、闪光点，通过科学培养，把孩子的潜能开发出来。

早期发现是因材施教的依据。学习成绩优秀的孩子容易自负，看不到自己的不足需要家长及时点拨，启发孩子的内省点，让其戒骄戒躁，追求卓越；成绩中等的孩子缺少拼搏精神，动力不足，需要家长摸准孩子的兴奋点，鼓励其改变现状，不断超越自己；成绩差的孩子易于自卑消沉，"破罐破摔"，需要家长挖掘其闪光点，鼓励孩子放下包袱，轻装前进。

早期发现是孩子成才的起点。家长是孩子最权威、最合格的伯乐。美国的一项调查显示，87.6%的成才者其智能强项是在童年、少年时期被父母发现的。对于家长来说，发现了孩子的智能强项也就找到了孩子未来成才的趋向，找到了孩子成才的起点。家长要做的就是睁大发现的慧眼，全方位地了解孩子的潜能、兴趣、特长、个性等，发现自己孩子不同于其他孩子的特质，然后适时进行科学引导。

发现潜能点

20 世纪初，著名心理学家威廉·詹姆斯发现，一个普通的人只运用了其能力的 10%，还有 90% 的潜力。也就是说，每个人身上都有大量尚未开发的潜能。从孩子成才的视角出发，家长除了了解孩子的身体发育、身体健康状况，还需要发现孩子的潜能。这是因为孩子的许多潜能都有一个"关键期"，如不及时发现、科学培养，就会"用进废退"，一旦错过，即便花费数倍的力气，也难以取得最佳的效果。

1. 发现智力潜能。

孩子智力开发得如何直接影响着其以后的发展。家长要多侧面观察、了解孩子的智力特点和优势，有的放矢地加以培养。

以 6—8 岁的孩子为例，当你发现孩子对物体的颜色、形状敏感，外出很少迷路，方向感强，说明你的孩子在感知力方面有优势；发现孩子能很快发现物体之间的差异，比如去动物园看狮子，能准确说出狮子的数量、雌雄、色泽、形态等，说明你的孩子在观察力方面有优势；发现孩子背东西特别快，故事讲一遍就记住了，课文读两三遍就会背了，说明你的孩子在记忆力方面有优势；发现孩子特别会编故事，看到天上的云彩、山上的石头能很快说出像什么，说明你的孩子在想象力方面有优势；发现孩子喜欢下棋，擅长做找规律题和智力测验题，说明你的孩子在思维力方面有优势；发现孩子总是有奇思妙想，想问题和常规思路不同，搭积木、玩拼图总能玩出新名堂，说明你的孩子在创造力方面有优势。

2. 发现特殊才能。

孩子的智力构成虽千差万别，但每个孩子都有一个或几个属于自己的智能强项，像语言智能、身体运动智能、音乐智能、人际交往智能、自然探索智能等等。

家长若能及早发现孩子的特殊能力并加以培养，就可以帮孩子找到成才的方向。例如，发现孩子喜欢与人交谈，喜欢听故事、讲故事，喜欢读书、写作，说明孩子有语言潜能，可能的成才方向为作家、诗人、记者、编辑、主持人、播音员、律师等；发现孩子喜欢听物体发出的声音，学歌快而准，对乐器和音乐感兴趣，能敏感地感知音调、旋律、节奏和音色，说明孩子有音乐潜能，可能的成才方向为作曲家、指挥家、歌唱家、乐师、音乐评论家等；发现孩子对数字敏感，喜欢玩魔方、智能玩具，喜欢下棋，擅长归类、拼图，喜欢数学运算，说明孩子有数学逻辑潜能，可能的成才方向为科学家、会计师、工程师、程序员、精算师等；发现孩子喜欢涂鸦、搭积木、折纸，对色彩、线条的敏感性很强，善于运用色彩、线条、平面图形和立体造型表示感兴趣的事物，说明孩子有视觉空间潜能，可能的成才方向为画家、建筑学家等；发现孩子能说会道，喜欢交朋友，喜欢编故事，喜欢脑筋急转弯、猜谜语，喜欢表演、辩论，说明孩子有人际交往潜能，可能的成才方向为教师、社会工作者、演讲家、公务员、外交人员、演员等；发现孩子喜欢小动物，喜欢花草树木，喜欢山水园林，对奇特的建筑感兴趣，说明孩子有自然探索潜能，可能的成才方向为农艺师、植物学家、动物学家、生态学家、园艺设计师等。

发现孩子的特殊才能是一个长期的过程，即使家长为孩子找到了成长方向，也需要结合孩子的兴趣爱好，精心培养，不可过早定向。

发现兴趣点

兴趣是孩子打开成功大门的钥匙。法国昆虫学家法布尔，从小就对昆虫着迷；我国国际象棋大师谢军，从小就酷爱国际象棋。

第四届"全国十佳少先队员"车亮，小时候不管什么东西拿到手里都想拆开看一看。爸爸发现了他有探究兴趣，没有责怪他，而是要求他"怎么拆的，再怎么装上"。车亮每次拆玩具都很小心，先把拆下的零件按顺序摆好，琢磨明白后再一一装上。就这样拆了装，装了拆，车亮成了小小发明家，刚上学就获得3项国家专利。

孩子小时候对周围事物充满好奇，充满兴趣，只是随着年龄的增长，兴趣发生了分化，真正喜欢的保留了下来，成为长期兴趣。

家长只要留心观察就会发现孩子的兴趣点。有的孩子喜欢唱歌，有的孩子喜欢画画，有的孩子喜欢武术，有的孩子喜欢手工，有的孩子喜欢探索，有的孩子喜欢小动物……凡此种种，都是孩子的兴趣点。只是每个孩子的情况有所不同，有的孩子兴趣广泛，有的孩子兴趣单一；有的孩子兴趣点多一些，有的孩子兴趣点少一些。家长发现孩子的兴趣点，有三点需要注意。

一是发现中心兴趣。孩子小时候，喜欢的东西很多，但喜欢的不一定都是真正感兴趣的。

有一个家长，为了寻找孩子的兴趣点，根据孩子的意愿送孩子去画画、弹琴、打羽毛球、学游泳。孩子开始很喜欢，可练习了一段，就不想去了。直到有一天，家长发现写作文是令孩子快乐的一件事情，而且孩子的作文写得很好，知道了孩子的中心兴趣点在写作上。

二是保护正当兴趣。对孩子正当的兴趣，家长一方面要给予支持，但期望值不要太高，不要一看到孩子喜欢钢琴就希望孩子成为郎朗；另一方面不要干涉，有的家长发现孩子兴趣不是"高大上"的，或不是自己所希望的，就干涉阻止，对孩子发展不利。

三是限制不正当兴趣。对孩子的不正当兴趣，像痴迷玩手机、打游戏，喜欢看不健康的书籍、影视作品等方面的兴趣，家长要予以限制。

发现优缺点

每个孩子既非完人，也非一无是处，都有优点和缺点。家长只有善于发现孩子的优点与缺点，才能有针对性地实施教育。

1. 发现孩子的优点。

一是发现孩子的特长。特长是孩子走向成功的捷径。有的孩子特长很明显，容易被家长发现。比如，有的孩子歌唱得好，有的孩子琴弹得好，有的孩子画画得好，有的孩子手工做得好，有的孩子擅长表演，有的孩子擅长写作……

对于孩子的特长，家长应持这样几种态度：其一，孩子有拔尖的特长，可考虑作为孩子未来的职业方向，就像爱迪生小时候做实验的特长，"全国十佳少先队员"车亮小发明的特长，远远超过其他的孩子。这种特长就有希望成为孩子未来成才的方向，可大力支持，重点培养。其二，有些特长，如弹琴，需要先天禀赋和后天悟性，若孩子的特长不是出类拔萃的可作为生活的调节，就像傅雷对待傅聪的弟弟傅敏一样，不要作为孩子的职业目标。现在有不少孩子，钢琴过了八级、十级，最后真正成为钢琴家的很少。其三，有的孩子特长不明显，家长也不要担心，只要发现孩子对某种活动感兴趣，经过一段时间的练习就变成特长了。

二是发现孩子的好习惯。孩子的习惯会改变孩子的人生，左右孩子的成败。因此，家长要善于发现孩子的好习惯。比如，在生活上，不挑食，按时起床，自觉整理玩具、书包，放学回家先写作业再玩等；在学习上，课前预习，上课积极举手发言，遇到不会的问题，知道独立思考等；在文明礼貌上，来了客人知道主动打招呼、倒水等。这些都是好习惯，家长要多肯定、鼓励，让孩子保持下去。

三是发现孩子的好品质。孩子的道德品质，关系到孩子将来做一个什么样的人。家长要注意发现孩子好的道德品质。比如在家，知道孝敬长辈，见了长辈主动问候，放学回家自觉帮父母干家务；在学校，学习态度端正，学习刻苦认真，尊重老师，团结同学，遵守纪律，知错就改；在社会上，知道用文明礼貌用语，关爱老人，自觉遵守社会秩序，不闯红灯，知道公共场所保持安静。

2. 发现孩子的不足。

一是在习惯方面。一些孩子有许多不良习惯，对成长进步不利。比如，在生活上挑食，没有时间观念，赖床，学习用具、玩具、衣服鞋子等扔得乱七八糟，放学回到家玩到很晚了才想起写作业；在学习上，不注意听讲，爱做小动作，不爱独立思考，让家长代替自己写作业；在文明礼貌上，见了长辈、老师不知道问候，来了客人爱理不理。这些都是不良习惯，需要家长指导孩子慢慢矫正。

二是发现孩子道德品质方面的问题。孩子的道德品质问题不可小视，小时候不注意纠正，一旦定型容易走向歧途。家长要留心观察，细心发现。比如，孩子在家以自我为中心，自私、霸道，不尊重家人，不孝顺老人；在学校不尊重老师，不遵守纪律，私拿别人东西，做错事不认错，不改错，不道歉；在社会上，没有规矩意识，闯红灯，抢座位，在公共场所大声喧哗。

孩子有缺点是正常的，孩子就是在犯错与改错中成长的。对待孩子的缺点与不足家长要持正确的态度：一方面督促孩子改正，改了就好，要看到孩子的进步与变化，不要怕反复，不要紧盯孩子的缺点不放；另一方面不要护短纵容。有的家长看到孩子犯了错，自己舍不得管，也不让老师管，还动辄到学校、教育局闹事。这样只会让孩子小错变大错，等到法律制裁的时候后悔也来不及了。

❷ 早期发现的途径

为什么意大利教育家蒙台梭利的教育法会受到全世界无数幼儿教育工作者和幼儿家长的推崇？一个重要秘诀就在于"发现"：发现孩子的潜能，发现孩子的敏感期，发现孩子行为背后的秘密，通过巧妙引导让孩子的潜能得到最大限度的发挥。这就启示我们家长，每个孩子都是一个独特的"宝藏"。家长要做的就是巧妙地打开这个"宝藏"。

观察中发现

1. 在日常生活中观察。

生活就像一个大舞台。家长可借助这个舞台，从日常生活的点点滴滴观察孩子，了解孩子。看到孩子表达清晰，能讲精彩的故事，会有声有色地背诵诗词，喜欢读书，说明孩子表现出了语言才能；看到孩子喜欢根据大小和颜色把玩具分类，喜欢画各种图形，喜欢下棋，喜欢折纸、拆装玩具，喜欢问问题，说明孩子表现出了数学、逻辑、科技方面的才能；看到孩子喜欢模仿，喜欢扮演角色，擅长把动作赋予表情和情感，喜欢对人和事发表评论，不怯场不怕人，做事有计划，说明孩子表现出了表演才能。

此外，家长通过孩子在家自我服务、做作业、帮父母干家务、对家人迎来送往等，可以发现孩子在生活习惯、生活能力、学习习惯、敬亲孝老方面的长处与不足。

2. 在活动中观察。

活动是学龄前孩子认识世界的主要途径，也是家长了解孩子的"窗口"。孩子的活动主要有两项：

一项是体育活动。家长若通过体育活动这个"窗口"看到孩子喜欢体育器械，喜欢看体育节目，喜欢模仿运动员的动作，学得快，动作优美，说明孩子有身体动觉才能，有运动员的潜质。反之，发现孩子在体育活动中肢体配合不协调，跳舞不好看，动作不优美，说明孩子在身体动觉方面感统失调，需要家长引导孩子加强锻炼，增强体质体能。

另一项是游戏活动。游戏是孩子的最爱，百玩不厌。年幼的孩子特别喜欢过家家、搭积木、捉迷藏等游戏，家长可通过游戏这个"窗口"多方位地观察了解孩子。比如，看到孩子对表演游戏特别感兴趣，喜欢扮演各种角色，且模仿得有模有样，说明孩子有表演方面的兴趣和特长；看到孩子特别爱玩智力游戏、棋类游戏，说明孩子在观察、图形知觉、思维等智力品质和数学方面有优势。此外，家长通过音乐游戏可以发现孩子的音乐潜能，通过讲故事游戏可以发现孩子的语言潜能，通过绘画游戏可以发现孩子的绘画才能。

谈话中发现

孩子从呱呱坠地便开始与父母交流。孩子也是在与家人的交流中一步步成长的。家长可利用孩子对家长的信任和依赖，利用孩子"口无遮拦"、什么都讲的特点多多了解孩子。了解孩子的兴趣爱好，了解孩子的优劣短长，了解孩子的喜怒哀乐，为下一步的教育引导提供依据。父母欲从交流中了解孩子的情况需要注意两点。

一是放下身段。以朋友的身份，而不是以家长、教育者的身份与孩子交流。孩子心中没有了芥蒂，没有了负担才会相信家长，敞开心扉，把心里话告诉家长，家长才有可能了解孩子的真实情况。

二是多听少说。家长要了解孩子的情况，就要营造气氛，创造条件，平心静气地听孩子说。孩子的话匣子一旦打开就会滔滔不绝，把心中的小秘密告诉家长。家长听孩子讲喜欢什么、不喜欢什么，喜欢参加什么活动、不喜欢参加什么活动，喜欢上什么课、不喜欢上什么课，可以了解孩子的兴趣爱好，智力潜能；听孩子讲引以为傲的"成绩"，可以了解孩子的特长；听孩子讲在幼儿园、学校的表现，可了解孩子的优点、缺点。孩子讲得越多越细，家长了解的情况就越多，对孩子的认识就越全面，越客观。

从作品里发现

孩子的潜在智能、兴趣爱好、才华，常常反映在他的作品里。比如作文、日记、美术作品、剪纸作品、小制作、小发明等等。家长只要留心查看孩子的作品就会有所收获。

有一个妈妈，从小学四年级女儿的作文《对 20 年后生活的展望》里发现了不少有价值的信息：女儿的作文写得很棒，老师评判为"优秀"；女儿喜欢数学，表示将来要当一个数学家；女儿平时嘴上没说，但在作文里表示，自己将来结婚要生 3 个孩子，让孩子快乐地成长，不希望严厉管教——重复妈妈的错误；女儿作文内容不错，但字迹有些潦草，不整洁，不美观，老师在评语里也提醒孩子注意。

这就启示我们的家长，孩子作品里隐藏着其内心秘密和智能密码。家长在查看孩子的作品时，不要光看分数和对错，更要透过作品发现作品背后的东西。比如，看到孩子作文总是被老师在批语里肯定，说明孩子有写作才能；看到孩子的解题方法新颖独到，或小制作别具一格，说明孩子有创造潜质；看到孩子的作业干净整洁，摆放有序，说明孩子有做事严谨的品质；看到孩子在日记里，发泄不满，说明孩子遇到了不顺心的事情，需要家长疏导。

从周围人的评判中发现

孩子上了幼儿园、小学之后，大量的时间是在家庭之外度过的。特别是孩子上了中学之后，时常向家长关闭心灵的大门。所以，家长要全面了解孩子的情况，还需要倾听周围人，尤其是老师的意见。家长从老师那里了解孩子的情况，要有两点需要注意。

一是全面了解情况。不要单一地了解孩子的学习情况，尤其是学习成绩，班级排名，而应全方位了解孩子在学校的各种表现，像优势学科，薄弱学科，孩子参加课外兴趣小组情况，孩子交友的情况，孩子的主要优缺点等。

二是把老师的意见作为参考。老师面对的是几十个孩子，对每个孩子的了解不可能像家长那样精细。再说，老师也是人，有时难免带有主观的色彩。一般情况下，老师会客观地看待每一个孩子，但老师也有好恶，对喜欢的学生和不喜欢的学生评判是有差异的。所以，家长不要把老师的意见作为评判孩子的标准，而是作为参考。

需要注意的是，有时老师讲的情况和家长看到的并不一致。比如，有的孩子善于伪装，在学校可能是一个尊敬老师、好学上进的好学生，在家里却是一个唯我独尊的"小皇帝"。所以，作为家长，对老师的意见，尤其是孩子品行方面的意见，一定要以谨慎的态度加以分析，把老师的意见和自己观察了解到的情况加以比较印证之后再做判断。

除了老师，家长还可以通过孩子的同学、朋友，通过亲戚、邻居，了解他们对孩子的看法。有道是"当局者迷，旁观者清"，家长只有将孩子在家里的情况和在学校的表现、在社会上的表现综合起来评判，才能比较客观地认识孩子、了解孩子。

实践锻炼法

孩子是在体验中成长、体验中成熟的。实践越多，体验越多，感受越深，越有利于成长。现在的孩子长期生活在单纯而优渥的环境中，缺乏艰苦生活的锻炼，往往无法适应充满竞争的社会。孩子成才不是轻而易举的，需要家长给孩子提供实践锻炼的机会。只有在实践中经历磨炼捶打才有可能成才。

🫶 生活是实践的舞台

生活不只是柴米油盐，还是实践的舞台；生活不只是酸甜苦辣，还是人生的学校。生活的历练可以让孩子学到生存与生活的本领，促进心智成熟。家长要铭记著名教育家陶行知说的话："解放孩子的头脑、双手、脚、空间、时间，使他们充分得到自由的生活，从自由的生活中得到真正的教育。"

从锻炼中强健体魄

锻炼可以强健孩子的体魄，提升孩子的反应能力，磨炼孩子的意志。家长可从家庭实际出发，积极创造条件，教育引导孩子从小开始，进行身体锻炼。

一是自然锻炼。利用孩子喜欢户外活动的特点，时常带着孩子到户外晒晒太阳，增强孩子适应外界环境的能力，提升免疫力；利用孩子喜欢玩水的特点，从夏天开始，让孩子用冷水（冬天用温水）洗手、洗脸，促进血液循环，增强孩子对温度变化的适应力，预防感冒。

二是游戏锻炼。利用孩子喜欢游戏的特点，在保证安全的前提下，让孩子进行走、跑、跳、攀、平衡等方面的锻炼；利用孩子好胜心强的特点，鼓励孩子积极参加家庭体育比赛，比如，家长与孩子进行跑步比赛、拍球比赛、跳绳比赛等等；利用孩子爱郊游的特点，借助节假日或休息时间，带孩子到户外开展健康有趣的体育活动，像爬山、爬树、游泳、打球等：增强孩子的体质，提升孩子的身体协调能力、快速反应能力。

三是体育锻炼。孩子上学之后，千万不要只抓孩子的学习，把身体锻炼放弃了。一定要密切配合学校，教育引导孩子坚持进行身体锻炼，养成锻炼的习惯。一方面，要求孩子在学校上好体育课，练好规定的体育项目。另一方面，鼓励孩子按照自己的兴趣，参加一些喜欢的体育活动项目，如田径、球类、体操、游泳、攀岩等；鼓励孩子积极参加社会组织的青少年体育活动，利用节假日，进行远足、爬山等有氧运动。

从实践中学会自理

孩子的快乐、成功，不是花钱买来的，而是靠自己亲身实践获得的，是自己经历挫折、战胜困难之后，从中体会到了"我能行"。

一个 13 岁的女孩来深圳舅舅家过寒假，想见见世面。舅舅跟她说："我除了供你住以外，你要自己起床，自己做早餐，吃完早餐要把碗洗干净，还有你的衣服要自己洗。我会给你一张深圳的地铁卡，你先用手机把深圳各个好玩地方了解一下，想去哪里玩，你自己都可以去。"孩子一听就懵了，没想到舅舅这么"冷酷无情"！接下来，女孩所有的事情都自己一个人完成。一个月之后，女孩回到家完全像变了一个人，什么都自己做，对人也很有礼貌。爸爸妈妈看到女儿的变化惊呆了，赶紧打电话问舅舅。舅舅的回答一语中的："自己照顾好自己。"

在家庭教育中，家长代替孩子做的事太多，就等于告诉孩子："你不行，我不相信你。"家长给孩子实践的机会少，孩子的自理能力自然无从发展。

教育家陈鹤琴先生说得好："凡是孩子自己能做的事，让他自己去做。"家长要做的，就是抓大放小，把好大方向。孩子职责范围内的事情，让孩子自己承担，家长进行必要的引导即可。

对孩子的自理实践教育应从小开始：孩子开始学习走路，就应按照其意愿，让他尝试"独立"；孩子 2—3 岁，教会其自己吃饭、喝水，收拾玩具；孩子 4—5 岁，教会其自己穿脱衣服、洗手，摆放、整理自己的玩具；孩子 6—7 岁，教会其叠被子，按照天气变化，选择每天要穿的衣服，自己穿好，坚持自己定闹钟叫自己早上起床；孩子 8—11 岁，让孩子独立负责自己的个人卫生，学会看管自己的个人财物，学会独立安排自己的活动。孩子上中学之后，家长更应引导孩子独立安排自己的生活，提高自理能力。

当然，家长在培养孩子自理能力时，不能完全放手不管，而应慢慢培养，逐步放手。一是相信孩子"行"。孩子有了信心，就会越做越好，慢慢真的"行了"。二是一开始要指导到位，把每一个步骤说清楚。比如说，指导孩子放自己衣服时可告诉孩子："裤子叠好，整齐地放在衣柜里；上衣用衣架挂起来，放在衣橱里。"孩子实践几次，就会了。三是平心静气地指导孩子，不要急。家长千万不要嫌孩子做得慢，直接包办代替。有的家长一看孩子做得不好，就训斥孩子："你怎么这么笨，这么简单都学不会。"如此一来，孩子没了兴趣，就不愿再学了。

从实践中学会劳动

美国哈佛有一个著名的格兰特研究，该研究长达 76 年，跟踪研究了 700 多人，发现成功者有一个相同点：从小做家务，日后职业更成功。智慧的家长都会巧妙地使用孩子，凡是孩子为家人做了好事——哪怕是端来一杯水，都会真诚地赞扬"有个女儿真好！""有儿子就是不一样！"孩子听了心里美滋滋的，觉得自己有用，更愿意帮父母做事。

一般来说，2—3 岁的孩子就可以帮家长把脏衣服放进洗衣机，和家长一起去丢垃圾。4—5 岁的孩子，可在家长指导下，饭后收拾桌子开始学习擦桌子、凳子，开始学习扫地、拖地，给花草浇水，给宠物喂水、喂食。6—7 岁的孩子，可在家长指导下把洗干净的衣服取出叠好，饭前摆放碗筷，饭后洗碗，学会择菜、洗菜，和家长一起做饭；到了学校，知道自觉值日，打扫教室、走廊卫生。8—11 岁的孩子，家里的大部分家务像择菜、洗菜、浇花、喂鸟、洗衣服、晾衣服、购买生活用品等都可以独自完成。

有些家务，像切菜、炒菜，使用家用电器需要家长协助完成，等孩子有了安全防范意识，完全熟练了再放手。

家长安排孩子干家务要遵循两个原则：一是和游戏结合。孩子小时候对什么都有兴趣，都想试一试。家长如能根据孩子的这一特点把干家务与玩游戏结合起来，比如，通过"家务天天做""小鬼当家""我是家庭小主人"等活动让孩子愉快地参与其中，不知不觉地体验到劳动的快乐，明白劳动的意义，体恤父母的辛劳，升华对父母长辈的孝心。二是符合孩子的年龄特点。家长安排的家务，孩子很轻松地就可以完成，是锻炼。反之，孩子感到很难、很累，怎么努力也完不成，那就是惩罚了。只要把握好一个合适的"度"，孩子一般都能坚持下来。

遗憾的是，我们现在的一些家长越来越注重孩子的知识教育，却越来越忽视孩子的劳动技能培养，总以为不让孩子干活是爱孩子，其实是间接地害了孩子。孩子不做家务，就不懂珍惜，不理解家长的辛劳，缺乏为家庭付出的责任感。

❷ 学习能力提升需要实践

我国古代思想家荀子说过："不闻不若闻之，闻之不若见之，见之不若知之，知之不若行之。"足见，实践学习对孩子成长、成才非常重要。

借助实践提升学习力

孩子的学习力主要由实践锻炼而来，与家长的教育方式密切相关。孩子学习力生成的关键期在孩子4岁前，并非上学以后。

心理学上有一个有趣的"汤匙效应"：

孩子很小的时候，喜欢自己用汤匙吃饭，而且不厌其烦。对幼小的孩子来说，用汤匙吃饭是一个极其复杂的过程。十指连心，孩子手指的协调能力受大脑神经支配。孩子从不会拿汤匙到会拿汤匙，从不能控制汤匙到运用自如，手指动得越多，手指协调能力就越强，就越会促进大脑发育、智力的发展。

孩子不仅吃饭如此，穿衣服、整理玩具、做简单的家务、玩游戏、搞小制作、小实验也是如此，都是通过小肌肉群的精细动作，促进大脑发育和学习力提升。

对于学前的孩子，家长要让其在实践中锻炼大脑，丰富感知，激发潜能，在保证安全的前提下，引导孩子对家具、餐具、服饰等物品看一看，听一听，摸一摸；对食物、水果、有关调料，闻一闻，尝一尝，通过丰富多彩的实践，发展孩子的感知；带领孩子尽可能多地接触大自然，通过认识花草虫鸟、山川河流、日月星辰、各种建筑，丰富孩子对外部世界的认知。

对于小学低年级的孩子，家长可利用其喜欢动手的特点，教孩子借助图纸进行拼装实践，引导孩子从事小制作、小组装实践，用纸折叠风车、飞机，用橡皮泥捏制小碗、小人、小动物、小房子等。

对于中、高年级孩子，家长可利用其求知欲强的特点，支持孩子积极参加兴趣班，进行物理、生物实验，在实验中学习了解空气、氧气、水、光的秘密，学习了解大气压、摩擦力、浮力、电磁原理，学习了解植物生根、发芽、开花、结果的过程，学习了解小动物出生、生长、发育的过程。

孩子动手能力强，益处多多：

一是有助于知识的迁移。动手能力强的孩子会通过丈量长度、面积等加深对数学知识的理解；听老师讲了实验的知识和程序后，能很快把实验做好。而动手能力差的孩子，则常常手足无措，只能跟着别人亦步亦趋。

二是有助于把"想象"变为现实。动手能力强的孩子会根据自己的想象，很快画出图案或制作出模型；应用能力差的孩子，虽然心中想得很好，但仅是想想而已。爱因斯坦的好友米克尔·贝宁一生好学慎思，从小就有强烈的好奇心和对科学的向往，但他的兴趣爱好仅停留在知识学习层面上，虽掌握了许多知识，终因缺乏实际应用能力，一生毫无建树。

借助实践学才艺

2021年5月6日，教育部召开新闻发布会，要求通过美育课堂让每一个学生都能掌握1—2项艺术特长，让他们有创造美的能力。这不仅是对学校的要求，也是对家长的要求。

事实上，孩子的特长不仅仅是艺术特长，还有体育特长、生活特长、表达特长、创新特长等。孩子某一方面的特长，或者说是本领、技能都不可能天生，只能源于兴趣，在实践中培养，在苦练中养成。

孩子获得技能、形成特长的最佳时机是童年时期，也就是我们常说的"童子功"。尤其是与职业密切相关的专业技能，像滑冰、滑雪、跳水、体操、舞蹈、钢琴、绘画、武术等更是如此，需要从小练习。家长要善于从孩子多姿多彩的实践中，发现孩子的特长。如果孩子有与特长相关的天赋和兴趣，不妨作为孩子未来的职业方向。

在 2022 年北京冬奥会上，有一个女孩特别亮眼。她就是夺得"两金一银"的 18 岁女孩谷爱凌。有朋友发来一个小视频，说"这个女孩在雪场上像九天仙女下凡"。谷爱凌厉害到什么程度呢？她不仅滑雪拿过很多奖牌，而且还是一个学霸，"SAT"满分 1600 分，她考了 1580分；加州女子越野跑的第二名，滑雪高手、篮球高手、女足高手，还会弹钢琴、射箭、攀岩、跳芭蕾舞等。

正是这些"绝技"让谷爱凌光焰四射。而哪一项"绝技"少得了实践学习、实践锻炼呢？这启示我们的家长要转变观念，重视孩子的实践锻炼，让孩子在动手、动脑的实践中掌握技能，增强本领。

年幼的孩子热衷于过家家、搭积木、滑滑梯、骑车、攀爬、做游戏，家长要在保证安全的前提下，鼓励孩子多参与。有一个"小小工程师"游戏很有意思，它通过让孩子以塑料瓶、纸盒、雪糕棒、奶粉盒、茶叶罐、卷纸芯为材料，搭建房子、灯塔、堡垒，"制造"飞机、汽车、轮船、火箭等，培养孩子的创造性思维及实践技能，值得家长学习借鉴。

孩子上学后，可鼓励孩子参加课外兴趣小组，比如体育、绘画、音乐、手工、劳动等，培养孩子多方面的技能；孩子上了大学，尤其是学工科的孩子，家长一定要重视孩子的实习，让孩子通过实习实践，加深对所学的专业知识的理解，提升动手能力，为尽快熟悉和适应未来的工作奠定良好的基础。

当然，孩子小时候的主要目标是全面发展，对孩子"体音美"方面的特长可引导发展，但不要早早定型。如果孩子没有"体音美"方面的天赋与兴趣，过早定型，将不利于孩子以后的发展。

❷ 靠实践立足社会

《吕氏春秋》有言："始生之者，天也；养成之者，人也。"意思是说，人的自然性是天生的，而人的社会性，包括能力素质、道德品质、言谈举止等离不开后天的实践养成。孩子将来要顺利在社会上立足，就要从小让孩子进行社会实践锻炼。

从实践中认识社会

有句话说得好："家长真要爱孩子，就要早早让孩子去了解社会，认识社会。"孩子只有认识了社会才能适应社会，在社会上找到自己的位置。做家长的要引导孩子从小参加社会实践，在实践中了解社会、认识社会。

一是引导孩子了解社会构成。家长可通过让孩子参加游戏、去公园、看电影、乘车等让孩子明白，社会是由人群组成的，只要有人群的地方，就是一个"小社会"，每一个人就是一个社会成员。可带孩子走出家庭，通过去幼儿园、学校、医院、公园、车站、电影院等，让孩子明白，社会是由一个个单位组成的，每一个单位就是一个"小社会"，我们的国家就是由一个个"小社会"组合而成的。

二是引导孩子了解社会环境。家长可利用节假日，通过旅游、研学的方式多带孩子走出去，不管是去山清水秀的地方观赏自然风光，还是到乡村去了解田园风情，都会开阔孩子的眼界，丰富孩子对社会的认知。反之，孩子足不出户，爱宅在家，自然难以全面了解社会。

三是引导孩子了解社会关系。社会关系就是人与人之间的关系。家长给孩子金山银山，不如带他多多了解不同的人或事。孩子只有在不断的实践体验中才会慢慢成熟，真正明白"成人世界是怎么回事"。

四是引导孩子了解社会生活。家长可以游戏的形式扮演爸爸妈妈、警察、军人、快递员、教师、医生、护士等各种社会角色让孩子了解这些角色的工作生活方式。孩子懂事后，可让孩子亲身参与社会生活，从实践中体悟社会生活。

孩子了解参与社会生活的方式很多，像实习、做志愿者、勤工俭学等都是很好的方式。

从实践中适应社会

一个人要在社会上立足，光有本事还不行，还要积极融入社会，主动适应社会。作为家长，我们要有意识地引导孩子在社会的舞台上经受锻炼，经受考验。

1. 提升社会适应能力。

一是适应社会环境。从小经常带孩子到儿童乐园、公园、书店等人员密集的场所，利用假期带孩子出去旅游，让孩子接触方方面面的人，逐步提升对环境的适应能力。孩子适应社会最直接、最有效的方式是实习、社会调查、做家教、勤工俭学、校园创业等。孩子上了大学之后，家长应鼓励、引导孩子多多参加社会实践，提升社会适应能力。

二是适应社会关系。社会关系包括家庭成员关系、同学关系、师生关系、同事关系、上下级关系、业务关系等。做家长的应多带孩子走出家门，广泛结交伙伴，让孩子成为一个乐于交往和善于交往的人。

三是培养家庭责任感。家庭是社会的细胞、职场的雏形，家长要从小明确孩子在家庭中的责任，让孩子学会自我服务，学会自己照顾自己，学会承担相应的家务。孩子有了同理心，无论在学校还是将来到了社会上，都会明确自己在学习、工作、生活中的责任，从而在实践中学习并掌握各种本领，努力履行职责，完成目标任务。

2. 适应社会规则。

孩子的社会规则意识需要在实践中逐步养成。从孩子上幼儿园开始，家长就要教育引导孩子在吃饭、游戏、睡觉等各项活动中，遵守活动规则，遵守纪律；孩子上学后，一言一行都要符合学校、班级的纪律、制度规定；孩子参加工作，要按照单位的规章制度办事。同时，孩子无论在家庭还是在社会上，都要在国家法律允许的范围内活动。

3. 选择职业方向。

孩子职业理想、人生目标的最终确定需要社会实践。鲁迅从"医"到"文"的转变，杨振宁从"实验物理"到"理论物理"的转变，都说明社会实践是检验一个人职业选择的重要标准。做家长的，一方面让孩子通过"身体力行"，在实践中增长才干和实际本领，真正"行"起来；另一方面，让孩子在多姿多彩的社会实践中，清楚自己喜欢什么、不喜欢什么，自己的长处是什么、不足是什么，自己将来适合干什么、不适合干什么，从而找准自己的职业方向。

4. 增强安全防范意识。

社会并非纯洁无瑕的童话世界，存在着许多安全隐患。做家长的从孩子懂事起，除了告诉孩子什么是真实的世界，还要通过让孩子看展览、听讲座、参加活动的形式亲自感知复杂的社会环境，增强防范意识，掌握防范的方法：不随便与陌生人搭讪，不贪小便宜，不轻信别人，晚上不走僻静的小道；找工作时，一定要搞清楚工作单位的性质、资质，不要盲目签约，尤其是女生，一定不要随意独自跟人走；遇到危险，要沉着冷静，机智脱身。孩子只有时刻绷紧安全之弦，才能减少危险。

激励督导法

激励是激发孩子内在动力的过程。恰当而有效的激励可以提振孩子的信心，激发孩子的潜力，甚至会引领孩子创造一个又一个奇迹。当然，对于正在成长中的孩子而言，身上都有惰性和一些不良习惯，光靠激励是不够的，还需要督导，只有将二者有机结合起来，才能收到理想的教育效果。

😊 善用激励出奇效

孩子的成长、成功，离不开激励。研究表明，经常受到家长夸奖和很少受到家长夸奖的孩子相较，前者成才率比后者高 5 倍。这就证明需要多鼓励、肯定、赞赏孩子，不断带给孩子自信和向上、向善的力量。但激励孩子不是无原则地乱夸一气，如果夸得不准确，孩子就会产生被骗的感觉；如果夸得太过分，孩子容易产生骄傲自满情绪。作为家长，在激励孩子时一定要讲究策略，方式、方法要正确。

遵从"希望法则"

所谓希望法则，就是永远让孩子看到希望。如果家长常夸奖说"干得好""又进步了"，孩子的眼前就会呈现出希望的曙光。相反，如果家长总是对孩子喊"你怎么这么笨""你这么没出息"，那孩子只会悲观失望。这就要求家长在激励孩子时遵循希望法则。

1. 激励孩子的梦想。

孩子的心中，不仅有无穷无尽的稀奇事，还有各种各样的梦想。尤其是幼儿园、小学的孩子更是如此。梦想是孩子的指路明灯，孩子心中有了梦想，也就有了希望，有了前进的动力。家长的任务就是激励孩子坚持自己的梦想，不断进取，为实现自己的梦想而不懈努力。

2. 让孩子相信自己"行"。

孩子的自信心不是天生的，是家长激励出来的。家长不断激励孩子，说孩子"行"，孩子就会产生"行"的感觉。反之，家长总爱找差距、挑毛病，比如孩子考了 95 分，非要追究为什么丢了 5 分，那只会适得其反，让孩子失去自信心，慢慢由"行"变得"不行"了。

3. 注重"正向强化"。

"激励用得好，白痴变天才"。这就是心理学上说的"正向强化"效应。在孩子平淡无奇的生命中蕴藏着很多"宝藏"，只要家长肯挖掘，就会不断收获惊喜。其实，每个孩子都需要认可和鼓励，亲人的肯定对他影响最大。家长要做的，就是在激励中放大孩子的优点，点燃孩子的希望：对学习差的孩子，要通过激励让他看到自己的特长，发挥自己的特长；对家境贫寒、身体残疾、身处逆境的孩子，要通过鼓励让他学会坚强，坚信"天无绝人之路"，只要不向命运低头，就有成功的希望；对自卑的孩子，要通过激励让他觉得自己不比别人差，别人能做到的，自己通过努力一样可以做到，从而树立起自信心。

激励要讲究艺术

1. 态度要真诚。

家长在激励孩子时态度要真诚，要尊重孩子，与孩子保持人格上的平等，千万不要高高在上。人们常说"理解万岁"。家长应学会换位思考，站在孩子的角度看问题，用良好的心态去陪伴孩子，与孩子沟通。看着孩子哪怕是取得了一点点进步，就要发自内心地鼓励他、耐心引导他，并用语言和实际行动支持他，激励孩子把自己的优点发扬光大。尤其在孩子遇到困难时，更需要家长抚慰，耐心鼓励开导，帮助孩子战胜困难。

2. 表扬的目的要明确。

一次恰当的表扬比十次泛泛的夸奖好得多。家长的表扬、鼓励中，应带着对孩子未来会变得更好的期望。"皮格马利翁效应"告诉我们，你期望孩子优秀，他最终会展示给你看。家长表扬孩子时，目的一定要明确，应针对孩子的进步。比如："你背书这么认真，作业写得这么工整，下次考试肯定有进步哦！"

家长千万注意，表扬应严格限于孩子的进步和优点，并以此来将孩子的关注点引向重视品行、能力、态度和良好习惯养成等方面，要让孩子对自己做的事情本身感觉良好，而不是对家长的表扬、称赞感觉良好。

3. 物质奖励与精神奖励相结合。

孩子，尤其是幼儿园、小学的孩子，心智尚不成熟，单纯的表扬、肯定，有时不能充分激发其不断向上的热情。当孩子取得进步、做出成绩时，家长可在表扬、鼓励等精神激励的同时，按照事先的约定，给孩子一定的物质奖励，比如孩子需要的文具、玩具、零花钱和一起去旅行等。需要注意的是，长期的、经常性的物质奖励，会使孩子产生错觉：离开物质奖励就不努力了，或者诱导孩子一味追求物质，形成拜金心理。所以，家长对孩子的激励，应物质奖励与精神奖励相结合，以精神鼓励为主，物质奖励为辅。

4. 激励方式多样化。

孩子年龄、性别、个性不同，所以对孩子表扬的方式也应该多样化：

一是无声的赞许。如微笑、点头、竖大拇指等。

二是口头表扬。如"你在公交车上给老爷爷让座，做得好""你独立解开了难题，了不起""你很努力，又进步了""你改正错误，做得对"等。有时候家长用问句式的表扬，比陈述式表扬更能透露出对孩子的喜欢，比如"在这幅漂亮的画里面，你最喜欢的颜色是什么？"

三是物质奖励。如发给孩子适用的小礼物、奖励喜爱的食品、带其外出活动等，让孩子感受到努力和进步的收获。

四是表扬孩子要及时。孩子的好行为一出现应尽快给予表扬。对年幼的孩子，表扬还可以在好行为发生的过程中进行，不一定要等到行为完成以后。如果不及时表扬，孩子就会淡忘，这样激励的作用就会不明显，甚至可能完全消失。

五是"出乎意外"的表扬。对比较调皮捣蛋、学习差的孩子，要抓住其身上闪光点"出乎意料"地进行表扬，常常会收到神奇的效果。

六是注重孩子行为的效果。孩子做了好事，家长可以形象地描述展示给他，让他明白自己的行为带来了很好的效果。比如，"你把垃圾扔进垃圾桶，很好！""你帮了小威同学，我很高兴！"家长要从对孩子的肯定中，加深他的印象，强化巩固孩子好的行为。

七是家长要说话算数。比如，家长承诺孩子："这次你考55分，下次你考60分，我就奖励你。"如果孩子真的考了60分，家长就应该兑现奖励，这样孩子才会不断进步。如果家长只是嘴上说说，不兑现承诺，孩子就会觉得家长说话不算数，以后家长再承诺什么，孩子就不相信了，再激励孩子也不会有好的效果。

❷ "激励""督导"巧结合

现在，许多家长对孩子的教育多是表扬肯定，俗称"戴高帽子"。赏识、表扬的确非常重要，但激励教育不是一味地表扬孩子，还需要与督导教育有机结合，方可收到良好的效果。

讲究督导艺术

督导不是眼睛盯着孩子，一个劲地讲道理，更不是无休止地唠叨、抱怨，甚至打骂，而是**巧妙地沟通，及时地提点，耐心地指导，适时地帮助，恰如其分地惩戒**。总而言之，要讲究方式方法，讲究督导的艺术。

1. 榜样式督导。

"以身作则，言传身教"是放之四海而皆准的督导方式。孩子的教养、兴趣、爱好等多半来自生长环境的耳濡目染，来自家庭成员的示范引领。

北大心理学博士奕戈，曾作为嘉宾登上过央视的"开学第一课"。他讲自己在读初中的时候一度沉迷网络，成绩一落千丈。爸爸为了他以身作则，戒掉了玩手机的习惯。每天他在屋里写作业，父亲就坐在屋外看书，而且认真做笔记，睡前和他分享。父亲的一言一行都被他看在眼里，在父亲的影响下，他逐渐回到了正轨。

事实证明，家长的管教、督导，最有效的方式是先管好自己，才能管好孩子。

2. 理解式督导。

当孩子考试没考好，或无意中犯了错误，一般的家长不是训斥就是唠叨，这样做往往适得其反。智慧的父母是先弄清状况，表示理解，然后有针对性地进行引导。

有一个女生放学回到家情绪不高，妈妈一问，原来是数学没考好。

妈妈一方面肯定女儿的上进心，一方面与女儿一起分析总结没考好的原因：既有粗心的因素，也有没有理解题意的因素。妈妈告诉女儿："考试只是对前段学习的一次检验，分数不能代表全部，问题提前暴露出来好，及时发现问题，改正问题，才能不断进步。"在妈妈理解式的引导下，女儿从情绪的阴影中解脱出来，慢慢恢复了快乐与活泼。

家长的理解、安慰是孩子克服困难、渡过难关的重要助力因素。

3. 参与式督导。

孩子，尤其是年龄小的孩子自主意识差。家长可根据孩子的这一特点积极参与到孩子的活动中去。比如，与孩子一起读书，一起参加诸如弹琴、画画、跳绳等活动，一起收拾房间、干家务。家长还可和孩子比赛他擅长的项目，像下棋、拼图、搭积木等，目的是激励督导孩子。比赛时家长可有意让孩子多赢一些，不可采用与孩子赌气、硬比等方式去刺激孩子。对心智尚不成熟的孩子来说，家长的合理参与会起到有效的督导作用。

4. 引导式督导。

孩子在学习的过程中遇到困难是很正常的事情。家长在辅导孩子学习时应相信孩子，遇到孩子不会做的题，不要直接告诉他答案，而应根据不同情况区别对待：对孩子自己能做的，可放手让孩子独立思考，自己解决；对孩子能力达不到的，可耐心引导，适时予以帮助。家长既不要管得过细，让孩子产生依赖心理，也不要完全放手不管，给孩子造成心理压力。要让孩子明白，学习是自己的事情，要善于独立思考，自己解决问题。自己实在解决不了的，可以查字典、问同学、问家长、问老师。为提高孩子查字典的效率，家长可跟孩子玩查字典比赛，列出生字，看谁查得快。孩子，尤其是男孩，喜欢挑战，比赛几次，查字典的速度就会大大提高。

5. 迂回式督导。

有的家长为督促孩子学习，一天到晚地唠叨。殊不知，重复的话孩子听多了就不再当回事，倒不如采取迂回式督导。

一个妈妈，教儿子做人做事要守信用。周末，儿子打游戏打了很久，作业也没做，妈妈就问儿子："你准备打到几点？"儿子看看钟，说："再打 10 分钟。""好，说话算数。"10 分钟过去了，儿子还在打，妈妈便平静地说："你不是说要说话算数吗？"儿子不好意思了，歉意一笑，马上关掉电脑。

有些家长喜欢用"急刹车"的方式让孩子迅速从一种状态进入另一种状态，比如从玩手机转到学习上，效果往往不佳。最好的做法是给孩子一个仪式感的缓冲期。比如，"你先把书桌收拾整齐，再去写作业。"有了仪式感的缓冲，孩子反而易于接受，比直接要求孩子效果好得多。

6. 正确"归因"督导。

孩子对自己的行为会不自觉地进行归因。比如，学习好，有的孩子会认为自己学习努力，注意方法，有的孩子则"归因"为自己聪明；同样，学习不好，有的孩子会认为自己努力不够，学习方法不得当，有的孩子则认为自己脑子笨，天生不是学习的料。

作为家长要多观察孩子，有针对性地进行正确"归因"指导。孩子学习好，应多肯定孩子的努力，鼓励孩子再接再厉，千万不要老夸孩子聪明。如果总夸孩子聪明，孩子就会放弃努力。许多聪明的孩子学习成绩不佳，就是不当夸奖的结果。同样，对于学习不好的孩子，家长千万不要说孩子能力不行，要引导孩子多从努力程度和学习方法上找原因。许多孩子之所以自暴自弃，破罐破摔，与家长经常骂孩子"笨蛋""傻瓜"不无关系。

7. 惩戒式督导。

人生在世，品行是第一位的。对孩子品行方面的问题，家长绝不能听之任之，更不能姑息迁就，一定要进行惩戒，让孩子明确自己的行为边界；知道做人要守德，违背家庭、社会伦理道德的事不能做；知道做人要遵纪守法，违反法纪的事坚决不能做。

现在的问题是，一些家长督导的方向偏了，对孩子的学习管得过多过细，而对孩子品行方面的问题则常常睁只眼闭只眼。这是不利于孩子健康发展的，许多问题少年的教训值得吸取。

8. 变外在督导为自我约束。

家长对孩子的督导说到底是一种外力约束。随着孩子年龄的增长，尤其是进入中学之后，家长督导的效能会越来越低。所以，对家长而言，最好的督导是变家长要求为孩子自律，让孩子自己管理自己，自己约束自己。

家长要做的，不是不断催促、不断加压，而是把自己的要求、自己的督导巧妙地转化为孩子的自律。许多"学霸"都有很强的自控能力，他们先选定目标、制定计划，然后倒逼自己严格落实计划，不达目的誓不罢休。要让孩子明白，成功的路上没有人会叫你起床，也没有人为你买单，你需要自我管理，自我约束。只有自己的方向自己把控，自己逼自己不断突破自我，才能在成功的道路上行稳致远。若安于现状不思进取，将会被时代淘汰。

融督导于激励之中

孩子的成长既需要激励，又需要督导。家长若巧妙地将督导融于激励之中，常常可以收到意想不到的效果。

1. 建立"优点银行"。

家长可在口头激励的同时为孩子建立一个"优点银行"。具体做法是：准备一个笔记本，只要孩子在品行、学习、人际交往、行为习惯、参加活动等方面有进步，就及时记录在笔记本上，经常拿给孩子看。经过日积月累，孩子就会发生改变。家长的每一次肯定与赞美，都会生长出一些小奇迹，无数的小奇迹汇集在一起，或许就可以创造一个大奇迹。

2. 寓坚持于激励之中。

孩子对新奇的事物都有很强的尝试欲，而一旦学会就不再感兴趣。以家务劳动为例，孩子学会了就不想再干了。家长要做的，是不能让孩子太安逸，不能让孩子一味追求物质享受，可通过激励，让孩子坚持参与家务劳动，养成热爱劳动、珍惜劳动果实的好习惯。比如"自己参与做的饭，是不是特别好吃？""你跟爸爸妈妈一起干家务，我们非常开心。"要让孩子明白，只有勤于劳动的人，不断努力进取的人才会有硕果累累的人生。

3. 激励孩子突破心理障碍。

有时候孩子遇到该干而不愿干的事情可能产生抵触情绪。家长可事先夸夸孩子，用鼓励来打"预防针"。演员宋丹丹在《幸福深处》中讲了这样一段故事：

有一次儿子巴图生病，我对小阿姨说："我发现巴图和别的小孩儿不一样，别的小孩儿吃药都哭，可他从来不哭。这一点他和别的小孩儿真的不同。"然后我把中药端给他。他捧着碗，烧得红红的小脸一副紧张的表情，闭着眼睛一口气把药喝下去了。我们大家都赞不绝口。从那次起，多么苦的药他都不怕。

这就是激励的力量。培养孩子不软弱、不撒娇、不畏难的品格需要家长不断地激励。当孩子遇到困难信心不足时，家长可鼓励孩子"你大胆去尝试一下，不是很好吗？""跌倒了，不要怕，自己站起来""你看你自己完成得很棒！""拿出你的勇气来。"家长要学会在激励中慢慢放手，让孩子从战胜自我中学会顽强拼搏，不惧困难挫折。

4. 激励孩子改错。

孩子常常会在兴致十足时，不分场合，不经意间犯错。家长硬性阻止或批评，远不如激励效果明显。

在一次家庭聚会上，调皮的睿睿和威威在客厅里拿着水枪打水仗，还往大人身上、屋子里四处喷水。睿睿妈妈厉声呵斥："睿睿！快停下，怎么这么没规矩？"两个孩子正玩得刹不住车，就像没听见一样，继续"打水仗"。这时，威威的妈妈拍了拍手，说："我知道睿睿和威威都是好孩子，知道不能在屋里乱喷水，看看谁是好孩子先停下来。"威威立马放下水枪，大叫："耶，我胜了，我是好孩子。"睿睿也赶紧放下水枪。威威妈妈马上鼓励："你俩都是懂事的好孩子，来，阿姨领你们出去玩，好吗?"两个孩子高高兴兴地跟着上了电梯,客厅里顿时安静了下来。

你看,一场"危机"就这么被巧妙地化解了。激励的力量永远比惩戒的力量要大。所以,做家长的面对孩子要不吝鼓励和赞美,这会在孩子的教育上收到"四两拨千斤"的效果。

5. 寓规矩于鼓励之时。

单纯的鼓励会使孩子忘乎所以,对错不分;单纯的要求、限制、立规矩又容易让孩子产生反感,或缩手缩脚。家长不妨在鼓励的同时给孩子定规矩。有一位父亲的做法值得借鉴。

儿子特别喜欢吃冰激凌,把牙齿都吃坏了。我看这样下去不是办法,于是在给他冰激凌同时,告诉他一天只能吃一个冰激凌,而且必须吃完晚饭半小时以后才能吃。4岁多的儿子不知道半小时是多长。我就告诉他钟表上分针走到什么地方就是半个小时。儿子一会儿看一下钟,一会儿看一下钟,半小时看了100多次。总算熬到半小时了,迫不及待地吃到了冰激凌,我及时表扬儿子有毅力。第二天,儿子看表就变成十几次了,到了第三天就变成看两三次了。第四天,他知道反正一时半会儿也不能吃,就玩去了,等到他想起来吃的时候,半小时已经过去。

这位父亲巧妙地利用鼓励给孩子立了规矩。只要是对孩子成长有益的事情,家长都可在鼓励孩子的同时给孩子定规矩。立了规矩以后,父母一定要和孩子共同遵守,不能随便更改。随便更改,再立规矩就不灵了。

心理暗示法

有科学家曾经花了整整5年时间调查,得出了一个结论:人是唯一能够接受暗示的动物。每一位家长在教育孩子时,都会有意无意地对孩子进行心理暗示,对孩子产生潜移默化的影响。家长对孩子的心理暗示，既有积极的，又有消极的。积极暗示有助于孩子的成长进步，消极暗示不利于孩子的成长进步。这就要求家长在教育孩子的过程中，尽可能地用积极心理暗示影响孩子，淡化甚至杜绝对孩子进行消极心理暗示，让孩子时时看到希望，激发起向上向善的力量。

❷ 善用积极心理暗示

著名教育家苏霍姆林斯基说过："任何一种教育现象，孩子在其中越少感觉到教育者的意图，它的教育效果越大。"就是说，家长在教育孩子时，尽量少用让孩子不愉快的"要求、命令"，而应多采用"启发、商量、激励、暗示"。暗示是"润物细无声"的教育。积极的心理暗示往往比其他方式更有效。

掌握暗示的技巧

1. 坚信孩子是"可造之才"。

成功的潜能每个孩子身上都有，关键是唤醒。孩子成长的过程就是不断"唤醒"潜能的过程。这就需要家长通过积极心理暗示的帮助，激发孩子不断向上的信心与勇气。

家长要无条件地接纳孩子，喜欢孩子，在内心深处相信孩子的独特，相信孩子的能力，相信孩子的努力，坚信孩子是"可造之才"。由于亲人间无意识的联通作用，家长对孩子的信任、期待，会以神态、言语、表情等形式传递给孩子，孩子会在有意无意间接收这些信息，悄无声息地向着父母期待的方向变化。有好多"心大"的家长，就像我国近代教育家梁启超，很少要求孩子，孩子却个个优秀，原因正在于此。相反，现在有许多家长为孩子操碎了心，孩子并不领情，没有成为父母希望中的孩子，原因是家长老是对孩子不放心、不信任，干扰太多，使孩子不自觉地受了负面心理暗示，逐渐朝着父母担心的方向发展。

2. 用语言激励孩子。

对于年龄小的孩子而言，家长的表扬激励就是他的行为风向标。比如，孩子第一次收拾整理自己的玩具，妈妈可及时给予表扬："宝宝好棒！会自己整理玩具了！"孩子受到表扬，当玩具再乱时就会想到妈妈的表扬，主动去收拾玩具。

家长激励的重点：一是赞扬孩子良好的品行。孩子有了好的品行，才能在社会上立足。否则，学历再高如果品行不端也很难获得成功。二是肯定孩子的优点、兴趣、爱好、特长。每个孩子都有自己的特点、优点。家长尊重孩子的兴趣爱好，鼓励孩子做自己喜欢的事情。孩子受到鼓励，兴许会在某一方面有惊人的表现。三是点燃孩子自信的火种，让孩子自信起来，阳光起来。四是鼓励孩子自立自强，让孩子坚强起来，不软弱、不撒娇，勇于面对困难和挫折。五是激励孩子热爱劳动，培养孩子的劳动观念和劳动技能。六是激励孩子学会与人交往，做一个受欢迎的人。

3. 当好表率。

家长是孩子最好的老师，要从自身做起，用自己良好的言行影响孩子。比如等公交车时，以身作则，主动排队；乘车时主动将座位让给老人或行动不便的人。这些看似微不足道的"小事"，会对孩子产生积极的暗示影响，利于孩子形成良好的品格。

4. 借助神态、表情进行积极暗示。

一是眼神暗示。孩子做了好事，家长一个满意的眼神就是肯定。

二是表情暗示。孩子有了进步，家长赞许地点点头，就是一种激励；孩子经过努力，解开了一道题，家长对他会心一笑，就是对孩子的褒奖。

三是动作暗示。动作暗示就是用体态语言把自己的想法表露出来，从而影响孩子。比如，家长辅导孩子做作业时，发现孩子坐姿不正，可面对孩子做几个挺胸的动作，孩子接收到暗示，就会端正坐姿。家长在口头肯定孩子的同时，可以亲亲他、拍拍他、抱抱他，这些动作可以增强爱的暗示效果。

汇聚起心理暗示的正能量

心理暗示是孩子成长、进步的巨大精神力量。家长要善于运用积极的心理暗示，用自己的意识和孩子的潜意识进行沟通，汇集其心理暗示的正能量，多侧面多角度地影响孩子。

1. 多管齐下、表里如一。

家长对孩子的心理暗示，一方面要充满期望，语言、行动、表情多管齐下，发挥心理暗示的集成效应。尤其是对成绩差、自卑、自信心不足的孩子，更要抱着真诚的希望，通过自己的期待来点燃孩子的希望。另一方面要表里如一。家长运用心理暗示，最忌讳口是心非、言行不一。有些家长尽管也希望孩子变好，但眼睛总是盯着孩子的缺点和不足，尤其是孩子成绩下降时，首先失去信心，满脸忧愁、焦虑。孩子接收到家长失望、焦虑、不安的信息，很自然地就会对自己失去信心，向着家长潜意识中"差孩子"的方向发展。有的家长虽然也表扬、鼓励孩子，但不是真心的，或表扬的不是地方，孩子会觉得家长的表扬是虚情假意，也就敷衍应付。

2. 形成心理暗示合力。

心理学家的研究证明，想让孩子变成什么样的人就以他是什么样的人来对待他。如果所有人都相信孩子是什么人，孩子就一定会变成什么人。孩子很渴望得到长辈、老师的认可。肯定赞扬的人越多，心理暗示的作用就越大。如果孩子能同时得到家长、老师、亲朋的肯定、鼓励，就会产生综合心理暗示效应。虽然单个家庭成员的肯定、鼓励，也会产生激励效应，但暗示的效果要小很多。

心理暗示常出现的问题是家庭成员意见不一，"一人一个号，各吹各的调"。对孩子的期望（如兴趣班），有的说应该这样，有的说应该那样；对孩子的表现（如干家务），有的赞成，有的反对，孩子无所适从，自然收不到预期的心理暗示效果。

3. 先定为，再装为，后变为。

孩子良好品质、行为形成的秘密是：先定为，再装为，后变为。以希望孩子是个"爱学习的孩子"为例。家长不妨有意识地对孩子进行心理暗示。

首先是"定为"。所有家庭成员，都要把他当作爱学习的好孩子来对待。家长可利用各种机会对孩子说他是爱学习的，对别人也说他是爱学习的孩子。

其次是"装为"。孩子刚开始的时候可能对家长说的话感觉莫名其妙，但当他经常听到别人把他当作爱学习的形象宣传时，就会去尝试一下爱学习的感觉，在别人面前表现得爱学习，即便不是真的爱学习，也会装成爱学习的样子。周围说他爱学习的人越多、坚持时间越长，他就会逐渐体会到学习的乐趣。

最后是"变为"。当孩子经常"装成"爱学习的样子，慢慢地形成了学习的习惯，爱学习也就由"装样子"变成了真实的状态，真的成为爱学习的孩子了。孩子学习是这样，其他诸如品行养成、身体锻炼、劳动技能培养也是如此。

变外在暗示为自我暗示

家长的心理暗示是外在暗示，孩子年龄越小效果越明显。随着孩子年龄的增长，尤其是到了小学高年级以后，家长外在心理暗示的作用会不断变小，而孩子自我暗示的作用会日益增强。家长要积极适应孩子的这一心理变化，引导孩子把外在心理暗示转化为自我暗示，让自我暗示成为持久推动孩子发展进步的力量。

1. 变信心为信念。

对于孩子的成长来说，光有信心还不够，还需要变信心为信念。当孩子内心形成坚定信念的时候，就会产生强大的自我暗示力量，把理想的世界想象成现实的世界，从而努力把理想的自己变成现实的自己。这就是差生会"逆袭"为学霸，坏孩子"浪子回头"变成好孩子的内在动因所在。家长要做好两点：

一是鼓励孩子坚信自己一定"行"。孩子只要专注于自己想要的东西，信念就会牢牢地占据他的潜意识，从而调动起自身各方面的能量，达到心仪的目标。

二是鼓励孩子敢于尝试，不怕失败。敢于尝试是孩子启动信念的第一步，也是孩子自我暗示发挥作用的关键。如果孩子害怕失败、害怕犯错、害怕面对问题，那么他的潜意识会接收到害怕的信息，从而淡化信念的力量，也就阻断了他通向成功的道路。

2. 化梦想为追求。

为什么许多孩子小时候有无穷无尽的梦想，最后都没有实现呢？原因是空泛的梦想无法完全进入潜意识，不能发挥引领作用。孩子只有把梦想化为追求，为自己设定一个个目标，梦想才会进入潜意识，变为巨大的自我暗示力量。许多名人成功的秘密正在于此。

当孩子说出自己的梦想时，做家长的应及时予以肯定，并引导孩子想办法实现目标。如果孩子的梦想与兴趣、爱好、特长一致，家长可鼓励引导孩子制订计划，把梦想分解成一个个行动目标。孩子只有把梦想具体化，变为一个个可以实现的目标时，潜意识才会被"唤醒"，成为激励孩子、推动孩子不断向前的自我暗示力量。

3. 化兴趣为志趣。

孩子小时候兴趣广泛，对周围的事物充满好奇。孩子儿时的兴趣是孩子自我暗示的源泉。在兴趣的引领下，孩子会不知疲倦地从事各种活动。但随着年龄的增长，孩子的兴趣开始分化，有些兴趣渐渐淡化，有些兴趣不断强化，发展成中心兴趣。如果孩子把兴趣和志向结合，那兴趣就变成了志趣，成为未来事业的方向。作为家长要多观察了解孩子，尊重孩子的兴趣，保护孩子的兴趣，激励孩子向感兴趣的领域发展。同时，鼓励孩子将中心兴趣和志向结合，形成成就一番事业的志趣。

4. 变行动为习惯。

孩子的某些好的行为，如积极干家务、爱好读书、上课认真听讲、看到老人礼貌地打招呼等，一旦经过强化，形成了良好的学习习惯、读书习惯、生活习惯、劳动习惯、文明礼貌习惯，就会变成自动化的行为方式，成为自我暗示的力量，自发地促进孩子不断进取、不断进步。全国政协副主席朱永新从 5 岁开始，便形成了早上 5 点起床的习惯，保持了几十年，从不改变；坚持每天读书、每天写作 1000 字，雷打不动，堪称楷模。作为家长，要经常激励孩子不断强化良好的行为，养成良好的习惯，让习惯持续发挥自我暗示作用，督导孩子一步步走向成功。

❷ 消极心理暗示贻害无穷

从心理学的角度来看，如果家长对孩子抱有偏见，觉得孩子这也不行，那也不行，总是贬低孩子、打击孩子，孩子就很可能会朝着"差"的方向发展。有不少孩子所以变坏、变差，根源就在于家长的不良暗示。

杜绝给孩子"贴标签"

有人说，毁掉一个孩子很容易，给他贴上"负面标签"就够了。对孩子，尤其对幼儿园、小学时期的孩子而言，他们对家长、老师的"负面标签"反应尤其明显，很容易陷入"自证预言"陷阱。所以，家长一定要讲"口德"，不要随便给孩子贴"负面标签"。

1. 切忌"负面暗示"。

"负面暗示"是家长经常犯的错误，比如，有的家长总是说："这孩子挺聪明的，就是太粗心了。"结果孩子真的会经常因为"粗心"而丢掉一两分。这是因为受家长的"负面暗示"影响，孩子真的会以为粗心是自己改不掉的毛病。还有的家长老是说"我家孩子胆小""我家孩子经常丢三落四"，时间一长，孩子就真的像家长说的那样变得胆小、马虎、丢三落四了。有鉴于此，家长对孩子的小瑕疵（比如马虎）应采取激励式的正面暗示："我知道你现在有点失望，可能还会感到沮丧。就让我们一起来找找到底是什么原因造成的吧。"孩子需要家长帮助他从中吸取教训，而不是简单地强化他的不足。

2. 力戒"丑化暗示"。

常言说："打人不打脸，揭人不揭短。"孩子先天的缺陷以及身高、长相、体型上的不足是孩子内心最脆弱的部分，最怕被人强化、丑化。"丑化暗示"对孩子的影响，虽然家长一时觉察不到，但会深刻影响孩子一生。作为家长，要清楚"丑化暗示"的危害，淡化孩子的不足，鼓励孩子勇敢面对不足，像普通人一样学习生活。

3. 谨防戏言成真。

不良的心理暗示会给孩子带来负面的影响。如果家长不注意，不经意间对孩子的暗示性评价，很可能弄假成真：当孩子学习成绩不好时，父母斥责说"你笨死了"，孩子就可能真的变笨了；在孩子考试前，父母总是叮咛说"千万不要紧张"，结果孩子考试时真的很紧张。这是因为，未成年的孩子大脑还没有建立起成熟的认知模式，尚处在学习、模仿的阶段。他对外界的反应就像镜子一样。你告诉他"不是好孩子"，他就真的认为自己"不是好孩子"。许多"差生"都是由老师、家长片面甚至错误的评价造成的。所以，家长对孩子说话时一定要注意，不能随口乱说，谨防戏言成真。

4. 杜绝"负面标签"。

我们经常看到一些家长着急上火时，伤害孩子自尊的话会脱口而出："这道题这么简单都不会做，你怎么这样笨！""跟你说多少回了，你就是不改，你是木头人吗？"诸如此类的例子不胜枚举。

心理学研究发现，孩子被别人下某种结论，就像商品被贴上了某种标签，渐渐地，他就会使自己的行为与"所贴的标签"内容相一致。孩子经常被贴上"否定标签"，就会认为"我是一个差生""我没有用"。久而久之，就真成了一个差生、一个"笨孩子"。孩子几乎所有的不当行为，都是"负面暗示"的结果；许多行为不当的孩子，也是被贴了"负面标签"的结果。

这启示我们的家长，要善用发展思维、成长思维，帮孩子摆脱"负面标签"的束缚，可明确告诉孩子，学习落后是暂时的，一切都可以改变。只要你愿意学好，知道用正确的方式去努力，勇于挑战自我，善于取长补短，就一定能够逆袭成功，变成优秀的孩子。

有的家长也许会说，给孩子贴"负面标签"不好，贴"正面标签"肯定有利于孩子的成长进步。殊不知，"正面标签"使用不当同样会伤害孩子。比如随意的表扬、夸大其词的表扬，一方面会让孩子觉得言过其实，受了欺骗；另一方面，会让孩子变得自负，爱慕虚荣，不能正确面对问题和挫折。因此，给孩子贴"正面标签"也需要技巧，既要实事求是，恰如其分，又要让孩子客观认识自己，看到自己的不足和努力方向。

学会运用"精神疗法"

"精神疗法"就是激发人向上的精神力量。家长在教育孩子、矫正孩子不良行为的过程中，如果能巧用"精神疗法"，就可以收到事半功倍的暗示效果。

1. 以长补短。

每个孩子都有独特的天赋，其智能发展也是不均衡的。做家长的要帮助孩子发现自己的优势智能，激励孩子把潜能充分发挥出来。当孩子在某一方面表现不佳时，家长千万不要跟别的孩子比较，而要有足够的耐心和信心给孩子尝试的机会。对待学习落后或自卑的孩子，家长要睁大眼睛去看孩子的优点、长处和潜力，对孩子的缺点、不足和问题，则闭起眼睛，尽量缩小缺点、不足和问题，让孩子在"正向暗示"中，走上成功之路。

2. 注意"反话正说"。

人们都有这样的体会，对于身患绝症的人，善意的欺骗会燃起他生命的希望，对"差孩子"的教育也是如此。如果把别人真实的评价告诉孩子，会把孩子推向绝望的深渊。孩子的思维是直线式的，家长、老师说什么话，反映到脑子里的就是什么话。所以，有时家长反话正说会收到意想不到的暗示效果。

一个妈妈去开家长会，老师告诉她，你的孩子全班最差，最多坐三分钟就会分心。这位妈妈出来"骗"孩子说："老师表扬你了，说你现在能坐三分钟呢，进步很大。"孩子非常兴奋，慢慢能坐五分钟、十分钟、半个小时了，学习也慢慢回到正轨。

有些家长可能会说，那不是自欺欺人吗？这些家长也许不知道，有时善意的"欺骗"是教育的最高境界。对于"差生"来说，正面鼓励的话更容易促进他朝好的方向转化。如果实话实说，等于消极暗示，只会让他越来越差。这就启示我们的家长，在不满意孩子的表现、不满意孩子的学习成绩的时候，不妨反话正说，变否定为肯定，变不满为期待，则会收到积极的暗示效果。

因势利导法

我们知道大禹治水的秘诀不是"堵"，而是"疏"，即顺势而为，巧妙疏导。家庭教育也是如此。家长每天面对的是有思想、有个性的活生生的孩子。每个孩子都有自己的成长表和觉醒图。所以，家长在教育孩子的过程中，不能当"驯兽师"，一味地说教、训斥，而应做"引导师"，善于从实际出发，因势利导，因材施教。

💬 引导要突出针对性

孩子身心发展是整体性与阶段性的有机统一，是内在思想与外在行为的有机统一。这就要求我们的家长，学会用发展的眼光看待孩子，从实际出发，用不同的方式方法教育引导孩子，增强教育的针对性，做到因龄施引，因状施导。

因龄施引

孩子每天都在悄悄地成长着、变化着，出现新的表现，呈现新的特点。做家长的要密切关注孩子的成长，关注孩子的内心变化，有的放矢地搞好教育引导。

1. 学前孩子重呵护。

学前期孩子的一大特点就是模仿能力极强。做家长的要当好孩子的榜样，注重言传身教。对学前期孩子教育的重点是养成教育，即引导孩子养成良好的品行及生活习惯。家长除了保障孩子的饮食和睡眠，还要保护好孩子的安全及好奇心、求知欲，让孩子快乐地成长，不要溺爱孩子。孩子的知识学习可以游戏的形式，寓教于乐地进行，不要过早对孩子进行专业化的知识教育。

2. 小学孩子重引导。

小学阶段的孩子正值少年期，身体和心智发展比较快，精力充沛，是系统学习知识的起始阶段，也是品德形成的关键期，情绪发展的关键期，需要家长密切配合老师，有针对性地搞好教育指导：

一是引导孩子搞好体育锻炼，增强体质，强健体魄。

二是激发孩子的学习兴趣，养成孩子良好的学习习惯。

三是利用孩子喜欢探索与探究的热情，鼓励孩子勇敢尝试，多体验生活，多观察新事物，还要有意识地让孩子经受一些磨炼。孩子只有经过磨炼，才有更强的生存竞争力和发展后劲。

四是通过家长自身的示范和名人故事，提升孩子的道德认知，丰富孩子的道德情感，锻炼孩子的道德意志，养成孩子的道德行为。

五是引导孩子稳定情绪。小学的孩子虽然随着自我意识的增强，也在不断谋求独立，但总体上仍处在对妈妈的"心理依恋期"，情绪常常起伏不定。这就要求家长，尤其是妈妈多陪伴孩子，和孩子一起做家务、游戏、聊天、读书，一起分享孩子的梦想与体会。

3. 中学孩子重疏导。

中学阶段也叫青春期、逆反期、"心理断乳期"。中学阶段的孩子心理矛盾加剧，情绪变化无常，喜欢标新立异，开始谋求独立。作为家长，要对中学阶段孩子的引导，主要是疏导。

一是及时沟通，巧拨迷雾。中学的孩子喜欢"独善其身"，需要家长在仔细观察孩子的同时，多与班主任沟通，及时了解孩子的身心变化、思想动态。在引导方式上注意"顺毛捋"，多听少说。发现孩子诸如厌学、早恋之类的问题，可通过书信、留言、微信等形式，巧妙化解；要相信孩子，留给孩子"觉悟"的时间，千万不要硬来，更不要无中生有冤枉孩子。

二是关心到位，合理疏导。中学的孩子在学校面临着学习压力、竞争压力、升学压力，心理负担很重，家长千万不要火上浇油，再行加压，而应多体谅孩子，多理解孩子，给孩子减压。在孩子心情好的时候，陪孩子散散步，或陪孩子听段音乐，看场电影，让孩子放松一下绷紧的神经。当孩子愿意与你交流时，再适时进行点拨。

4. 大学孩子重指导。

大学阶段的孩子身体完全成熟，而心理成熟度则差异较大。有的已经成熟，知道"自己需要什么，要到哪里去"；有的则懵懵懂懂、糊里糊涂。做家长的千万不要以为孩子考上大学就万事大吉了，一定要搞好教育引导。

一是指导孩子确定人生理想和职业目标。孩子有了理想才知道自己"向哪里去"，没有理想，就不知"路在何方"。

二是引导孩子学习本领，尽快完成"社会化"。家长要引导孩子，除了学知识，还要练本事。通过练笔、专题讨论、参与社团活动，练写作能力、表达能力、交往能力、协调能力；通过考取相关证书，提升专业技能；通过社会调研、实习，了解社会现实、了解社会规则、学习为人处世，尽早完成由"自然人"向"社会人"的转变，为顺利进入社会做好准备。

5. 初入职孩子重指点。

初入职阶段是孩子成才的预冲刺阶段，孩子能否成才主要看这一阶段。所以，家长不能放手不管，还应适时进行引导。

一是指导孩子不忘初心，打好基础。让孩子明白，一个人的成功，不可能一蹴而就，至少需要 20 年的打拼。一开始从零起步，可以犹豫，可以彷徨，可以选择，可以跳槽，但最好在 3 年内基本稳定下来，不断在实践中学习新知，提升本领。

二是指导孩子再接再厉，完成冲刺。要让孩子明白，有了第一个 10 年的积累，已经验丰富，业务熟练，成为业务骨干，这时最需要的不是满足现状，吃老本，而是继续努力，完成最后冲刺，实现成才目标。

因状施导

孩子在成长的各个阶段都有不同的特点和表现。这就给家长提出了新的要求：同一种引导方式，未必适合各个年龄段的孩子；孩子同样的表现，可能需要不同的引导方式。这就需要家长因状施策，有的放矢地做好引导。

1. 因情施教。

同样的问题，对不同年龄的孩子教育引导的方法应有所区别。比如，私拿别人的东西。4 岁以前的孩子尚分不清"自己的东西"和"别人的东西"。所以，这种"问题"其实不算问题，是孩子"无知"的表现。家长只要细心引导，让孩子明白，别人的玩具要经过别人同意才能玩，玩过之后，要及时还给人家，还要说"谢谢"。慢慢地，孩子建立起了归属的概念，问题自然就解决了。

同样的问题如果发生在 8 岁的孩子身上，比如，私拿别人的学习用品、图书、钱物等，这就是"品行问题"了，需要家长认真对待，及时纠正。当然，孩子偶尔有一两次这样的行为，家长也不必大惊小怪，一方面通过引导，让孩子认识到问题的严重性，保证下不为例，可告诉孩子"改正了就是好孩子"；另一方面，私下与班主任老师沟通，暗自将孩子拿的东西还给人家，不要张扬，免得给孩子的心灵蒙上阴影。

2. 因性施导。

每个孩子都有不同的秉性，不同的脾气。这就需要家长根据孩子的性格和性别特点，有区别地对待，有针对性地引导。

一方面，根据孩子的性格特点，对症施策。比如，同样是"希望孩子变好"，对脾气急躁的孩子，要引导他注意克制自己，凡事要三思而行；对活跃调皮的孩子，要引导他养成认真踏实的习惯，无论是学习，还是干其他的事，都要有恒心、有毅力，坚持到底；对胆小怕事的孩子，要鼓励他勇于进取，敢于创新，防止疲沓懒散，畏缩不前；对心理脆弱，惧怕失败的孩子，要帮他树立信心和战胜困难的勇气。

另一方面，男孩、女孩引导的重点应有所区别。对男孩，要注重"阳光教育"，重在培养"男子气"，重点引导孩子吃苦耐劳、不怕困难、坚忍顽强的品质；对女孩，要注重"底线教育"，重在涵养"淑女气质"，让她精神上富有，温文尔雅，知书达理，知道坚守底线，学会自我保护。

3. 因趣施引。

年幼的孩子参加音乐、美术、舞蹈等活动是孩子展示兴趣、表达情感的有效途径。做家长的不光是关心孩子的课内学习，还要多观察、了解孩子的兴趣爱好，发展孩子的兴趣爱好。如果孩子真心喜欢画画、跳舞，或弹奏乐器，家长就应支持，有意识地让孩子接触、参与。如果孩子既无天赋，又无兴趣，就不要强迫孩子学。现在一些家长在孩子的才艺学习上喜欢攀比，看到别的孩子学什么自己的孩子也要跟着学，完全不考虑孩子的实际。这是不利于孩子健康成长的。

4. 因人施策。

教育孩子就像看病问诊，需要对症施策，辩证施教，从孩子的实际出发，有针对性地搞好教育引导。

一是"一策一用"。比如，孩子学习成绩落后不能简单地"归因"于"不努力"，而应具体分析背后的原因，对症施策。有的孩子学习成绩落后，可能是基础差，不能实现新旧知识的有效衔接。对这样的孩子，家长可配合老师进行辅导帮助，先补基础，再谋提升。有的孩子很聪明，就是学习习惯没养好，上课不认真听讲，做作业不认真。对这样的孩子，单纯补课作用不大，不如从激发兴趣入手，培养其学习习惯。孩子学习习惯养好了，成绩自然就上去了。

二是"多策一用"。有时，为了培养孩子某一方面的品质需要家长采取多种方法。比如，培养孩子的"家庭责任感"，家长可与孩子一起，孝敬老人，收拾房间，打扫卫生，做饭洗衣；可给孩子实践锻炼的机会，放手让孩子在尝试摸索中，学会独立生活；可让孩子经受一点锻炼，比如研学旅行、到农村、厂矿体验等，增强孩子的责任意识。

三是"一策多用"。有的教育方法具有普适性，家长可一策多用。比如鼓励法，就可广泛采用：发现孩子有了优点，或成绩提高了，可以赏识激励；看到孩子勤于思考，勇于尝试，或善于观察新事物，富有创新精神，可以表扬奖励；发现孩子信心不足，或考试没考好，可以安慰鼓励；看到孩子知道自我反省、改正缺点，或克服困难、战胜了挫折，可以肯定激励。

❷ 讲究引导的灵活性

教育孩子，如同带兵打仗，随时会遇到不同的情况。今天的孩子不同于以前的孩子，不能不分时间、场合，随心所欲，胡乱教育。家长在教育孩子时，要静观情势，善于从发展变化中捕捉"战机"，因势利导，对症施策。

情境性引导

孩子的成长，孩子的教育，不只是吃喝拉撒、读书学习，情况有时比我们想象的要复杂得多。这就需要家长审时度势，结合具体情境，进行策略性引导。

1. 情境性激励。

当孩子表现良好时，家长自然高兴，免不了赞扬一下。有的家长习惯说"很好""很棒"，孩子却不清楚自己"好"在哪里，"棒"在何处。所以，家长的赞美既要突出情境性，也要有创意。比如说，孩子考试取得了好成绩，家长首先应结合具体试卷，肯定孩子学习努力，比上次有了进步，或肯定孩子善于思考，连难题也做出来了，或肯定孩子学习态度端正，卷面整洁，字迹工整，接着指出孩子应注意的问题，以及下一步努力的方向。孩子心情愉快，自然乐意接受家长的建议继续努力，保持良好的势头。

2. 情境性帮助。

孩子的每一次发展，每一个进步都是迈向独立、成熟的里程碑，但孩子毕竟年龄小，不成熟，需要家长"扶上马送一程"。

一方面，要有耐心，不能急。比如培养孩子的生活技能、劳动技能，需要在家长的示范带动下鼓励孩子多动手、多实践。假以时日，孩子也就由不会到会，由不熟练到熟练了。遗憾的是，有的家长一看孩子做事"笨手笨脚"，就先是唠叨一番，然后包办代替，结果孩子该不会还是不会，该"笨"还是笨。

另一方面，合理给予帮助。比如辅导孩子学习，有些题目孩子不太明白，家长不要急于告诉孩子答案，而是告诉孩子思路，让孩子自己思考，然后再结合具体情境，有针对性地讲解。对孩子实在不会做的题目家长可重点讲解，或让孩子去学校问老师。要让孩子明白，学习是"学思结合、学问结合"的过程，只有勤思考，多钻研，善问问题，才能学好。

3. 情境性引导。

家长希望孩子优秀，就要给孩子提供展示的机会。比如，看到孩子喜欢听故事，喜欢讲故事，家长就应鼓励孩子多讲故事，激发孩子的兴趣，发展孩子的特长。当孩子感到家长欣赏自己的才能，并表现出加倍的热情时，自然会增强自信心，乐此不疲地坚持下去。

嵌入式引导

有的家长不管孩子是否愿意，随时随地让孩子背古诗、做数学题，或者不考虑孩子的接受实际，喜欢给孩子讲大道理，效果往往不佳。倒不如改变策略，把孩子需要学习的知识、需要孩子明白的道理镶嵌在讲故事、做游戏等孩子喜欢的活动中。

有一位父亲为了训练二年级儿子的速算能力，就利用儿子逞强好胜的特点与儿子玩扑克游戏。他拿出一副扑克，去掉花牌，把剩下的 40 张扑克打乱，告诉孩子随即翻牌"加点数"，限时 10 分钟，少于规定时间完成且计算准确，发红包。儿子参与的积极性很高，开始慢，后来越来越快，最后 40 张扑克不到 5 分钟就加完了。经过这场游戏训练，儿子数学运算的速度大大提高，反应能力也提升不少。

其实，家长开发孩子智力、训练孩子思维的方式有很多，像智力游戏、成语接龙、歇后语比赛、玩积木、转魔方、拼图等都是寓教于乐的好形式，孩子学得轻松愉快，学习的积极性自然会大大提高。对孩子的品行教育也是如此。有一位妈妈的做法就不同凡响。

她自己喜欢读书，也引导儿子读书，尤其是通过讲名人故事、名人传记，引导儿子学习名人的优秀品质。通过读诺贝尔的故事，儿子明白了诺贝尔青年时的志向是"做一个和爸爸一样的科学家"；通过阅读钱学森报效祖国的故事，明白了"科学无国界，科学家有祖国"；通过阅读林巧稚的故事，儿子明白了什么是"医德高尚，救死扶伤"……

这个妈妈以读书明理的方式，让儿子懂得了许多做人的道理。

迂回式引导

孩子在生活中时常会出现一些突发情况，需要家长随机应变，采取恰当而有效的教育方法解决问题。家长若能用一两句话，一两个动作化解"危机"，就会变不利为有利，收到"四两拨千斤"的奇妙效果。著名央视主持人倪萍在《姥姥语录》里，介绍了她姥姥的做法，值得我们家长朋友学习借鉴。

我儿子小时候特别调皮，有一回撞在了桌角上，疼得哇哇大哭。我妈妈当即拍打桌角，一边拍一边说："让你不听话，撞到孩子！"孩子见桌子被打，就不哭了。这时我姥姥悄悄走到桌子旁边，对着桌子左看右看，儿子问"太姥姥在看什么"。我姥姥就对孩子说："我看这个桌子有没有眼睛？"儿子天真，大声说："桌子怎么会有眼睛？"姥姥又问："桌子会不会走？"孩子回答："不会走"。老人就笑了："孩子啊，桌子没有眼睛也不会走，它怎么会撞到你呢？"孩子这才知道，他刚才错怪桌子了，说道："不是它撞我，是我撞了它。"老人又说："你错怪它了，应该给它赔不是啊！"

倪萍姥姥几句话就让孩子认识到了自己的问题。这就是教育的智慧，也是一种迂回式的引导。按照惯例，孩子碰了桌子，家长的第一反应就是怪桌子，为孩子开脱。殊不知这样的教育是错误的，带来的直接后果是教孩子推脱责任，将不利于孩子的健康成长。

现在中学生谈恋爱处理起来很棘手。家庭教育专家卢勤在《把孩子培养成财富》里，介绍了河南一位教育局局长巧妙化解中学生儿子早恋的故事。

一天，儿子对父亲说："爸，本人看上一个女生，漂亮、智慧、好学，我能跟她结婚吗？"父亲说："好啊，她看上你了吗？"儿子自豪地说："她也看上我了。""那很好，你能被一个女生看中，说明你很了不起；你能看中一个女生，说明你的眼界开阔了。"爸爸接着说，"如果你想将来在县里发展，你就跟她继续交往；如果你想将来在市里发展，你应该在市里解决这个问题；如果你想到省里发展，你应该在省里解决这个问题；如果你想到北京发展，你应该在北京解决这个问题；如果你想在世界发展，你应该出国解决这个问题。"儿子听了，说："那就等等再说吧。"

这位父亲用幽默的方式，巧妙地化解了一场暗流涌动的危机，值得家长学习、借鉴。

体验式引导

教育孩子，"疏"永远比"堵"好。有的孩子，尤其是青春期的孩子，总觉得学习是苦差事，就是不爱学习。家长常常干急没招，就像"豆腐掉进灰堆里，吹不得，打不得"。在这种情况下，就需要家长调整思路，允许孩子有自己的想法，给予孩子解释的机会，并积极创造条件，让他自己去尝试、去体验、去醒悟。孩子经过尝试，气顺了，想通了，认识到了自己的问题，自然愿意跟家长合作。有一位农民父亲对儿子的体验式引导，很值得称道。

儿子高中上了一年，就不想去上学了。父亲没有像其他家长那样说教，或"威逼利诱"，而是尊重儿子的选择，让他辍学回家。第二天，父亲就带着他下地干活，要求他每天起早贪黑，不许偷懒。父亲明确告诉儿子："不上学，就得像我一样，一天到晚干这个。庄稼人一辈子都是这样过来的。"儿子干了一年农活，体验到了风刮日晒的辛劳，就跟父亲商量，愿意"继续上学"，父亲自然支持。儿子经过一番努力，考上了医学院校，毕业后当了一名医生。

家长在教育引导孩子时，有时需要"等一等"。与其频繁地去矫正孩子的行为，不如给孩子自我尝试、自我体验、自我醒悟的机会。孩子的成长需要不断打磨，不断体验，不断修正自己的想法，不断矫正自己的行为。孩子就是在试错纠错中一步步成长，一步步走向成熟。

亲子共进法

当今社会已进入信息时代，知识老化加速、代际更替加快，"活到老、学到老"早已不是新鲜事。在这种社会背景下，靠老观念、老经验已不能很好地完成教育下一代的任务。这就需要我们的家长更新观念，不断学习，不断成长，在共同的信息化平台上与孩子共同进步，共同提高。

❤️ 共创美好生活

家庭是孩子生活的乐园、幸福的港湾。幸福的家庭生活要靠全家人一起去经营，一起去创造。这就需要家长与孩子共同参与家庭生活，共同体验劳动的乐趣、生活的乐趣。

共同参与家庭生活

孩子小时候喜欢黏着大人，模仿大人，和大人说话、做游戏。这就为我们提供了良好的教育契机，家长不妨"将计就计"，在家庭生活中实施教育。

1. **一同参与家庭管理。**

为了培养孩子的家庭主人翁意识，家长可在孩子稍稍懂事的时候，让其参与家庭管理。

一是与孩子一起制订家庭年度计划。年度计划从小的方面说，包括一起读几本书、共同做几道菜、全家到哪里玩。从大的方面说，大人准备在工作和事业上有哪些提升，孩子要学会哪些技能，养成哪些习惯。全家人在共同完成规划的过程中，培养孩子的责任意识。

二是让孩子参与家庭财务管理。指导孩子从管理压岁钱开始，明白开源节流的意义，想让生活过得美好就要增加家庭收入，同时也要量入为出，勤俭节约，不乱花钱。

三是和孩子一起制订家规。内容要具体，易于执行。比如，对家长，下班回家不玩手机、看电视，除了做家务，要多陪孩子。在孩子学习时，坐在旁边看书；孩子写完作业，家长可与孩子共读一本书，一起交流读书体会等等。对孩子，明确哪些事可以做，哪些事不能做，有问题与家长讨论，有需求和家长商量等等。

需要注意的是，制订家规要留有余地，给孩子自由发展的空间，只要大的方面不出问题就行，千万不要事无巨细都进行限制，尤其对孩子兴趣、爱好不要限制。限制太多，不利于孩子的发展。

2. **一同做家务。**

对小孩子来说，和家长一同做家务就像做游戏一样有趣。家长可与孩子一起进行衣物分类、整理衣柜、收拾小房间等，提高孩子的生活自理能力；可与孩子一起擦家具、扫地、拖地，跟孩子一同做一道菜，激发孩子做家务的兴趣，培养孩子的劳动观念及做家务的习惯。

共享天伦之乐

孩子只要和家长在一起就快乐，家长只要孩子相伴就开心。家长不妨与孩子一起，共享幸福美好的生活。

1. 与孩子共尽孝道。

孝敬老人是中华民族的传统美德。作为父母，要经常带孩子一起去看望自己的爸爸妈妈（公公婆婆）、岳父岳母，给老人捶捶背，揉揉肩，利用周末、假日和孩子一起给老人买点新衣服、好吃的，让孩子亲手送给老人；老人过生日，与孩子一起带着生日礼物去给老人祝寿；老人病了，带着孩子去探望、陪护。父母和孩子一起践行孝道，会给孩子带来有益的影响。

2. 常与孩子交流。

交流有助于家长了解孩子的学习生活，密切亲子关系，增进亲子感情。做家长的不要高高在上，而应蹲下身子与孩子平等交流。孩子小时候可一起聊各自的见闻、趣事，相互讲故事。孩子懂事后，家长可利用双方的空闲，跟孩子说说工作上的事情，让孩子谈谈学校里的事情，一起就共同感兴趣的话题，交流各自的感受，一起交流学习体会。孩子有了问题、困难，一起协商解决。家长与孩子交流的过程，既是交心的过程，也是了解、引导孩子的过程。

3. 亲子旅行。

旅游是孩子的最爱，也是开阔孩子眼界，增进亲子互动交流，密切亲子关系的有效途径。亲子旅游有两种方式：一种是平时利用周末，与孩子一起到公园、动物园、植物园、科技馆、博物馆、艺术馆参观游玩，也可与孩子一起到附近的风景名胜区旅游，目的是让孩子换换脑子，散散心，增加与家长沟通交流的机会，增进亲子感情。

另一种是利用节假日，和孩子一起选定一个风景名胜区去旅游，让孩子了解大自然或历史遗迹，增长见识，提升幸福感。可能的话，还可与孩子一起进行研学旅行，就某一方面的知识、问题进行考察、探究，让孩子从实践体验中获得新知。为了不虚此行，家长可与孩子约定，一起写游记、诗歌等，写好后，一起欣赏，还可以修改后在报刊、网上发表，提升写作能力。

② 共同学习提高

对家长来说，最关心的莫过于孩子的学习。为了让孩子学习好，有些家长不惜请家教，给孩子报各种辅导班，到头来还是"有心栽花花不发"，孩子学习进步不大。这是何故？一个重要原因就在于家长缺少有效参与。这就启示我们的家长，学习虽然是孩子的事，但家长也不能置身事外。

陪孩子一起学习

1. 陪孩子一起学习。

陪孩子学习，不是孩子在屋里看书、学习，家长在客厅打麻将；不是孩子在做作业，家长坐在旁边玩手机、看肥皂剧。有效的陪伴是孩子在学习、写作业时，家长在家看书、看报，静静地陪伴孩子，营造一个温馨的学习环境，让孩子在自然放松的情景下学习、思考。遇到孩子不会的地方，不要马上告诉答案，而应鼓励孩子独立思考、自己查字典；孩子实在不会的，可进行指点，家长自己也不会的，让孩子记下来到学校问老师。孩子学习学累了，可与孩子一起做做游戏，放松一下。孩子作业写完了，允许孩子看一会儿电视，玩一会儿游戏，换换脑子，但注意时间不宜过长。

2. 一同参与学习过程。

孩子在家的学习不单单是背书、写作业，还有很多有趣的项目，家长可利用孩子的闲暇与孩子一同学习。

一是一起举行学习游戏。比如成语接龙、智力游戏、脑筋急转弯、讲故事、小制作等。孩子没有心理负担，自然乐此不疲，既满足了孩子的求知欲望，扩大了知识面，又提升了孩子的快速反应能力，一举多得。

二是和孩子一起举行学习比赛。比如，背唐诗比赛、下棋比赛、跳绳比赛、跑步比赛等，既满足孩子的好胜心，又能使孩子学到技能，提高思维能力。

三是一起进行讨论。家长可与孩子一起交流学习的体会，还可就共同感兴趣的话题、一起观看的影视节目，进行讨论，锻炼孩子的思维，提升孩子的语言表达能力。

3. 互帮互学。

在当下的信息时代，家长比孩子多的是经历而非知识，是经验而非智慧。这就需要家长放下身段，与孩子互帮互学。

一是互相学习。求知有先后，学术有专攻。孩子比家长多的是新知识、新信息，家长比孩子多的是人生经历和社会经验，正好互补。家长要了解新的知识信息，就应多向孩子"请教"，不至于落后于时代。孩子缺乏社会经验和社会适应能力，心智不成熟，家长可经常指点、提醒孩子，避免偏离人生轨道。

二是让孩子当"小先生"，让他把在学校学习的内容讲给家长听。

有一个孩子学习成绩很差。父亲苦思一夜，终于想到一个办法：让孩子当自己（父亲）的"老师"，每天放学后把老师教的内容重新给自己讲一遍，父亲和孩子一起学习，一起写作业。想不到这个办法很有效，孩子觉得很有成就感，学习成绩不断提高。父亲坚持当"学生"多年，孩子最终考上了重点大学。

对于知识水平不高的家长，辅导孩子的确有困难。如果反过来，让孩子当"老师"，会满足孩子的成就感，增强孩子自信心和责任感，学习也会越来越好。关键是家长要当"真学生"，每天要做笔记、做作业，不会的要问孩子，孩子不会的，可去问老师，以求共同提高。

和孩子一起阅读

想让孩子爱读书，家长先做读书人。家长希望孩子成绩好，就要和孩子一道读书。尤其是对于自制力差、没有形成良好阅读习惯的孩子来说，独自读书往往效果不佳，需要家长的参与和引领。

1. 坚持亲子阅读。

家长可每天拿出 10 分钟左右的时间与孩子同读一本书。在读书的过程中，可与孩子一同讨论，一起写读书笔记、读书体会，相互交流读书心得，还可和孩子一起，采用摘录、点评、写读后感等形式把精彩的句段、感想记录下来，提高阅读质量。

当然，读书应有所选择，多读有思想内涵的书，多读经典、名家名作，少读没有内涵的肤浅之作、碎片化的应景之作及内容不健康的口袋书。

2. 建立书香家庭。

亲子共读的最高境界就是建立书香家庭，让阅读成为全家人的生活方式。

一是创设阅读环境。在孩子的房间里放上专用书橱，摆上孩子正在阅读的书，或希望孩子读的书。茶余饭后，一家人手捧自己喜爱的书遨游书海，让孩子在书香里接受熏陶。家长节假日可经常带孩子逛书店，把好书作为礼物送给孩子。

二是制订读书计划。真正的亲子阅读不限于课本、学习辅导、作文指导之类的书，还应根据孩子的兴趣爱好，结合学校推荐的阅读书目，制订家庭阅读计划，一起读诸如小说、诗歌、历史、传记等高质量、高水平的精品之作以及对身心健康有益的佳作，不断提升亲子阅读的境界。为了丰富家人的阅读生活，全家人还可以定期或不定期地举行家庭读书会，或读书交流活动，全体家庭成员一起交流读书心得，分享读书喜悦。

与孩子一起探索

亲子学习除了一同学习、共同阅读，还有共同探索，共同实践，共同收获新知、体验快乐。

1. 亲子一同研讨。

家长在和孩子一起读书的过程中，除了激发孩子的阅读兴趣，培养孩子的阅读习惯，还要一起研讨，一起总结，在研讨中，启迪思维，发展想象力。

20 世纪 70 年代当红的香港歌手陈美龄，相继把三个儿子送进了国际名校斯坦福大学。她的教育秘诀是，把自己当作孩子的同龄人和朋友，与孩子一起去发现、探索世界的奥秘。她做菜的时候，儿子来问："妈妈，天为什么是蓝的？"她会立刻把火关掉，跟孩子一起去寻找答案。下雨天，她会带着孩子一起探讨："为什么会下雨？"

随着孩子年龄的增长，家长还可以和孩子一起探讨诸如生活问题、社会问题、交友问题、人生问题等等，开阔孩子的眼界，提高孩子对生活、社会、人生等问题的认识，促进孩子心智的成熟。

2. 亲子一同实践。

好的家庭教育，不光是保护孩子的好奇心，还应培养孩子解决问题的能力。家长可和孩子一起进行实践探索。比如，可以和孩子一起探究炒菜，一起探究种植花草，一起探究饲养小动物，一起做科学小实验，在共同的探索实践中，呵护孩子的好奇心，发展孩子的兴趣，提高孩子的动手能力。孩子童年的实践探索往往会成为成年成功的先导。有许多科学家的成功都得益于童年的实践探索。

❷ 一同成长进步

教育学上有一个重要原则叫教学相长。意思是教与学互相促进，相辅相成。老师通过教，不仅能使学生有所收获，自己的业务水准也会得到提升。教师教学是这样，家长教育孩子也是这样。做家长的一定要有成长思维，在培养教育孩子的过程中，与孩子相互促进，共同成长。

一起愉悦身心

对孩子的发展而言，光有物质享受是不够的，家长还要创造条件与孩子一起增强体质，丰富内心世界。

1. 亲子一同锻炼。

家长与孩子一起锻炼是亲情互动和亲子感情升华的良机，既有助于增强自己的体质，又可以激发孩子锻炼的积极性，养成孩子锻炼的习惯，可谓一举两得。亲子一同锻炼的最好方式就是家长和孩子一起参加同一个体育项目，比如跑步、游泳、跳绳，打乒乓球、羽毛球、篮球等。家长应从孩子小时候开始，经常一起到室外锻炼，养成锻炼的习惯。

2. 一起丰富精神生活。

家长与孩子一同成长很重要的一点，就是共享精神生活。

一是一起体验读书的乐趣。家长要提升孩子的精神境界就要从亲子阅读开始，丰富孩子的精神世界，促进全家人的精神富有。著名文化学者余秋雨说得好："阅读的最大理由是想摆脱平庸，早一天就多一份人生的精彩，迟一天就多一天平庸的困扰。"足见读书不仅是可以愉悦身心的活动，还是亲子满足精神享受、摆脱平庸的有效途径。

二是一同进行艺术欣赏。家长可利用周末、节假日，与孩子一起去看看电影、听听音乐会、看看书画展览，以润物无声的方式陶冶情操，净化心灵，共同获得精神上的愉悦与满足。

一同提升人格

优秀的父母既是孩子智慧的启蒙者，也是孩子心灵的净化者。读过诸葛亮《诫子书》、《曾国藩家书》、苏霍姆林斯基《给儿子的信》以及《傅雷家书》就会有这样的感受，他们都是在教育启迪孩子成长的过程中不断丰富孩子的修为，提升自己的境界。

在孩子面前，家长就像一面镜子，与孩子相映生辉。家长希望孩子举止文明，谦和有礼，就不要为了工作或家庭的琐事乱发脾气，与孩子一起做个谦谦君子；希望孩子尊敬长辈，孝顺父母，家长就要带头做到，与孩子一起延续孝道；希望孩子诚实守信、品德高尚，就要严格要求自己，不断提高人格修养，为孩子做表率。

在孩子成长的道路上，家长一定要注意自己的言行，不断地和孩子一起成长进步。一个妈妈的感悟给人启迪：

在超市，我拿了一小粒葡萄干放到儿子嘴里说："尝尝好吃不，好吃妈妈给你买点儿。""妈妈，我不想吃。"儿子边说边吐到手里，不停地问，"妈妈，丢哪里？丢哪里？"我见地上没垃圾桶，随口说了一句："丢地上。"儿子把葡萄干丢到地上时，一个扫地的阿姨走到儿子的身边说："小朋友，葡萄干丢到地上又浪费，又不讲究卫生。"我非常羞愧，不敢回头。只听儿子说："是妈妈让我扔到地上的。""你妈妈让你扔也不能扔，多浪费啊！以后不能这样了。"阿姨温和地说着。"好的。"儿子小声回答。阿姨离开后，我看着低着头委屈不说话的儿子，急忙蹲下身子说："妈妈今天错了，不应该让你丢到地上，以后我们一起改正，好吗？"孩子点了点头。从此以后，孩子再也不随处乱丢垃圾和浪费东西了。

父母无时无刻不在影响着孩子，其所有的言行都会对孩子产生言传身教、耳濡目染的作用。家长欲改变孩子，先要改变自己，和孩子一起成长，一起形成良好的品行、健康的心态、独立的人格。

一起成长进步

有人说，家长自己的成功，还不算最大的成功，只有在自己成功的同时把孩子教育好了才是最大的成功。真正优秀的家长是与孩子一起成为更好的自己。在孩子学业优秀的同时，自己的学业、事业也不断有所进步，不断有所成就。

1. 与孩子一起求学。

亲子一同成长的最好诠释，就是家长和孩子一同求学。2014 年 6 月 27 日湖南高考网报道了蒋新忠和儿子蒋康一同考上大学的事迹。

2007 年，蒋新忠的儿子蒋康上了寄宿制初中。脱离父母约束的蒋康渐渐学会了逃课、上网。到初三下学期，他已经上网成瘾，成绩一落千丈。初中毕业时，蒋康没能考上本校的高中，只得回到家乡的新邵二中读高中，并表示不想考大学了。在上海某厂做仓库主管的蒋新忠为了儿子的前程做出一个大胆的决定：辞职和儿子一起读高中、考大学，还和儿子打赌，成绩要超过儿子。于是，他搬来课桌、凳子，和儿子成了同学，与儿子一样起床、做早操、上早自习、吃早餐、上课，晚上一起自习、就寝，高考时与儿子一同参加高考，最终一起考上了大学。

这样的例子还有很多。事实告诉我们，家长和孩子一起求学，一起追梦，什么时候开始都不晚。

2. 与孩子一同进步。

家庭教育的佳境是亲子一同进步。梁启超不仅把九个孩子全部培养成才，自己也成为大师；叶圣陶不仅把儿女都培养成了知名编辑，自己也成了大家；居里夫人自己两度获得诺贝尔奖，还把女儿也培养成诺贝尔奖获得者。这就启示我们的家长，在孩子成长的道路上，自己和孩子谁都不能掉队。家长陪孩子一起成长，与孩子一起进步，这才是亲子共进的应有之义，也是家庭教育的魅力所在。

后　记

　　一万多个日子在我眼前悄然"走"过，我从接触家庭教育到关注家庭教育，实践家庭教育，思考家庭教育，一直在默默地探索。近一千个日子，在我眼前静静"走"过，我将自己思考、实践、探寻的感悟进行整理、归纳、写作，2023年春终于完成了这部书稿，就像完成自己给自己布置的一份作业，了却了一桩心愿，兑现了对自己心灵的一个承诺。

　　我既是本书的作者，也是一位父亲。回忆过往，感触良多。

　　养育孩子是一项纷繁复杂而又润物无声的巨大工程。家长要为孩子的未来着想，切切实实负起责任，把教育孩子当作一项事业来做。有人说，每个人都有自己的命。其实，孩子的命运和父母的命运是紧紧联系在一起的，有什么样的父母就有什么样的孩子。孩子的命运掌握在父母手中！

　　家庭教育系"百年大计"，关乎孩子的未来，关乎孩子的幸福，也关乎社会福祉、民族未来。家长在教育孩子时一定要谨慎行事。面对林林总总的教子方法和教子经验，要有选择地借鉴吸收，切不可盲目照抄照搬，要根据孩子的实际情况重点吸纳正确的教育理念，灵活借鉴正确的教育方法。教育孩子贵在实践，家长要善于把书上学到的理念、方法、经验，经过甄别，然后选取适合自己孩子的，付诸实践。唯有不断实践，在实践中不断修正、改善、调整自己的教育方式，才会收到理想的教育效果。

　　本书得以出版，我要衷心感谢知名教育专家朱永新先生，于百忙之中不吝赐教，关心支持我的探索和写作，并亲自为本书作序，热情推荐本书！衷心感谢开明出版社的领导关心支持出版本书，感谢卓玥主任、张慧明编辑对本书的精心策划和编辑。还要感谢我的家人在本书写作过程中给予我的理解、支持和帮助，尤其是我的夫人为我提供了不少有价值的资料，并作为第一读者认真审读书稿，提出很多有益的意见建议。感谢亲朋好友的关心和鼓励，不断激发我写作的动力。

　　在本书写作过程中，我参考了很多图书、报刊和网络资料，在此一并向所涉及的相关图书、文章的作者表示衷心的感谢！

　　广大读者朋友如有需要咨询探讨的，或对书中观点有疑问的，我很乐意进行沟通交流。同时，也希望读者朋友将有益的教子经验与方法与我分享。由于水平所限，书中的不足甚至谬误之处，在所难免，敬请广大读者朋友批评指正！

孙　平

2023 年 8 月 16 日